FAYUAN FUSHE
TIDAIXING
JIUFEN JIEJUE
JIZHI YANJIU

辛国清 著

# 法院附设替代性纠纷解决机制研究

中国社会科学出版社

**图书在版编目（CIP）数据**

法院附设替代性纠纷解决机制研究/辛国清著．—北京：
中国社会科学出版社，2008.8
ISBN 978 - 7 - 5004 - 6938 - 4

Ⅰ．法…　Ⅱ．辛…　Ⅲ．法院—执行（法律）—研究—
中国　Ⅳ．D926.2

中国版本图书馆 CIP 数据核字（2008）第 068060 号

策划编辑：冯斌
特邀编辑：韩聪
责任校对：张山
封面设计：王华
版式设计：戴宽

出版发行　中国社会科学出版社
社　　址　北京鼓楼西大街甲 158 号　　　邮　编　100720
电　　话　010 - 84029453　　　　　　　传　真　010 - 84017153
网　　址　http://www.csspw.cn
经　　销　新华书店
印　　刷　华审印刷厂　　　　　　　　　装　订　广增装订厂
版　　次　2008 年 8 月第 1 版　　　　　印　次　2008 年 8 月第 1 次印刷
开　　本　880×1230　1/32
印　　张　10.75　　　　　　　　　　　插　页　2
字　　数　280 千字
定　　价　28.00 元

# 序

左卫民[①]

在法治社会，法院乃纠纷解决的最后一道法治屏障。在此之外尽管也存在着诸如仲裁、民间调解等纠纷解决机制，然而，诉讼的终局性与裁判执行的强制性等特质，使其无可争议地成为不少当事人解决纠纷的首选。然而，进入 20 世纪以来，随着一些国家诉讼爆炸性地增长，人们过于依赖法院的负面影响开始显现，其中最为突出就是诉讼迟延。诉讼的过于迟延，致使司法正义实现受阻，民众怨声四起。于是，在西方国家掀起了轰轰烈烈的司法改革的浪潮，ADR（Court Annexed ADR）也应运而生。

ADR 概念源于美国，原指 20 世纪逐步发展起来的各种诉讼外纠纷解决方式的总称，现已引申为对世界各国普遍存在的、民事诉讼制度以外的非诉讼纠纷解决方式或机制的称谓。ADR 出现之初仅为民间纠纷解决方式或办法，与诉讼无涉。但是，20 世纪 70 年代以来，在英美法系国家特别是美国一些州的法院内附设了仲裁和调解等第三人解决纠纷的制度，实际上是将 ADR 引入诉讼程序并作为其中的一环，这种 ADR 叫做司法 ADR，或称附设在法院的 ADR（Court Annexed ADR）。附设在法院的 ADR，虽作为诉讼程序的一环，但基于法院解决纠纷的传统方法来看，ADR 仍然被视为诉讼外的即不经过判决解决纠纷的程序。

中国传统司法其实在某种程度上就是一种"调解司法"。西

---

① 左卫民，四川大学法学院教授、博士研究生导师。

方国家兴起的 ADR 与我国的调解有共通之处，但也不可否认西方式的 ADR 有其独特性和长处，值得去关注。

特别是处于转型时期经济高速增长、社会结构发生重大变化的当代中国，纠纷的大量出现与现有的纠纷解决方式之间存在着一定的张力。此时，倘若由法院提供一种既不失公平正义又能迅速解决纠纷的纠纷解决方式不失为一种良策。而和谐社会构建目标也要求真正化解冲突，特别是注重当事人对抗情绪的消融。由是，在构建和谐社会的宏观背景下，ADR 尤其是法院附设 ADR 正契合了和谐社会的目标追求，同时彰显了司法/法院的实用性与灵活性，也为纠纷当事人提供了进入法院之后的多元选择。

对于法院附设 ADR，两大法系自身有较为充分的研究。我国学者对 ADR 研究较多，而专门对法院附设 ADR 研究者不多。既或研究，也更多停留在对法院附设 ADR 制度浅层次的介绍层面，少有对法院附设 ADR 在我国未来应如何建构问题进行研究者。有鉴于此，本书作者对法院附设替代性纠纷解决机制的基础理论进行深入研究，对法院附设替代性纠纷解决机制的域外制度与实践进行尝试、考察、分析，并在对我国法院附设替代性纠纷解决机制的传统与现状进行考察研究基础上，提出我国法院附设替代性纠纷解决机制未来建构的立法建议。

本书是我指导的辛国清博士在其博士论文基础上进一步修改而成，对其探讨我基本上持肯定态度。不过，本书尚有进一步研究的空间，尤其对于法治尚不健全，法律/法院权威尚未建立的当代中国，我们当务之急是应当确立法律/法院权威还是谋求纠纷的妥善解决？希望辛国清同志在以后的工作和研究中能对上述问题进一步研究思考，也希望作者有更多的好作品问世。

是为序！

2008 年 2 月 16 日

于四川大学文科楼

# 目　录

# 第一章
# 研究的意义、对象、现状与方法

## 一 研究的意义

中国目前正处于急剧变革的转型时期，经济高速增长，社会结构发生重大变化，但变动中的中国社会却恰似一个"断裂的社会"：社会利益格局严重失衡，贫富差距不断加大，弱势群体的规模也在扩张；城乡之间、区域之间、经济与社会之间的发展极不平衡；就业、教育、医疗、社会保障等公共需求和供给方面的缺口不断扩大；社会不公日益突出，腐败现象已渗透于社会有机体的各个角落；社会矛盾错综复杂，不同利益群体之间的摩擦甚至激烈冲突大量出现，各种政治和社会问题频繁发生，急需通过适当途径加以及时、有效的解决。[①] 纠纷的大量出现与现有的纠纷解决路径之间存在着相当的紧张，具体就法院提供的纠纷解决方式而言，尽管通过具有严格程序理性的诉讼程序可以化解大量的纠纷，但诉讼程序本身的成本高昂、费时、效率低等诸多内在缺陷使各国司法普遍面临着危机，而同时，进入法院的纠纷数量有增无减，尽管通过设置简易程序、加快诉讼进程等诉讼程序内的变革可以相应缓解法院的案件负担，但这种纠纷解决程序的供

---

[①] 徐昕：《迈向社会和谐的纠纷解决》，载徐昕主编《纠纷解决与社会和谐》，法律出版社2006年版，第63页。

需矛盾依然存在，更何况许多纠纷以诉讼程序来解决并未见得是最恰当合适的解决方式，因此，由法院创造提供一种既不失公平正义又能迅速解决案件的简易灵活的纠纷解决方式就应是应对此问题的良策。

同时，依据构建和谐社会的目标，纠纷解决不应仅仅停留于对纠纷是非的法律判定，也应注重主体间冲突的真正化解，特别是注重当事人对抗情绪的消融。尽管在实践层面，两者往往不可兼得，但理念上对后者的重视会促使司法逐步走出一条更切合社会现实、更富于人性化的道路；促使司法在严格的法律形式与法律的实用之间寻求某种平衡。① 由是，在构建和谐社会的大背景下，法院附设替代性纠纷解决机制正契合了和谐社会的价值追求，同时彰显了司法的实用与灵活性，进而也为纠纷当事人提供了进入法院之后的多元选择。

目前，我国法院已有调解制度与诉讼和解两种制度，作为诉讼程序内以追求当事人合意解决纠纷为旨向的这两种制度在设置、运行等多方面存在着不足与缺陷。学者们提出的改革建议多从制度本身寻求突破，而如从制度本身抽离，以更宏伟的视角即从纠纷解决的高度入手，将其设置为法院附设的替代性纠纷解决机制，进而重新进行定位与制度构建，则既利用了我国法院调解的传统又与现代纠纷解决机制不谋而合。

对法院附设替代性纠纷解决机制进行研究的最终目标是进行相关立法或者在未来民事诉讼法修改过程中将其作为重要的考量对象，基于此，对法院附设替代性纠纷解决机制进行全面、深入、细致地研究与探讨，自是有着相当高的理论价值与实践指导意义。

---

① 顾培东：《构建和谐社会背景下的纠纷解决之道》，载徐昕主编《纠纷解决与社会和谐》，法律出版社 2006 年版，第 12 页。

## 二 研究对象

"概念是解决问题所必需的工具，没有限定严格的专门概念，我们便不能清楚地和理性地思考法律问题。"[①] 只有对一个事物的内涵和外延有了清晰明确的界定，才有可能展开后续的理论探讨，由是概念的界定对学术研究来说就显得尤为重要。

纠纷的解决机制根据不同的标准可有多样的型构方式，从解决纠纷的方式上看，H. W. 埃尔曼认为解决法律争议主要有两种方式，一是冲突的当事人通过协商自行确定后果，这并不排除作为调解人的第三人可能在协商中协助他们；二是将冲突交付裁决，这意味着由一位理想的不偏不倚的第三人来决定争论者的哪方胜诉，这两种方式可用以（有时相互交叉）解决民事、刑事和行政诉讼。[②] 在学术界，学者们通常也将纠纷的解决简化为两种方式，一种为通过正式的司法机关以诉讼的形式实现纠纷的国家解决，另一种为将所有非诉讼方式的解决囊括为一种形式，即 ADR（Alternative Dispute Resolution），也称为纠纷的替代性解决或选择性解决，是对世界各国普遍存在着的、民事诉讼制度以外的非诉讼纠纷解决方式或机制的总称。[③] ADR 是一个较松散的词汇，包括由不同组织采用的适用不同规则的不同种类的程序，其共同点是私下解决纠纷的方法，当事人选择一个替代诉讼的方式，以更适合他们的特殊需要。[④] ADR 作为内涵广泛、包含范围甚广的纠纷解决方式的指称，亦可根据不同的标准作出不同的分类。从解决纠纷的主体

---

① ［美］E. 博登海默著，邓正来译：《法理学、法哲学与法律方法》，中国政法大学出版社1999年版，第486页。

② ［美］H. W. 埃尔曼著，贺卫方、高鸿钧译：《比较法律文化》，清华大学出版社2002年版，第132页。

③ 范愉著：《非诉讼纠纷解决机制研究》，中国人民大学出版社2000年版，第10页。

④ Steven C. Bennett：Court - Ordered ADR：Promise and Pitfalls, Pennsylvania Bar Association Quarterly, January, 2000.

上来讲，可将 ADR 分为法院附设 ADR、国家行政机关提供的 ADR、民间团体组织的 ADR、律师主持的 ADR 机构、国际组织所设的 ADR 机构等，各自承担着不同的职责与功能。

目前学术界尚未对法院附设替代性纠纷解决机制作出明确的定义，对此机制的研究也才刚刚开始，尚未形成系统完善的理论。法院附设替代性纠纷解决机制（court annexed ADR）作为 ADR 的一种形式，又称为法院附设 ADR、司法 ADR、法院中的 ADR 和法院相关的 ADR 项目等。尽管称谓不同，但均是指一种虽然以法院为主持机构，却与诉讼程序截然不同的诉讼外纠纷解决制度。然而法院附设替代性纠纷解决机制与法院的诉讼程序又有一种制度上的联系，在某些法定条件下，甚至被作为诉讼程序的前置阶段。① 也有学者认为法院附设替代性纠纷解决机制，是在 ADR 基础上发展起来的一种准司法性质的程序。② 简言之，法院附设替代性纠纷解决机制作为诉讼程序内合意的纠纷解决机制，是附设在法院内部的 种诉讼外的纠纷解决机制，同时又与诉讼程序存在着某种程度的关联，或是诉讼程序的一部分，是处于通过当事人之间私下对话解决和通过诉讼程序以判决的形式利用公权力解决之间的中间地位的解决方法。

## 三　国内外研究现状

国外对法院附设替代性纠纷解决机制的研究已渐成趋势，其中强调裁判中心主义的德国倾向于仅关注与诉讼程序有紧密联系的诉讼和解制度；普通法系的英国和美国则对法院附设 ADR 制度倾注了极大的热情，研究深入而广泛；对裁判与 ADR 同等关注的日本对法院附设替代性纠纷解决机制的关注与研究持久而深

---

① 参见范愉：《非诉讼纠纷解决机制研究》，中国人民大学出版社 2000 年版，第 152 页。
② 章武生：《司法 ADR 之研究》，载《法学评论》2003 年第 2 期。

入。美国对法院附设替代性纠纷解决机制的研究起步较晚，自 20世纪 70 年代由哈佛法学教授弗兰克 E. A. 桑德首提"多门径法庭"进而揭开法院运用 ADR 程序的序幕，随后随着司法改革的深入及国家法政策上的改变，加之动摇裁判中心主义（司法垄断）已成为当今世界各国的一种普遍现象，[①] 学者们对此制度的研究则是如火如荼，形成了大量的研究成果，其中斯蒂芬·B. 戈尔德堡、弗兰克 E. A. 桑德、南茜·H. 罗杰斯、塞拉·伦道夫·科尔著有《纠纷解决——谈判、调解和其他机制》[②]，在斯蒂文·N. 苏本、马莎·L. 米卢、马克·N. 布诺丁、托马斯·O. 梅茵联合写作的《民事诉讼法——原理、实务与运作环境》[③] 一书中，其中专有一章《质疑并驯服现行制度》，对法院附设 ADR 制度进行了全面系统的阐述，关于此制度的专门文章则更是不胜枚举。[④]

---

① ［日］小岛武司：《纠纷解决制度与法文化》，转引自陈刚主编、陈刚、林剑锋、段文波等译：《自律型社会与正义的综合体系——小岛武司先生七十华诞纪念文集》，中国法制出版社2006 年版，第 13 页。

② ［美］斯蒂芬·B. 戈尔德堡、弗兰克 E. A. 桑德、南茜·H. 罗杰斯、塞拉·伦道夫·科尔著，蔡彦敏、曾宇、刘晶晶译：《纠纷解决——谈判、调解和其他机制》，中国政法大学出版社 2005年版。

③ ［美］斯蒂文·N. 苏本、马莎·L. 米卢、马克·N. 布诺丁、托马斯·O. 梅茵著，傅郁林等译：《民事诉讼法——原理、实务与运作环境》，中国政法大学出版社 2004 年版。

④ 美国关于法院附设 ADR 的文章主要有：Judge Dorothy Wright Nelson，ADR in the Federal Courts – One Judge's Perspective：Issues and Challenges Facing Judges, Lawyers, Court Administrators, and the Public, Ohio State Journal on Dispute Resolution, 2001. Honorable Rodney S. Webb, Court – Annexed "ADR" – A Dissent, North Dakota Law Review, 1994. Steven C. Bennett，Court – Ordered ADR：Promises And Pitfalls, Pennsylvania Bar Association, January, 2000. Lisa Bernstein, Understanding the Limits of Court – Connected ADR：A Critique of Federal Court – Annexed Arbitration Programs, University of Pennsylvania Law Review, June, 1993. Judith Resnik, Many Doors? Closing Doors? Alternative Dispute Resolution and Adjudication, Ohio State Journal on Dispute Resolution, 1995. Irving R. Kaufman, Reform for a System in Crisis：Alternative Dispute Resolution in the Federal Courts, Fordham Law Review, October, 1990. Richard C. Reuben, Constitutional Gravity：A Unitary Theory of Alternative Dispute Resolution and Public Civil Justice, UCLA Law Review, April, 2000. Michael E. Weinzierl, Wisconsin's New Court – Ordered ADR Law：Why it is Needed And its Potential for Success, Marquette Law Review, Spring, 1995. Developments in the Law—the Paths of Civil Litigation：VI. ADR, the Judiciary, and Justice：Coming to Terms with the Alternatives, Harvard Law Review, May, 2000. Jack M. Sabatino：ADR as "Litigation Lite"：Procedural and Evidentiary Norms Embedded Within Alternative Dispute Resolution, Emory Law Journal, Fall, 1998. Louise Phipps Senft and Cynthia A. Savage：ADR in the Courts：Progress, Problems, and Possibilities, Penn State Law Review, Summer, 2003. Deborah R. Hensler, Our Courts, Ourselves：How the Alternative Dispute Resolution Movement Is Re – Shaping Our Legal System, Penn State Law Review, Summer, 2003.

而且美国学界对法院附设 ADR 的研究深入细致，其中包括法院附设 ADR 的相关理论，探求其合理性及其价值争议，并就其未来走向与发展提供思路，当然更有就法院附设 ADR 的种类等细节问题专门进行研究的，如有学者专门对简易陪审团审理程序进行研究①，有学者就法院附设调解制度展开研究等②。

日本在 1951 年就制定了《民事调停法》，因此对此制度的研究则已有 50 多年的历史，研究范围广泛、全面。小岛武司、伊藤真编有《诉讼外纠纷解决法》③，对法院中的 ADR 包括民事调停与诉讼和解制度进行了全方位的解析与介绍，探讨了民事调停制度的沿革、民事调停的意义与作用、调解机构、民事调停的程序及程序规则、调停的问题点及未来展望等。同时小岛武司著有《自律型社会与正义的综合体系——小岛武司先生七十华诞纪念文集》④，文集中对纠纷解决体系与调停制度等均重点进行了研究与论述。关于民事调停与诉讼和解的文章则以不计其数来量化似乎也不为过，其中竹下守大写有《改正民事、家事调停法》⑤、小岛武司写有《当事人主导的调停》⑥、棚濑孝雄写有《自律型调停

①　Anne C. Morgan, Thwarting Judicial Power to Order Summary Jury Trials in Federal District Court: Strandell v. Jackson County, Case Western Reserve Law Review, 1990.

②　Suzanne J. Schmitz, A Critique of the Illinois Circuit Rules Concerning Court - Ordered Mediation, Loyola University Chicago Law Journal, Spring, 2005. Jacqueline M. Nolan - Haley, Court Mediation and the Search for Justice Through Law, Washington University Law Quarterly, Spring, 1996.

③　〔日〕小岛武司、伊藤真编，丁婕译、向宇校：《诉讼外纠纷解决法》，中国政法大学出版社 2005 年版。

④　〔日〕小岛武司著，陈刚、林剑锋、段文波等译：《自律型社会与正义的综合体系——小岛武司先生七十华诞纪念文集》，中国法制出版社 2006 年版。另外日本关于民事调停制度的论著主要有：小岛武司编著：《调停与法》，中央大学出版部，1989 年；佐佐木吉男：《民事调停研究》，1967 年；太田胜造：《民事纠纷解决程序论》，1990 年；草野芳郎：《和解技术论》，1995 年；日本法学家协会编：《民事调停的研究》，1991 年；石川明等编：《注解民事调停法》，1993 年；小山升：《民事调停法》（新版），1977 年；梶村太市等：《和解与调停的实务》（3 订版），1992 年；后藤勇、藤田耕三编：《诉讼上和解的理论与实务》，1987 年；太田胜造：《民事纠纷解决程序论——交涉、和解、调停、裁判的理论分析》，信山社，1990 年。

⑤　〔日〕竹下守夫：《改正民事、家事调停法》，载《法学家》第 569 号，1974 年。

⑥　〔日〕小岛武司：《当事人主导的调停》，载《判例时报》第 430 号，1981 年。

的期待（上、下）》①、梶村太一写有《民事调停的任意性与裁断性》②，等等③。从日本学者发表的文章已不难看出，日本对民事调停和诉讼和解的研究既有宏观又有微观，既有理论研究又有制度研究，是全方位、多角度地对法院附设替代性纠纷解决机制进行研讨。

近几年国内学者对替代性纠纷解决机制的研究不少，但专门对法院附设替代性纠纷解决机制的研究则不是很多，大概有五篇文章和五篇硕士学位论文④，当然，也有相当的学者对法院调解、诉讼和解等制度进行专门研究的，但多数学者尚未将其纳入法院附设替代性纠纷解决机制内进行论述，而是将其纳入诉讼领域进

---

① ［日］棚濑孝雄：《自律型调停的期待（上·下）》，载《法学家》第 920 号。

② ［日］梶村太一：《民事调停的任意性与裁断性》，载《民事诉讼杂志》第 32 号，1986 年。

③ 相关的日本文章还有：村崎满：《家事调停的问题点》，载《法学家》第 489 号；深泽利一：《起诉前和解的诸问题》，载铃木忠一、三月章编：《实务民事诉讼法讲座 2》，1969 年；今井胜章：《追求民事调停的可能性》，载《法曹时报》第 284 号，1974 年；获原金美：《民事调停的基本问题》，载《判例时报》第 304 号，1974 年；小山昇：《调停·和解·诉讼》，载《自由与正义》1974 年 3 月号；小岛武司：《裁判断纠纷处理机构——以最新发展为研究中心》，载《判例时报》第 932 号，1977 年；获原金美：《民事调停中当事人权利的保障》，载《别册判例时代 4号——民事调停的诸问题》，1977 年；桥本和夫：《房租地价纠纷之调停制度》，载《法学家》第 1006 号，1992 年；获原金美：《调停理论再研究》，载《讲座民事诉讼》，1984 年；田中丰：《民事—审诉讼中的和解》，载《民诉杂志》第 32 号，1986 年；获原金美：《调停对象论概说》，载《民事诉讼杂志》第 32 号，1986 年；山田文：《关于 ADR 程序的正当化之预备性考察》，载《判例时报》第 825 号，1993 年；石川明：《ADR 的发展与法律规则》，载《司法改革》第 7 号，2000 年；山本和彦：《裁判外纠纷解决制度（ADR）》，载《法律广场》第 53 卷第 9 号，2000 年；棚濑孝雄：《法制化社会的调停模式》，载《法学论丛》第 126 卷；萩泽达彦：《审理促进与和解促进》，载《名大法政论集》第 147 号；大石忠生、加藤新太郎：《诉讼上和解的地位》，载《诉讼上和解的理论与实务》；加藤新太郎：《审判上的和解》，载《审判实务大全（8）》；太田知行、穗积忠夫：《作为纠纷解决方式的诉讼上和解》，载《法社会学的现代课题》；井垣康弘：《家事调停的改革》，载《判例时代》第 892 号。

④ 国内主要的研究成果有：章武生：《司法 ADR 之研究》，载《法学评论》2003 年第 2 期；李文善、金权：《我国法院附设 ADR 之探讨》，载《法制论丛》，2003 年 7 月；蒋惠岭：《法院附设 ADR 对我国司法制度的新发展》，载《人民法院报》2005 年 1 月 10 日；杨严炎：《美国的司法 ADR》，载《政治与法律》2002 年第 6 期；姚志坚：《当前法院附设 ADR 的调查与思考》，载《法律适用》，2006 年 4 月。孙敏洁：《论美国法院附设 ADR》，武汉大学 2005 年硕士学位论文；王东风：《法院附设 ADR 研究》，河南大学 2002 年研究生硕士学位论文；杨严炎：《司法 ADR 研究》，河南大学 2003 年研究生硕士学位论文；肖寒：《司法 ADR 研究》，郑州大学 2005 年硕士学位论文；王蕾：《中国法治建构中 ADR 的正当性》，黑龙江大学 2004 年学位论文。

行研讨的，故在统计学者们对法院附设替代性纠纷解决机制的研究成果时，未将对法院调解与诉讼和解的研究成果考虑在内。国内学者对法院附设替代性纠纷解决机制的研究不够深入，不仅表现在研究成果不多，而且表现在学者的研究更多的是对法院附设ADR 制度的横向介绍与考察，文章中涉及我国的制度建构的部分往往也比较简单，而尚未对法院附设替代性纠纷解决机制的基础理论、我国未来制度构建的种类与细节等进行深入考察、研究，当然对国外相关制度也需要进行深入比较研究，因此，对法院附设替代性纠纷解决机制尚有较大的研究空间。

## 四 研究的方法

俄国学者普列汉诺夫将科学研究方法喻之为"用来发现真理的工具"①，由此可见研究方法在学术研究中的重要地位及关键作用。研究于段的科学性决定了最终的研究结论是否具有科学合理性。本文在研究方法上，主要采用了多学科综合研究方法、历史分析方法、比较分析方法以及实证研究方法等。

多学科综合研究方法。对法院附设替代性纠纷解决机制的研究除了运用程序法的相关理论在制度方面做深入细致的考察外，对其基本理论的研究同样不可或缺。而对法院附设替代性纠纷解决机制的法理阐释及对其追求的理念等的考察就离不开法哲学等相关学科的基本理论，多学科交叉综合的分析方法有助于多角度、全方位地对此进行深入研究。

历史分析方法。历史分析方法在学术研究中的地位不言而喻，"只有通过历史，才能与民族的初始状态保持生动的联系，而丧失了这一联系，也就丧失了每一民族的精神生活中最为宝贵

---

① 《普列汉诺夫哲学著作选集》第 1 卷，三联书店 1959 年版，第 148 页。

的部分。"① 任何一种制度均有其产生、发展及演进的过程，透过历史性的纵向动态考察更可以了解其全貌，从而使相关研究更丰富和完善。我国一直存有法院调解的传统，而这更被喻为"东方经验"，而且我国未来法院附设替代性纠纷解决机制的构建亦不能完全抛弃已有的优良传统，因此，对传统社会的司法运作进行考察和分析，尤其是对与现代法院附设 ADR 制度相类似的我国传统制度的考察，可以为当下的研究提供参考和借鉴。

比较分析方法。歌德曾经说过，"不知别国语言者，对自己的语言便也一无所知"，塞克尔也说，"不知别国法律者，对本国法律便也一无所知"，大体上，纯粹理论性的比较法，都是以知识欲理、扩大视野的欲望和更好地认识本国法的欲求等为出发点的。② 因此，比较法被誉为"真理的学校"，或"解决方案的仓库"，承认这一点，就意味着脱离了对本国法的赞美或法学地方主义的窠臼。③ 透过对国外相关制度的考察与分析，可以拓展我们的研究视野，追寻其他国家和地区相类似制度中共通的东西，寻找其制度的未来发展趋势，进而为我国相关制度的建构提供理性的参考与借鉴。因此，比较法就承担起"创造与构成的作用"，被视为探求未来的指导原理的学科。④ 而且，通过比较研究，还可以发现我国制度中的缺陷与不足，为未来的制度改革寻找方向。

实证分析方法。法学的生命更多地在于指导实践，而同时立

---

① ［德］弗里德里希·卡尔·冯·萨维尼著，许章润译：《论立法与法学的当代使命》，中国法制出版社 2001 年版，第 87 页。

② Genzmer, aaO（Anm. 2），S. 238. 转引自［日］大木雅夫著，范愉译，朱景文审校：《比较法》，法律出版社 1999 年版，第 68—69 页。

③ Ancel, La tendance（supra note 3），p. 6；Fridmann, The Teaching of Comparative Jurisprudence, in：Rotondi, supra note 2, p. 227. 转引自［日］大木雅夫著，范愉译，朱景文审校：《比较法》，法律出版社 1999 年版，第 69 页。

④ Ancel, La tendance（supra note 3），p. 21. 转引自［日］大木雅夫著，范愉译，朱景文审校：《比较法》，法律出版社 1999 年版，第 72 页。

足于实践的理论则不会成为无源之水，无本之木。对法院附设替代性纠纷解决机制的研究离不开各地法院的实践，基于此，笔者深入调查了法院附设替代性纠纷解决机制的实践现状，进而总结出目前相关制度运行中存在的问题，并试图探寻其症结所在，为我国将来法院附设替代性纠纷解决机制的建构提供实践和数据的参考。

# 第二章
# 法院附设替代性纠纷解决机制的基础理论

## 一　法院附设替代性纠纷解决机制的法理阐释
### ——国家救济与社会救济、私力救济之间

### （一）　国家与社会的分析框架

在西方学术界的主流话语中，国家——社会的理论模型总是与现代化联系在一起的，其主旨是市民社会是与政治国家截然两分的领域，各自存在着相对独立的权力运作空间。所谓"市民社会"，则是指在那些源出于保护个人自由的思考以及反对政治专制的近代自由主义政治思想、源出于对市场经济的弘扬以及对国家干预活动的应对的近代自由主义经济思想的基础上而逐渐产生的相对于国家以外的实体社会。① 由此，在西方社会，市民社会作为一种与国家实体相区别的概念，是近代历史的产物。而在古希腊和古罗马时期，国家与市民社会是复合的，也正因此，古希腊和古罗马的"市民社会"概念与"政治社会"、"公民社会"

---

① 邓正来：《市民社会理论的研究》，中国政法大学出版社 2002 年版，第 138 页。

是不分的，并且有与城邦公共生活、政治生活和国家密切相连的
含义。① 而到了近代，经过资产阶级市民社会革命，"西方思想家
渐渐将社会视为明显先于国家和外于国家的状况，而确立这一分
野的手段之一便是社会契约论"；② 经济思想的影响则表现为"最
初的社会功利观念将人们之间经济的自然相互依赖，强调为在逻
辑上先于国家的秩序渊源"。③ 个人自由、私人利益和个人权利等
获得了很大的解放，国家与社会开始实现了真正的二元分离。

市民社会作为自治领域，与政治国家保持着相当的距离。随
着市民社会的产生、发展及成熟，社会主体的自主性、自治性逐
渐增强，社会物质和文化资源部分地从国家垄断中剥离出来，归
公民和社会组织所拥有，开始发挥其对社会和国家的影响力和支
配力。由此，于国家权力之外，与之并存的又有了一种新型的权
力——社会权力。④ 随着现代社会的多元发展，各种非政府组织
及社会组织（包括公益团体、群体组织、政党等）等成为现代社
会的重要权力源。社会权力行使的主要领域是社会公共事务和社
会公共利益，行使社会权力的主体主要是非政府机构、民间组
织。也有学者认为在国家领域之外，存在着一个相对独立的公共
领域，即指"我们的社会生活的一个领域，在这个领域中，像公
共意见这样的事物能够形成，公共领域原则上向所有公民开放。
公共领域的一部分由各种对话构成，在这些对话中，作为私人的
人们来到一起，形成了公众。那时他们既不是作为商业或专业人
士来处理私人行为，也不是作为合法团体接受国家官僚机构的法

---

① 参见方朝晖：《市民社会的两个传统及其现代的汇合》，载《中国社会科学》1994 年第 5
期。

② 见"society"条目，in International Encyclopeadia of Social Sciences，Volume 14，p. 578. 转
引自邓正来、[英] J. C. 亚历山大编：《国家与市民社会性——一种社会理论的研究路径》，中央
编译出版社 1999 年版，第 80 页。

③ 同上书，p. 578.

④ 郭道晖：《论社会权力与法治社会》，载《中外法学》2002 年第 2 期。

律规章的规约"。① 公共领域基本上可以认为是社会权力统治和运作的领域。应该说社会权力是介于国家权力与私人权利之间的一种权力，与国家权力保持着相当的距离，是国家权力不能肆意干涉和侵犯的领域，其以维系集体利益和公共利益为目的，并有着专属的运作规范，同时与私人权利也不能简单地等同，私人权利更多的是强调自由，而社会权力则更多地意味着自治。

国家权力是自上而下的强制性极强的权力，其主要的功能是通过宪法和法律来维护公民与社会组织的法定权利，社会权力则多是横向的协商性、合作性的权力，其一方面行使着对国家权力的监督职能，另一方面也对国家正式法律之外的领域进行规制，并通过多种措施来维护社会新生的权利②。与权力的分类标准相对应，纠纷的解决方式按法律实证主义的观点可分为公力救济、社会救济与私力救济，各自有着相对独立的运作空间，并形成了纠纷解决的不同的样态。

### （二）公力救济、社会救济与私力救济

公力救济，是指国家权力机关运用公权力对被侵害权利予以救济，包括民事诉讼和行政救济。民事诉讼是公力救济的典型形式，因权利受到侵害的当事人的申请而启动，其以国家强制力为保障，并有严格的程序规范，国家权力以保护当事人的合法权益为旨向，在法的空间内严格按程序规则运作，整个纠纷的解决过程是决定性的过程，并最终适用法律规范来解决案件。

社会救济，是指依靠社会权力来对被侵害权利进行救济，主

---

① ［德］尤根·哈贝马斯著，汪晖译：《公共领域》，载汪晖、陈燕谷主编：《文化与公共性》，生活·读书·新知三联书店1998年版，第125页。

② 新型社会权利主要有：避免贫困、无知和歧视的自由，获得健康环境、社会保障的权利，以及保护免受大规模的金融、商业、公司甚至政府的压迫和欺诈的权利。参见［意］莫诺·卡佩莱蒂著，徐昕、王奕译，高鸿钧校：《比较视野中的司法程序》，清华大学出版社2005年版，第372页。

要包括仲裁和部分调解（包括民间组织调解、行政调解、律师调解等）。仲裁以当事人的合意为基础，将双方可能或已发生的纠纷的处理权授意给法院以外的第三方来进行裁决，从而妥善处理纠纷。关于仲裁的性质有各种不同的学说：仲裁的司法权理论、仲裁的契约理论、仲裁的混合理论、仲裁自治理论、仲裁的准司法权理论、仲裁的行政性理论等，笔者认为，随着社会权力的出现，将仲裁权视为一种社会权力也许更为合适，尤其对我国来说，将仲裁与国家权力相剥离，仲裁权回归社会是仲裁制度发展的基础。调解指通过中立调解人的沟通协调，使当事人在平等协商的情况下达成解决纠纷的合意，实现纠纷的妥善解决。调解并不要求遵循严格的程序规范，程序的启动及展开都较诉讼程序要灵活而随意，而且道德、习俗、法律规范等均能作为纠纷解决的规范适用，程序的最终以当事人的合意作为追求。我国的法院调解因发生于诉讼程序之中，又常常作为法院结案的一种形式，故不能认为是社会救济。国外流行的法院附设调解作为诉讼程序的前置程序，与国家的司法权紧密相连，其社会救济的特征已不纯粹，应被认为是介于公力救济与社会救济之间的一种纠纷解决形式。

私力救济，指当事人认定权利遭受侵害，在没有第三者以中立名义介入纠纷解决的情形下，不通过国家机关和法定程序，而依靠自身或私人力量，实现权利，解决纠纷，包括强制和交涉。[①] 私力救济的典型形式即是私下和解，当事人双方在没有第三方介入的情况下通过相互交涉、沟通，彼此互相作出让步，进而最终达成合意，解决纠纷。私力救济的程序随意，没有严格的法律规范，道德规范、社会习俗、情义等因素均可成为纠纷解决的参考，程序的合意性特征明显。

---

① 参见徐昕：《论私力救济》，清华大学博士学位论文，2003年。

公力救济、社会救济与私力救济的分类法应该认为是纠纷解决的理想状态，而在实际纠纷解决的过程中，国家权力、社会权力与私力往往是相互影响、相互流动的，比如公力救济中往往会有当事人合意的因素，而社会救济与私力救济中常常会有规范化的倾向，并且也经常会在法的阴影下运作，国家与社会的交织与互动在纠纷解决的具体实践过程中往往体现得较为明显，而此也正是法社会学者在研究纠纷和纠纷处理这一课题上的关注所在。"一方面表现在关于正式法律制度之内纠纷处理的法社会学研究总是关注其社会效果，重视审判诉讼对于社会的影响等因素；另一方面，研究者对'活的法'进行追问也总是以国家的法与审判作为参照或背景。更重要的是，无论这些研究的着重点放到哪个方向，其共同关心的问题则是国家法的体系与社会秩序之间互动的机制"。① 法院附设替代性纠纷解决机制是国家与社会间积极互动机制的典型，国家权力与社会权力、私力在平等的基础上实现了交流、商谈与合作，形成独具特色的纠纷解决制度。

## （三）公力救济与社会救济之间——法院附设调解等

法院附设调解、法院附设仲裁、简易陪审团审理、早期中立评价等法院附设替代性纠纷解决机制在类型的划分上已不能简单地归结为哪一种纠纷解决形式，而应界定为是介于国家与社会之间的或者说是公力救济与社会救济交接、互动的领域。许多案件在开启了诉讼程序之后，即向法院提出审理申请之后，在正式庭审之前，都得到了解决。在这一领域中，国家正式制度与非正式制度发生某种对话，国家与社会实现了互动的合作，国家权力与社会权力进行积极平等的商谈，共同促成纠纷的合理解决。

以法院附设调解等程序的实际运作为例，来分析程序中国家

---

① 王亚新著：《社会变革中的民事诉讼》，中国法制出版社 2001 年版，第 205 页。

权力与社会权力交接、互动的概况。当事人向法院提出案件审理申请而法院又受理之后，即开启了诉讼程序，案件则开始纳入国家权力（司法权）的管辖范围。近些年随着司法改革的深入，积极推进程序、迅速解决积案、提高效率、减少耗费等要求使法院的司法权大大扩展，案件管理已俨然成为法院的固有权力，"即使在明确的法律之外，联邦地区法院在管理和控制其工作日程方面本来就拥有实质权力……当然，联邦地区法院固有的权力并非无限的，至少存在四个限制性的原则：第一，自身权力的行使方式必须合理地配合改善法院程序，包括有序、迅速地处理未决案件；第二，自身权力的行使不能和适用的制定法或者规则相冲突；第三，自身权力的行使必须符合程序公正；最后，自身权力必须在限制和谨慎的判断之下行使"。① 法院根据诉讼请求金额、诉讼复杂性等因素，可以将不同案件分配适用不同的程序，美国的多门径法庭，就是案件甄选员推荐（或者指令）把案件提交给调解、仲裁、案件评估以及简易陪审团程序进行处理，以避免诉讼，达成和解。英国的分类管理是将案件分配适用不同的审理机制，即小额索赔审理制、快捷审理制和多轨审理制，同时法院也可在案件分配阶段、案件管理会议和审前复核（Pre‐trial reviews）阶段运用替代性纠纷解决方式，法院还可依职权中止案件日程表，以促进当事人通过替代性方式解决纠纷，但此是在当事人合意的前提下进行的，不能实行法院强制。②

案件进入法院后，在正式的审理开始之前，正式制度与非正式制度开始交接，国家权力与社会权力也开始平等对话。法院创

---

① ［美］斯蒂芬·B. 戈尔德堡、弗兰克 E. A. 桑德、南茜·H. 罗杰斯、塞拉·伦道夫·科尔著，蔡彦敏、曾宇、刘晶晶译：《纠纷解决——谈判、调解和其他机制》，中国政法大学出版社 2005 年版，第 409 页。

② 参见徐昕著：《英国民事诉讼与民事司法改革》，中国政法大学出版社 2002 年版，第 483—484 页。

制的替代程序往往要考虑以下诸种因素：为纠纷解决体系确定目标；在这些目标中确立优先实现的顺序；发展一种更符合这些目标的新的纠纷解决体系；在这一纠纷解决体系的设计过程中自始至终都与当事人和其他受该体系影响的人进行协商；对这一新体系的潜在问题进行预期并作为计划；帮助实施这一新体系并对其进行再评估。① 而在这些程序当中，除了体现国家权力之外，更重要的是注重与当事人的交流与合作，以期真正实现程序的预期目标。在美国，案件在进入不同的解决程序之前，法院会安排一个案件甄选会议，当然法院会命令当事人参加。在案件甄选会议上，法院会安排对案件事实及程序的发展脉络有简短回顾，界定案件主体性因素，并对纠纷解决的各种替代程序进行简短介绍并为当事人提供协助。案件甄选会议本身就是一个纠纷解决的过程，法院为当事人提供关于纠纷解决的信息，了解与案件相关的当事人及律师的信息并与当事人开展平等交流，共同商讨选择案件所要适用的程序，同时也为以后的纠纷解决程序奠定了基础。

在具体程序的选择上存在着两种形式——由当事人合意选择或由法院指令，当事人合意选择适用何种程序当然是基本的方式，但并不排除法律规定情形下的强制参与程序，强制参与替代性程序只是在程序的入门时才适用，而最终纠纷的解决仍依赖于当事人的合意。当然，当强制程序被强加给不情愿的诉讼当事人时，其最终达成和解的可能性也大大减小。然而，在某些案件中，法院在一方或多方反对的情况下，仍有理由相信强制性调解可以带来重大利益。毕竟，某一当事人反对调解的理由可能仅在于对该程序的陌生，或者担心参与调解的意愿将被视为对己方的

---

① ［美］斯蒂芬·B·戈尔德堡、弗兰克 E. A. 桑德、南茜·H. 罗杰斯、塞拉·伦道夫·科尔著，蔡彦敏、曾宇、刘晶晶译：《纠纷解决——谈判、调解和其他机制》，中国政法大学出版社2005 年版，第 294 页。

法律立场缺乏信心。① 而随着程序的进展和当事人了解的增多，当事人间的协商解决与庭审相比的优越性也就会渐渐呈现，对强制参与的抵触心理也会渐渐淡化。法院不仅为当事人提供合适的纠纷解决程序，而且还可以为案件选择合适的中立人来主持整个程序，由此也产生了法院提供 ADR 服务的多种模式，每一种模式都要根据大量的假设和变量，例如 ADR 计划的目的，案件的种类和服务的当事人，程序是强制的还是自愿的，当事人是否能被律师所代表，制度能容纳案件的数量，和法院想让中立者发挥的作用。② 法院将案件转至 ADR 程序，由此实现国家权力与社会权力的对接与合作，国家与中立者之间实现了权力的平等交接，期间不存在任何的控制与强制，与法院外的 ADR 形式相比，因之法院的权威与威信的附带作用，由法院向当事人提供的 ADR 程序的中立者更易获得当事人及其律师的信任，当事人能更好地重视其作用和价值，对由此程序所产生的结果也就更易接受，纠纷也就愈益得到合理解决。而对日常的一些机构中立者常常会因其本身的利益倾向而对其中立者身份存在着潜在的怀疑。

在具体案件的实际运作中，案件由法院转由中立第三者，此过程本身就具有相当的仪式意义，法院与中立者之间更多的是平权关系，比如法院与非营利组织及律师事务所之间的契约关系，法院与私人中立者之间的转介关系等，虽然职业中立者作为法院的雇员接受法院的日常行政管理，但在具体的程序运作中法院并没有行使其程序管理职责。然而程序中并非没有国家因素的影响，程序是在法院的背景下展开，由法院提供的中立者虽只是法

① 见 Campbell C. Hutchinson, The Case of Mandatory Mediation, 42 Loy. L. Rev. p. 85, pp. 89—90 (1996). 转引自斯蒂芬·B. 戈尔德堡、弗兰克 E. A. 桑德、南茜·H. 罗杰斯、塞拉·伦道夫·科尔著，蔡彦敏、曾宇、刘晶晶译：《纠纷解决——谈判、调解和其他机制》，中国政法大学出版社 2005 年版，第 410 页。

② Seeing Judge Dorothy Wright Nelson, ADR in the Federal Courts—One Judge's Perspective: Issues and Challenges Facing Judges, Lawyers, Court Administrators, and the Public. Ohio State Journal on Dispute Resolution, 2001.

院的雇员而不是正式的法官，但其身份是具有双重属性的，一方面作为国家权力机构中的成员而存在，另一方面又作为 ADR 程序中的中立者，而且国家正式法律制度的影响常常是潜移默化的，受思维定式的影响中立者常常会将国家的正式法律制度作为纠纷解决过程中的重要参考，当然生活中的日常习俗与惯例及商事活动中的惯行规则同样起着重要的作用，国家正式法律制度的影子也就似有似无地在此纠纷解决的空间中环绕。

当然，随着程序的展开，中立者可以在自我掌控的范围内行使其解决纠纷的权力，法院不能再进行相应的权力干涉，但作为法院提供的纠纷解决形式，也常常会存在着质量控制的问题。美国布拉兹尔法官认为："负责任的法院不会认可、也不会让当事人参加那些法院不了解或者无法控制其要素以及基本特点的程序。法院可以监督作为法院职员的调解人，却不能监督大量的私人中立人。只有通过投入大量的资源来监督和管理法院核准名单上的中立人，应用该模式的法院才能合理地相信中立人将严格遵守固定的程序与规则。"①当然，布拉兹尔法官是对针对美国的中立人制度而提出的意见，但由此也可看出虽然法院不能对程序进行权力干涉，但对程序的质量却负有职责，因其与后续的审判程序是否启动紧密相连，如果此程序没有达成和解由此引发诉讼程序就有可能会造成资源的进一步浪费问题，而之前所考虑的提高效率、节约资源等初衷将完全不遂，反而会有适得其反的效果。

在程序的最终，会形成两种格局：达成和解或和解失败，转入庭审程序。如果当事人在中立者的协助下达成了一致意见，形成了和解方案，则在法院审查批准的情况下，此和解方案即作为正式的决定，此决定与法院的判决一样具有正式的法律效力。社

① ［美］斯蒂芬·B. 戈尔德堡、弗兰克 E. A. 桑德、南茜·H. 罗杰斯、塞拉·伦道夫·科尔著，蔡彦敏、曾宇、刘晶晶译：《纠纷解决——谈判、调解和其他机制》，中国政法大学出版社 2005 年版，第 427 页。

会救济的结果得到了正式制度的认可，并赋予其正式的效力，如果一方当事人拒绝执行和解协议则可以国家强制力保障得到顺利执行，诉讼程序也到此终结，不复有再展开的必要。如果当事人拒绝了和解方案，则会由此启动正式的审判程序，案件完全进入国家正式制度的领域，即在法的独立的空间内运作，直至最终形成判决。当然如果当事人没有在后续展开的判决中得到比之前更有利的结果，可能会支付一定的代价，受到一定的经济制裁。

　　整个的法院附设调解等法院附设替代性纠纷解决程序中充满了国家与社会的互动，平等沟通、积极商谈的气氛贯彻始终，公力救济与社会救济实现了完美的结合。"事实上，即使在一个很正式的法律制度中，例如盎格鲁——美国的对抗制中，仍会存在并且实际存在可以容纳那些较不正式的平息纠纷的方法的空间，而且事实上需要存在那些较不正式的平息纠纷的方法。"① 日本学者棚濑孝雄从纠纷解决的过程出发，将纠纷的解决分为"根据合意的纠纷解决"和"根据决定的纠纷解决"，而在根据决定的纠纷解决中又分为四种类型，即"非合理的决定过程"、"实质的决定过程"、"先例的决定过程"和"法的决定过程"。② 一般认为，诉讼外纠纷解决方式是合意解决纠纷的典型，而诉讼则是决定型的纠纷解决方式，透过上述分析不难得出，法院附设调解等众多纠纷解决方式恰恰是介于合意与决定之间的类型，是处于通过当事人之间私下对话解决和通过诉讼程序以判决的形式利用公权力解决的中间地位的解决方法，③ ADR 程序因此与诉讼程序实现了对接与合作。而且，近些年来，ADR 程序的规制化倾向也相当明

---

　　① ［美］史蒂文·苏本、玛格瑞特（绮剑）·伍著，蔡彦敏、徐卉译：《美国民事诉讼的真谛》，法律出版社 2002 年版，第 205 页。

　　② 参见［日］棚濑孝雄著，王亚新译：《纠纷的解决与审判制度》，中国政法大学出版社 1994 年版，第 1—18 页。

　　③ ［日］小岛武司、伊藤真编，丁婕译、向宇校：《诉讼外纠纷解决法》，中国政法大学出版社 2005 年版，第 64 页。

显，一系列的配套制度开始形成并向正式的法的领域靠拢。美国1998年制定《替代性纠纷解决法》，并规定每个联邦地区法院都要根据当地的规则建立自己的 ADR 项目，而且要求诉讼当事人在案件的合适阶段考虑适用 ADR，将 ADR 纳入正式的法院系统，走上制度化的轨道。日本同样制定了《民事调停法》和《家事调停法》，将法院附设替代性纠纷解决机制制度化，日本调解委员的职业化倾向也比较明显，而且日本调停制度在程序方面的法制化程度也很高，关于权限和手续的规定相当严密，调解法规被组织到程序法范畴中的事实本身也加强了其法律程序指向。[①] 民事调停程序与民事审判程序实现了良性合作，促进了调停制度的发展。

## （四）公力救济与私力救济之间——诉讼和解

介于公力救济与私力救济之间的典型形式是诉讼和解。一直以来，诉讼程序制度被视为对私权的根本保护，也是免受政府压迫的根源。[②] 在以国家救济为旨向的正常运转的诉讼程序中，一系列程序规范和规则的初衷在于规范国家权力，尊重和保护当事人的处分权，国家权力与当事人的权利之间界限明显，各自运行于相对独立的权力空间之内，不存在互动与交叉的可能。法官作为消极被动的中立者，由当事人控制程序的启动及展开，虽然近年来开始逐步强调法官管理权，但当事人主导的本质并未发生根本的逆转，直至最终体现国家权力的确定性裁决的作出。在整个诉讼程序中国家权力与当事人的权利各自呈纵向流动，国家权力以保障当事人的权利为己任，并最终作出判决，当事人在国家允

---

① ［日］安田干夫：《作为私法转化阶段的调解》，载《法学协会杂志》第51卷5号（1933年），第132页。转引自季卫东著：《法律程序的意义——对中国法制建设的另一种思考》，中国法制出版社2004年版，第79页。

② ［美］杰弗里·C. 哈泽德、米歇尔·塔鲁伊著，张茂译：《美国民事诉讼导论》，中国政法大学出版社1999年版，第6页。

许的空间内自由行使自治权和处分权，以保障自己的权利，国家权力与私权之间不存在平等的对话，更不存在友好的合作。

诉讼和解改变了诉讼中的权力运作形式，国家救济与私力救济开始互动，国家权力与私人权利开始了程序内的商谈与合作，合意化的机制内含于诉讼程序之中，诉讼程序也由此出现了合意化的倾向，意欲实现当事人的权利和法官在程序进行和纠纷解决中的权力之间的平衡的理念已呼之欲出。"司法和解的发展是更大改革中的一部分，在这一改革中，诉讼将向着合契约性或协商性的类型推进并最后实现司法调解。"① 目前许多国家的法律均规定了诉前和解制度，法国《民事诉讼法典》第 840 条规定，小额审判法院法官应当努力促使当事人进行和解。法国的诉前和解，是当事人以口头或书面形式向法院书记室提出和解要求，请求法官传唤对方当事人到庭进行和解。② 日本起诉前的和解有固定的做法，双方当事人同时前往法院，根据事先形成的和解条款写成即日调解书，在日本起诉前和解也被称为立即解决的和解。③ 在美国的有些州，诉前和解也称作和解要约程序，即一方当事人在审前阶段提出载有明确数额的确定的书面和解要约，如果对方当事人接受此要约，则和解成立。如果未被接受，而且对方在后续的审理程序中并未获得更好的结果，则此方需偿付提出要约方当事人继续进行诉讼的费用，包括律师费。在诉前和解程序中，法官更多的不是积极参与到和解程序中，而是公证或确认当事人间的和解条款或和解协议，使其具有法律上的效力，从而终结诉讼程序。

---

① [英] 阿德里安 A·S. 朱克曼主编，傅郁林等译：《危机中的民事司法——民事诉讼程序的比较视角》，中国政法大学出版社 2005 年版，第 310 页。

② 参见张卫平、陈刚编著：《法国民事诉讼法导论》，中国政法大学出版社 1997 年版，第 249—250 页。

③ [日] 小岛武司、伊藤真编，丁婕译、向宇校：《诉讼外纠纷解决法》，中国政法大学出版社 2005 年版，第 67 页。

诉讼上的和解，可以在诉讼程序展开的任何阶段进行，在审理过程中甚至在上诉终结之前，均可以进行和解，但如果程序已经结束并发生既判力之后，则没有再进行和解的可能。诉讼上和解在诉讼程序内进行，一般情况下是不会违反实体法及其他法律规范的，而其又不拘泥于呆板的诉讼规范，在烦琐僵硬的规范中寻求自由合意的空间，形成具体妥善的解决方案，诉讼上和解游走于制度与灵活的非制度之间，在法的规范性和具体妥善性之间取得了平衡。① 同时，与司法程序的合意化发展趋势不谋而合，诉讼程序吸收了 ADR 程序的特色与优势，并将其内置于司法程序中，实践了契约性司法或谈判性司法的理念。司法权与个人权利实现了良性地互动，通过对话、商谈与交流、妥协，实现了积极的合作，促成了纠纷的合意解决并以国家强制力保障得到执行。

作为介于国家与社会间的纠纷解决形式，法院附设调解、诉讼和解等法院附设替代性纠纷解决形式使诉讼程序与 ADR 程序结束了分立的状态，实现了对接与合作，制度化空间与非制度化空间开展了交流与合作，形成积极互动的领域。诉讼程序与 ADR 程序彼此发挥各自的优点与长处，促进彼此的发展。法院附设替代性纠纷解决机制弥补了诉讼程序的缺憾，补充了诉讼程序的呆板、强硬、耗时迟延的不足，为诉讼程序增添了灵动的色彩，合理配置了法院资源，实现了预期节约高效的目标，并使司法更易为广大民众接近，扩大了当事人自主管理和自主控制的空间，为各国的司法改革拓宽了思路，增加了方案选择。同时丰富了 ADR 的发展，拓展了 ADR 的发展空间，增强了 ADR 发展的制度化和规范化倾向，并实现了纠纷的多元化解决。

任何事物都有两面性，介于公力救济与社会救济、私力救济

---

① 参见 [日] 小岛武司、伊藤真编，丁婕译、向宇校：《诉讼外纠纷解决法》，中国政法大学出版社 2005 年版，第 40 页。

之间的法院附设替代性纠纷解决机制同样也不例外，因其所在的中间位置，使其不可避免地存在着缺憾。诉讼作为典型的公力救济，其权力运作形式与社会救济及私力救济迥然不同，其以一系列的程序规范作保障，并以强制性的决定的作出为结局，法院附设替代性纠纷解决机制介于公力救济与社会救济及私力救济之间，处理不好不足是显而易见的。合意是法院附设替代性纠纷解决机制的本质，并有着非规范性的特征，同时因之发生于诉讼程序中，又不可避免地要兼具程序、公正等的外观，两者之间的内在的冲突不可避免，协调彼此的冲突并进而发挥各自的优势就是未来法院附设替代性纠纷解决机制发展所要解决的重要课题。

## 二　法院附设替代性纠纷解决机制的理念

### （一）意思自治

意思自治理论是民商事领域的基本原则，即契约自治或契约自由原则。从本质上讲，意思自治是一种法哲学理论，即人的意志可以依其自身的法则去创设自己的权利义务。当事人的意志不仅是权利义务的渊源，而且是其发生的根据。[①]"每一社会成员均依自己的判断管理自己的事务，自主选择、自主参与、自主行为、自主负责。"[②] 也即当事人有权自主处置自己的权利，自己决定和自己负责的程序理念融入其中，当事人自主控制的领域严禁国家公权力的肆意和粗暴干涉。

意思自治、私法自治的理念是市民社会的重要精神之一，源于自古希腊时期开始的国家与社会的分离运动，中间虽有曲折，但随着启蒙时代的到来，伴随着巨大的思想解放，个人权利追求

---

① 尹田：《论意思自治原则》，载《政治与法律》（沪）1995 年 3 月，第 38 页。
② 江平、张洪礼：《市场经济与意思自治》，载《法学研究》1993 年第 6 期。

和法律意识的不断增强，"致使市民社会与国家日益发生分离并相抗衡，近代法治诉求，就在对这一历史进程的回应中由洛克为始而展开了"。① 市民社会作为独立于国家之外的存在，具有不同于政治国家的独特的精神实质和文化内涵，"孕育了崇尚民主参与和自由平等，强调私有和尊重法律、注重契约和权利、关注世俗利益等诸多的精神取向和品格"②。意思自治的理念与市民社会的发展息息相关，是市民社会的内涵之所在。

"一般而言，替代性的方法（ADR）可以被看作通过第三方的介入提供了一个恢复当事人自治的机会，因此，有助于发展这样一种思想，即一个人必须尽力依靠自己而非国家权力解决问题。"③ 意思自治的理念在诉讼外纠纷解决领域的体现，主要表现在两个方面：一方面通过民间或行政性的 ADR，为纠纷当事人提供协商和和解的机会，从而远离或减少司法直接介入；另一方面则是通过公众参与司法，实现法律的非形式主义的理想。④ 法院附设替代性纠纷解决机制，作为与司法改革相伴而生的重要制度，试图确立新的法律理念，"这种法律制度应该以远不如普通法院那么正规的方式运行，能以一种相对廉价的方式，并且在更接近潜在的运用法律者的地方提供'公众司法'……虽然这种论点在当代西方法律体系特别是美国法律体系中已经变得极其重要，但它对这些法律体系来说不是新的东西，也不限于这些法律体系"⑤。在法院附设替代性纠纷解决程序中，当事人拥有着较之于诉讼中更广泛、更全面的程序选择权和处分权，当事人自治的理念也就更为明显。虽然因强制性 ADR 的存在，法院有时可强

---

① 马长山：《国家、市民社会与法治》，商务印书馆 2003 年版，第 29 页。

② 同上书，第 57 页。

③ ［日］小岛武司著，陈刚等译：《诉讼制度改革的法理与实证》，法律出版社 2001 年版，第 128 页。

④ 参见范愉：《非诉讼纠纷解决机制研究》，中国人民大学出版社 2000 年版，第 343 页。

⑤ ［英］罗杰·科特威尔：《法律社会学导论》，第 330 页。

制当事人接受 ADR 程序的启动，剥夺了当事人的部分程序选择权，但此类 ADR 的结果对当事人来说不具有拘束力，当事人不必然接受由此程序而产生的法律结果，并且当事人还可因不满ADR 结果转而求诸诉讼进行救济，当事人的程序选择权并未在根本上受到剥夺。从根本意义上讲，法院附设替代性纠纷解决机制并未改变 ADR 的自治性理念。这不仅是在纠纷的最终阶段同意当事人提出的解决方案，在解决方案的形成过程中也必须由当事人掌握主导权。① 即在法院的背景下，当事人参与并主导和控制着整个纠纷解决过程，可以自主选择中立者，在整个程序的展开过程中可以不受限制地发出自己的声音，② 并有机会听取其他方的选择，由此得到新的信息和洞见，进而开展关于纠纷解决的富有意义的商谈，当事人介意什么、要求什么，不是第三人从局外就能简单把握的，实际上当事人的思想活动也是和与对方的交流、纠纷中出现的可能的解决方法联系在一起的，③ 同时，参与的当事人还有机会发现双方冲突的潜在或重要的方面，展现冲突的暗含意义，为争议的全面彻底解决寻求恰当的方案和策略。

在双方意愿下成立的 ADR 程序能促使当事人更多地投入程序，在没有律师的情况下，当事人更能直接地控制整个的纠纷解决。即使在有律师参与的情况下，当事人在法院附设替代性纠纷解决机制中发挥的作用也远比其在审判程序中的作用要大得多。而且，通过中立者的关于纠纷解决机制的讲授，并在中立者的斡旋、劝说下，这些在双方意愿下成立的程序能使当事人对自己的地位、形势、优劣等相关情况形成更理性和确切的认知，同时基

---

① 〔日〕小岛武司、伊藤真编，丁婕译，向宇校：《诉讼外纠纷解决法》，中国政法大学出版社 2005 年版，第 16 页。

② Louise Phipps Senft and Cynthia A. Savage, ADR in the courts: Progress, Problems, and Possibilities, Penn State Law Review, Summer, 2003.

③ 〔日〕和田仁孝：《民事纠纷交涉过程论》〔1991〕第 2 章。转引自〔日〕小岛武司、伊藤真编，丁婕译，向宇校：《诉讼外纠纷解决法》，中国政法大学出版社 2005 年版，第 16 页。

于长远利益的考量，当事人容易放弃感性的尖锐的对抗情绪，相对作出妥协和让步，进而也更能鼓励当事人在未来潜在的更多的合作，同时，有经验表明，参加法院附设替代性纠纷解决程序的当事人更有可能遵守并执行双方通过合意程序达成的解决方案。①一项英美法社会学著作经常引用的十分著名的研究表明，人们对程序的控制权（process control）越大，人们对这一程序所引导的结果的接受程度就越高。② 而当事人对程序的参与、控制与自主本身也具有内在的价值，并促进对彼此的理解和赏识，通过帮助人们在冲突之中与困境作斗争并且弥合人与人之间的分歧，调解方法的内部包含着一种能够改造人类的独特潜力——引发道德的升华。这种改造性潜力源于调解能够产生两种重要效果——赋予和认可——的能力。用最简单的话说，能力赋予意味着个人恢复了一种对于自身价值、力量和处理生活当中之问题的能力。认可意味着唤起个人对于他人的处境和问题的承认和共鸣。当这两种方式在调解实务中居于中心地位时，就能促进各当事方把冲突作为道德升华的机会加以利用，调解的改造性潜力也就得以实现。③

当事人自治的结果成就了法院纠纷解决的多元化处理。当发生于当事人之间的纠纷在穷尽了民间解决的所有可能之后，进入国家正式的司法系统，也即社会正义的最后一道屏障——法院。纠纷的传统的诉讼解决方式因之具有完备的正义理念和程序规则及制度的正当设计，当然是法院的首选纠纷解决方式，但随着社会情势的变化，理念的变革，法院在应对纷至沓来的各样纠纷时

---

① Seeing Mandatory Mediation and Summary Jury Trial: Guidelines for Ensuring Fair and Effective Processes, Harvard Law Review, March, 1990.

② 宋冰编：《程序、正义与现代化——外国法学家在华演讲录》，中国政法大学出版社 1998 年版，第 17 页。

③ Bush and Folger, 1994: 2. 转引自 ［美］斯蒂芬·B. 戈尔德堡、弗兰克 E. A. 桑德、南茜·H. 罗杰斯、塞拉·伦道夫·科尔著，蔡彦敏、曾宇、刘晶晶译：《纠纷解决——谈判、调解和其他机制》，中国政法大学出版社 2005 年版，第 116 页。

同样不能固守其位，而要与社会一道拓展创造性的纠纷解决方式，为当事人针对纠纷的不同类型提供更多更好的选择方式，让当事人有充分的选择和回旋空间，以适应不断变化的社会需求。在多门正义（multi – door system of justice）的口号下，法院中狭义的审判也发生了多样化，从一直以来耗费金钱和时间的审判，到限制证据开示的程序、小额审判或是由特别支配人进行的争论焦点整理等，而且还有强制仲裁和专家小组进行的早期评价等之前作为审判模拟整理各种程序，再加上调停、咨导等服务，让当事人进行选择的尝试在不断地开展。①

在法院附设替代性纠纷解决机制中，当事人合意的发展自是有着积极而进步的意义，但也存在着不容乐观的情势。即合意的进程中很有可能发生被迫合意的风险，这也正是许多学者的担心所在。在法院附设替代性纠纷解决程序中，寻求合意解决纠纷的当事人之间可能地位落差大又或者在资源的掌控上严重不均衡，平等交流与对话的空间受到阻隔，而中立者为寻求纠纷的尽快与妥善解决，往往并没有义务在维持公正方面向弱势一方提供额外和更多的帮助和支持，而是以解决合意的达成为首选目标，并不考虑此合意究竟是否受到内在的强制与胁迫。无形中处于弱势的一方当事人很可能受到思想等方面的合意强制，从而产生被迫的合意结果。当然也会采取措施限制此种情形的发生，例如制定一系列规范来规制此合意程序，制定准入条件、行为规范及职业责任等来规范中立者，同时赋予当事人寻求诉讼解决的救济途径，但之前合意程序的进行所产生的所有消耗都有可能成为当事人进一步寻求诉讼的阻碍。

---

① Frank Sander, "Varieties of Dispute Processing", 70 F. R. D. 79. 转引自［日］小岛武司、伊藤真编，丁婕译，向宇校：《诉讼外纠纷解决法》，中国政法大学出版社 2005 年版，第 17 页。

### （二）多元的正义观

正义是所有法律制度的永恒追求，也是人类社会孜孜以求的所在。关于正义的理论长久以来一直是学者们关心和关注的话题，而无数的学者及专家已从多角度全面论述及阐发了关于正义的种种见解，理论成果层出不穷。在汗牛充栋的著述中我们也不难发现正义的价值。柏拉图把正义看作是依社会组织而定的个人之间的关系。如果每个人尽其所能地发挥和履行自己的职责，并获得与其贡献相等的报酬，那就是实现了正义。① 亚里士多德认为正义是避免贪婪，亦即避免通过夺去另一人的所有（他的财产、奖赏、职位等），或者通过拒绝给予某个人以他应得的尊敬、偿款和不遵守对他的诺言来为自己谋利②，并将正义区分为相互交往的正义、分配的正义和报应的正义。罗尔斯则集合了先前的关于平等、理性、人性、契约等许多方面的思想，对正义有了全新的阐释，"正义是社会制度的首要价值，正像真理是思想体系的首要价值一样"。"正义的主要问题是社会的基本结构，或更准确地说，是社会主要制度分配基本权利和义务，决定由社会合作产生的利益之划分的方式。"③ 罗尔斯声称的正义概念由两条原则构成：（1）每个人对与所有人所拥有的最广泛平等的基本自由体系相容的类似自由体系都应有一种平等的权利；（2）社会和经济的不平等应这样安排，使它们在与正义的储存原则一致的情况下，适合于最少受惠者的最大利益；并且依系于在机会公平平等的条件下职务和地位向所有人开放。④ 哈特则认为正义观念的结

---

① ［澳］维拉曼特著，张智仁、周伟文译：《法律导引》，上海人民出版社2003年版，第213页。

② ［美］约翰·罗尔斯著，何怀宏、何包钢、廖申白译：《正义论》，中国社会科学出版社1997年版，第8页。

③ 同上书，第1—5页。

④ 同上书，第292页。

构相当复杂，但其基本可由两部分组成：（1）一致的或不变的特征，概括在"同类情况同样对待"的箴言中；（2）流动的或可变的标准，就任何既定的目标来说，它们是在确定有关情况是相同或不同时所使用的标准。① 多数学者对正义的阐释更多的是在理想的或抽象的层面，而对具体而现实的制度和政策则鲜有涉及。而正义恰恰应当是具体、现实并与日常生活紧密相连的，易于被世俗生活中的人们所感知、所追求，这样其存在也就有了实质的价值。随着时代的发展，正义已不再是一种仅仅为理论上的、神秘化的景象，而恰恰相反，它以对实效性的探求为标志——有效的诉权和辩护权，实效性诉诸法院，当事人双方实质性平等——包括所有曾经忽视的法律援助、迟延、成本和小额请求等问题，正以一种扩大的尝试将这种全新的正义引入所有人可及的范围。②

正义与法律紧密相连，没有人怀疑法律或司法是实现正义的恰当而有效的途径，又或者法律本身已内含了正义的原则，是正义的具体体现，这已成为社会的普遍共识。在西语体系里，司法与正义本来就享有一个指称的符号——justice，所有诉讼程序制度的目的都在于寻求正义的实现。③ 在诉讼体系内，正义是以一系列严谨而有序的程序规则、中立的法官及赋予当事人平等的陈述或答辩的机会等来具体而细微地显现的，透过一系列的程序与规则，形式正义、程序正义也就自然而然地形成。程序的正义对于什么是实质上的公平没有直接的影响，它以这样的假设为基础，即某些程序形式导致实质上的公正解决，或至少是，适当形式的程序大大增加了公正解决的可能性。④ 梅特卡夫

---

① ［英］哈特著，张文显、郑成良、杜景义、宋金娜译：《法律的概念》，中国大百科全书出版社1996年版，第158页。

② ［意］莫诺·卡佩莱蒂著，徐昕、王奕译，高鸿钧校：《比较法视野中的司法程序》，清华大学出版社2005年版，第366页。

③ 齐树洁主编：《民事司法改革研究》，厦门大学出版社2000年版，第2页。

④ ［英］麦考密克、［奥］魏因贝格尔著，周叶谦译：《制度法论》，中国政法大学出版社1994年版，第178页。

（O. K. Metcalfe）认为，自然公正包括以下要求：“法院公开审判；当事人有权聘请职业辩护律师；原告负举证责任；陪审团参加裁定；判决书要写判决理由；判决书公开；当事人有上诉权利；控制可能发生的藐视法庭行为等”。① 公正的程序一方面较之其他程序更易实现实体上的正义，而另一方面公正的程序也有着其自身独立存在的价值。一位美国最高法院的大法官曾说道，“程序的公平性和稳定性是自由的不可或缺的要素。只要程序适用公平，不偏不倚，严厉的实体法也可以忍受。事实上，如果要选择的话，人们宁愿生活在忠实适用我们英美法程序的苏联实体法制度下，而不是由苏联程序所实施的我们的实体法制度下。”② 诉诸法院似乎已成了实现正义的代名词，正义与法律就这样日益接近了我们的日常生活，“法院的功能是就实质问题进行司法/实施正义（do justice），亦即根据真实的事实和正确的法律而不是按照程序性的依据来判决案件”③。

在以正义为最终追寻目标并竭力实现的过程中，我们心无旁骛，其他的一切因素都不在考虑范围，而以唯一的目标作为所有行动的指引，直至理想中正义的实现，这一正义是否是我们想要的正义又或者是否是真的正义已不在考虑的范围。事实上，在寻求正义的路途中，诸多应该考虑的因素我们是不能视而不见、置若罔闻的。程序的拖延有可能会严重损害到最终判决的实践价值，而使其面临着一种成为一纸空文的威胁。绵长的诉讼期间已使当事人倍感疲惫、备受折磨，精力和时间的消耗已使当事人对最终所获的正义无可奈何，“迟到的正义即非正

---

① O. K. Metcalfe, The General Principles of English Law, pp. 293—295（1976）. 转引自汤维建著：《美国民事司法制度与民事诉讼程序》，中国法制出版社 2001 年版，第 37 页。

② 沙尼斯诉美国 Shauqhnessy v. US, 345, US206, 224, 1953, 大法官杰克逊。转引自宋冰编：《程序、正义与现代化——外国法学家在华演讲录》，中国政法大学出版社 1998 年版，第 375 页。

③ ［英］阿德里安 A·S·朱克曼主编，傅郁林等译：《危机中的民事司法——民事诉讼程序的比较视角》，中国政法大学出版社 2005 年版，第 15 页。

义"这一古老的法谚应该不是空穴来风而是实践经验的归纳、总结和提升。同样，高昂的且有可能无法预计的成本支出也正可能阻断许多当事人欲寻求司法救济、实现正义的道路。即使当事人通过法院启动了诉讼程序，也有可能因双方当事人资源占有方面的巨大落差而迫使贫穷者无力支付程序全面展开所需的巨额的成本而选择尽早解决争议，在这样的背景下实现的正义已大打折扣，又或者徒具正义的形式而全然不是正义的本质。究竟什么是正义，正义的实现途径有哪些应该是我们要给予深思的问题。

现实的情境不得不迫使我们重新考虑正义及正义的实现方式，思想界和学术界也纷纷思考正义的全新内涵。在追求程序正义的同时，实质正义同样是不容忽略的追求。"正当过程当然就是一个崇高的理想；要求公正审判的权利是值得为之奋斗、甚至为之牺牲的。但是检验法律系统的最终标准是它做些什么，而不是如何做和由谁去做，换言之，是实体而不是程序或形式。……因此，程序仅仅是相对于一定目的的手段而已；实质告诉我们程序的什么部分是重要的。……"[1] 法院附设替代性纠纷解决机制等诸多诉讼外的纠纷解决方式也是以追求正义为最终旨向的，而这样的正义观念远离了程式化外观，与民众的日常生活更接近，更切实际，更易接受。"在调解过程中，为了使不同的主张向合意收敛，说服和互让这两个程序项目便十分重要，其实质是实现一种正义的合理的妥协"[2]。法院附设替代性纠纷解决机制等多种诉讼外纠纷解决方式的启动和展开没有烦琐的程序规范，避免了程序的呆板和仪式化特征，程序中充盈着当

---

① L. M. Friedman, op. cit. , Supra note 59, p. 64. 转引自季卫东著：《法律程序的意义——对中国法制建设的另一种思考》，中国法制出版社 2004 年版，第 128 页。

② 季卫东：《法律程序的意义——对中国法制建设的另一种思考》，中国法制出版社 2004 年版，第 47 页。

事人间的交涉和合意，中立者更多地注重当事人间的交流，促成合意的达成。法院附设替代性纠纷解决程序正是以成本低、效率高、赋予当事人更多的自主权、并以一系列的规则和制度保障等来践行正义的。也有学者将通过法院附设替代性纠纷解决机制等程序获取的正义称为"非正式的正义"，与通过诉讼程序实现的正义相区别。前美国大法官沃伦·伯格也曾说："我们能提供一种机制，使争议双方在争议少，精神压力小，比较短的时间内获得一个可以接受的解决结果，这就是正义"。①

另外，西方有学者认为，"获得正义"是一种先于国家存在的自然权利，而自然权利仅仅要求国家不允许他人侵犯这些权利，并未要求国家通过积极作为加以保护。这与之前盛行的由国家公权力保护私权利的观念大相径庭。② 也就是说，不只是国家的公权力可以行使保护私权的职能，其他的合理性方式特别是通过取代民事诉讼的途径来救济遭到侵犯的私权利同样为社会所理解和接受，同样是正义实现的方式，正义的实现方式已远远不止诉讼一途。即权利的救济方式已从传统的由公权力机关专有而转向多样化发展，这样就为诉讼外的纠纷解决方式的发展准备了思想基础和理论前提，法院附设替代性纠纷解决机制就更是一种重要的纠纷解决方式。

同时，旧有的哲学理论认为，法院的功能是就实质问题进行司法/实施正义，亦即根据真实的事实和正确的法律而不是按照程序性的依据来判决案件，只要法院作出了一项符合事实和法律

---

① W. Burger, isn't there a better way, Annual Report on the State of Judiciary, January 24, 1982. 转引自郭玉军，甘勇：《美国选择性争议解决方式（ADR）介评》，载《中国法学》2000 年第 5 期。

② 刘庆富、谷国文：《ADR 运动与我国法院调解制度的促变与更新》，载《人民司法》2003 年第 3 期，第 70 页。

的判决，则司法就完成了/正义就实现了，其他的事情都无关紧要。① 在具体的司法运作中，这样的诉讼哲学会导致程序成本高昂、诉讼迟延，而这恰恰会阻碍了贫穷当事人接近司法，阻碍了当事人对正义的渴求，又或者迟延实现的正义已变得毫无意义。而随着新一轮司法改革的出现，应运而生了一种新的诉讼哲学——分配正义。分配正义的诉讼哲学要求司法管理的有限资源应当在所有要求进入司法/获得正义的人们之间进行公正和公平地分配，而不是仅仅分配给那些已进入法院的人。② 分配正义的理念不仅考虑到了程序领域的实质正义，即法院严格按照事实和法律来作出判决，同时也对法院的及时判决及资源的合理分配给予了审慎的思考，并将此二者与判决的正确性一道作为实现正义的三个必须考量因素。分配正义的哲学蕴含了许多新的元素，其中包括：（1）接受民事司法管理的资源是一定的，就像所有其他公共服务的资源一样，因此，这些资源必须在所有那些谋求或需求司法/正义的人们之间公正地分配；（2）对这些资源的公正分配必须考虑个案的特点，使个案获得不多于应当获得的法院时间和精力的合理份额，法院资源的分配以及时间和金钱上的投资都须与该案的难度、复杂程度、价值、重要性大致相当；（3）时间和成本与资源分配的考虑有关，司法/正义可能带来太高的代价，而对正义的迟延即为对正义的拒绝；（4）司法的责任。法院的责任范围超出了在个案中实现正义，法院对于民事司法管理在整体上，在制度的资源以及资源的公平和正当分配方面，也负有责任。③ 英国新的《民事诉讼规则》践行了此分配正义的理念，提

---

① 参见［英］阿德里安 A·S. 朱克曼：《危机中的司法/正义：民事程序的比较维度》，载阿德里安 A·S. 朱克曼主编，傅郁林等译：《危机中的民事司法——民事诉讼程序的比较视角》，中国政法大学出版社 2005 年版，第 15 页。

② ［英］阿德里安 A·S. 朱克曼主编，傅郁林等译：《危机中的民事司法——民事诉讼程序的比较视角》，中国政法大学出版社 2005 年版，第 42 页。

③ 同上书，第 16 页。

出了比例的概念，并第一次明确规定了民事诉讼法的目的（Part 1.1）：（a）保障当事人诉讼基础平等（on an equal footing）；（b）节省开支；（c）以一种与下列因素成比例的方式处理纠纷——ⓘ 争议金额，ⓘ 案件的重要性，ⓘ 争议的复杂程度，ⓘ 各方当事人的财力水平；（d）保障快捷和公平地处理纠纷；（e）适当地配置法院资源，同时考虑向其他案件配置资源的需要。将不同的案件分配给不同的程序，拒绝无谓的拖延和成本高昂，却是法院附设替代性纠纷解决机制等多种 ADR 程序的发展基础。

也有学者从另一侧面阐述了法院附设替代性纠纷解决机制及其他诉讼外纠纷解决形式的正义理念，即谋求正义的普遍化。诉讼外纠纷解决形式力求在法院外通过快捷、简便的程序寻求正义，以成就正式司法审判的替代。"在调解程序发展的高级阶段，已经产生了当事人在一定的社会关系的前提下强调自己的主张的正当性和合理性、并且服从合乎正义的判断的论证样式。"① 而此种正义的求得或多或少都是以法院的最终审判作为旨向的，也即如果法院正式审判会得到什么样的判决，而这样的信息常常可能作为最终争议解决的判断依据。有学者将其形容为"审判阴影下的谈判"，而且，因为诉讼外纠纷解决方式更容易进行以审判为意向的谈判，所以谋求正义的普遍化就是诉讼外纠纷解决方式的"途径·模式"。② ADR 程序与诉讼程序某种程度上并不是截然对立的，而诉讼程序中的诸多规则及证据规则也很容易在 ADR 程序中找到影子，"仔细考察美国联邦与州法院的 ADR 计划，与私人领域提供的 ADR 服务一样，显示出传统审判制度的证据和程

---

① Ibid. ，S. 174，日译本，第 193 页。转引自季卫东著：《法律程序的意义——对中国法制建设的另一种思考》，中国法制出版社 2004 年版，第 46—47 页。

② 卡佩莱蒂（M. Cappelletti）、盖斯（B. Garth）著，小岛武司译：《通往正义之路》[1981]。转引自 [日] 小岛武司、伊藤真编，丁婕译，向宇校：《诉讼外纠纷解决法》，中国政法大学出版社 2005 年版，第 13 页。

序规则被充分地复制在那些替代程序中"。[①] 在证据开示程序之前的早期中立评价程序中，通过中立有经验的律师对案件作出早期评价，以促使当事人尽早解决争议；简易陪审团审理更是通过顾问式的陪审团提前预测正式陪审团可能作出的解决方案来为双方提供解决争议的方案选择，促进争议的尽快和解；法院附设仲裁常常也被称为"准司法"，调解程序中中立的调解人常常也会以"法院会这样判决"作为进行劝说和说服的一种有影响力的手段……审判的信息就是这样通过多种途径在 ADR 中扩展和蔓延，正义也就通过这样随意、简单、快捷、低成本的诉讼外程序得以实现，同时也就在除法院外的更广阔的空间内得以生成和呈现。调解程序存在着非形式主义的特点与形式化的发展倾向之间的紧张。正是由于这种紧张状态的持续，使得调解既可以弥补审判的不足，同时也有助于国家法的发展。[②]

### （三）接近正义理论

接近正义（access to justice）运动是自 20 世纪 60 年代起一直持续至今的在权利保障的大背景下生成和发展的重要理论活动，其发展也经历了三个重要的改革浪潮，每一阶段有着不同的关注重点和焦点。卡佩莱蒂、加斯两位教授将其表述为：第一，对经济上的弱者进行法律援助的规定；第二，"集团性"扩散利益如集体代表诉讼或公共利益等的代表；第三，对纷争处理制度、程序关心的加强。[③] 具体而言，第一阶段发端于 60 年代，旨在改革现行制度，为贫困者或经济上的弱者提供法律援助，使社会上的

---

① Jack M. Sabatino: ADR as "Litigation Lite": Procedural and Evidentiary Norms Embedded Within Alternative Dispute Resolution, Emory Law Journal, Fall, 1998.

② 季卫东著：《法律程序的意义——对中国法制建设的另一种思考》，中国法制出版社 2004 年版，第 48 页。

③ M. 盖朗塔：《不同情况下的正义》，载［意］莫诺·卡佩莱蒂编，刘俊祥等译：《福利国家与接近正义》，法律出版社 2000 年版，第 125 页。

弱势群体可以有机会和能力接近正义，力图实现真正有成效的公平。第二阶段是始自 70 年代的解决私人为维护公共利益而提起诉讼所产生的法律问题，以"集团性"扩散利益如集体代表诉讼或公共利益诉讼等为代表，力求通过诉讼正义以实现市民的正义①；第三阶段则是在 70 年代以后，发展较前两阶段更甚范围更广的对纠纷处理制度和程序关心的加强。在这一阶段，人们不单关心权利，而且对纠纷处理的一系列制度更为关注，并出现了新的改革动向，即以非正式的制度替代法院和司法程序，诉讼外的纠纷解决制度也由此在世界范围内得以扩展。

接近正义运动的第三次浪潮即集中表现为对替代诉讼和法院程序的诉讼外纠纷解决制度的关注，因为诉讼程序的过分迟延、成本高昂、惊人律师费、程序烦琐及小额请求等问题阻碍了人们通过审判形式得以实现正义，剥夺了人们接近正义的权利，使人们在如此居高临下的程序面前望而却步。如拖延可能会严重到掠夺最终判决的任何实践价值，更重要的是，高额的而且无法预计的成本会阻碍不满的当事人向法院寻找权利保护，司法由于缺乏可行的准入条件从而使司法、正义在整体上或在大部分人口那里被拒绝了。② 而在"通往正义之路"的口号下，究竟如何接近正义，是立法及司法部门必须回应的问题。在众多接近正义的路径中，诉讼外纠纷解决方式即是其中一种。对相当数量的案件人们可以绕过诉讼程序在诉前通过另外的路径接近正义，而且，即便是在诉讼程序之内，法院依旧可以提供以和解等为代表的替代诉讼的解决方案，这样既节省了法院的资源，又实现了纠纷的妥当解决，从而亦实现了司法的实质可接近性。一种真正现代的司法

---

① 市民的正义，是指所有市民拥有参加公共领域共同生活的平等的和充足的机会，这也被看作是民主理论和共和制实践的基础。

② ［英］阿德里安 A·S. 朱克曼主编，傅郁林等译：《危机中的民事司法——民事诉讼程序的比较视角》，中国政法大学出版社 2005 年版，第 15—16 页。

裁判制度的一项基本——也许是唯一的基本——特征，必须是司法有效地而不仅仅是在理论上对所有人的可接近性。[①] 美国上诉法院法官哈利·爱德华兹指出，"让法院树立起程序上的障碍或限制某些不受欢迎的领域中实体法的发展，从而期望它们的案件负担变得更易于控制的做法是危险的。尽管如此，审判仍然被迟延着，诉讼对大多数当事人而言可能过于昂贵。这些都是让我们考虑哪些方案能够替代我们现有法院系统的令人信服的理由……只要我们仍然致力于'法治'并继续为所有的人寻求同等的正义，我坚信替代性纠纷解决机制的实验是我们必须进行的。"[②] 法院附设替代性纠纷解决机制，作为诉讼外纠纷解决方式之一，开启了纠纷解决的新思路，由法院提供诉讼外的纠纷解决方式，为当事人开辟了接近正义的新途径。

法院附设替代性纠纷解决机制在扩展接近正义的路径的同时，还使民众能广泛参与司法，弥补了司法的专业垄断所带来的缺陷和不足。美国治安法官韦恩·布拉兹尔（Wayne Brazil）认为，"司法资源对于和解机制的重要承诺代表着公众更多而非更少地介入该机制之中，通过这种机制，纠纷得以解决并使我们这个社会的基本规则得以执行。"[③] 在法院附设替代性纠纷解决程序中，主持程序的中立者常常不再是法官，而可能是富有纠纷解决经验的律师、退休法官、各行各业的专业人士等。日本的民事调停的调停委员即原则上由法官来担任调停主任，并从民间选拔两名调停委员予以组成。美国的法院附设替代性纠纷解决程序中中

---

① ［意］莫诺·卡佩莱蒂著，徐昕、王奕译，高鸿钧校：《比较视野中的司法程序》，清华大学出版社 2005 年版，第 237 页。

② Edwards, 1985: pp.433—435, pp.443—444. 转引自［美］斯蒂芬·B.戈尔德堡、弗兰克 E.A.桑德、南茜·H.罗杰斯、塞拉·伦道夫·科尔著，蔡彦敏、曾宇、刘晶晶译：《纠纷解决——谈判、调解和其他机制》，中国政法大学出版社 2005 年版，第 164 页。

③ ［美］斯蒂芬·B.戈尔德堡、弗兰克 E.A.桑德、南茜·H.罗杰斯、塞拉·伦道夫·科尔著，蔡彦敏、曾宇、刘晶晶译《纠纷解决——谈判、调解和其他机制》，中国政法大学出版社 2005 年版，第 161 页。

立者多由受过专业培训的律师、退休法官等来担任。法国1996年7月22日修改后的法院的试行和解程序规定和解尝试可以由法官或和解人（司法和解人）来进行，[①] 德国的诉讼和解程序可以由受命法官或受托法官主持，而且也可以是处理诉讼和解标的的其他法院。[②]

### （四）追求合作

20世纪以来，特别是第二次世界大战以来，科技迅猛发展，全球化、一体化进程加快，经济和社会生活日益发生着显现的变化，世界在以前所未有的速度发生着巨变，社会理念也随之发生着变化。之前奉行不干预政策的自由主义的国家也开始在经济领域和社会等诸多领域普遍增强干预，自由主义的国家哲学也开始发生转变，甚至出现了多元主义、否定性、反正统性等一系列的后现代思潮，相应的哲学理念也随之发生了变化。

在这样的情势和背景下，应运而生了新的哲学和法学理念。国家与社会的关系也在发生着重大变化。国家与市民社会的关系，换言之，市民社会的发展是有一定的轨迹的。早期的市民社会是指与自然状态相对的政治社会或国家，与政治社会并不是两个相对的概念，而是相互重合的。作为一种与政治国家相区分的实体概念，是近代才出现的理念，自此市民社会开始与政治国家相分离，成为二元对立的存在。而在19世纪的最后二三十年，一方面，社会组织中自由放任主义的思想开始日渐衰竭，另一方面，新型的劳工组织作为一种政治力量登上舞台，在越来越多的

---

① ［法］让·文森、塞尔日·金沙尔著，罗结珍译：《法国民事诉讼法要义》，中国法制出版社2001年版，第856页。

② 参见［德］汉斯－约阿希姆·穆泽拉克著，周翠译：《德国民事诉讼法基础教程》，中国政法大学出版社2005年版，第174页。德国的和解辩论可在合议庭管辖的情况下委托给其中一名成员进行，通常情况是委托给报告法官，即所谓的受命法官，或者在其他情况在司法协助的范围内委托给其他法院的法官作为受托法官。

进步性国家，这一发展标志着社会和福利立法之开始。[①] 之前国家与社会的截然二元对立格局出现了重大转变，由之前的对抗状态而逐渐形成了"社会国家化"和"国家社会化"的互动"兼容"关系。[②] 国家与市民社会的界限越来越模糊，二者越来越趋于融合与共生。"国家主义"盛行，国家对社会的干预和影响逐渐增大，国家有着强有力的社会职能，主要包括调和各阶级和阶层之间的需要和利益、废除历史遗留下来的以特权和不合理约束为特征的制度，促进人民之间的团结互助。[③] 国家开始以不同的形式、从不同的角度对市民社会进行全方位地渗透或干预。作为对国家主义的发展趋势的回应，随着市民社会的日益发展壮大及成熟，市民社会在成为独立存在的同时，为巩固地位、谋求更多的权利和利益，也开始逐步参与政治生活，谋求政治上的地位和利益，加强对国家权力的分享，至此，"国家渐渐融合在社会中，社会自身也产生了一些与国家相抗衡的机构，而且它们还具有许多从前专属公共机构的属性"[④]。国家与社会开始实现良性互动，从国家的角度来说，国家承认市民社会的独立性，并为市民社会提供制度性的法律保障，使其具有一个合法的活动空间；同时国家对市民社会自身无力解决的利益方面的矛盾和冲突进行具体的仲裁和协调。从市民社会的角度来说，市民社会具有制衡国家的力量，亦即市民社会在维护其独立自主性时力争自由并捍卫自由，使自己免受国家的超常干预和侵犯；同时，市民社会的发展也培育了多元利益集团，这些在经济和其他领域中成长起来的利益集团发展到一定的阶段，便会以各种不同方式要求在政治

---

① ［意］莫诺·卡佩莱帝等著，徐昕译：《当事人基本程序保障与未来的民事诉讼》，法律出版社 2000 年版，第 140 页。

② 马长山著：《国家、市民社会与法治》，商务印书馆 2003 年版，第 183 页。

③ ［爱尔兰］J. M. 凯利著，王笑红译、汪庆华校：《西方法律思想简史》，法律出版社 2002 年版，第 377 页。

④ ［美］昂格尔著，吴玉章、周汉华译：《现代社会中的法律》，中国政法大学出版社 1994 年版，第 187 页。

上表达它们的利益，这种欲望和活动乃是建立民主政治的强大动力。[①]

个人利益与团体利益之间的关系也随着时势的发展在发生着显著的变化。英国法制史学家亨利·梅因爵士在19世纪末提出了一句著名的格言："一切进步社会的运动就是从身份到契约。"诚然，梅因所强调的是在早期社会里，每个人不是通过自己的选择，而是自出生起就决定了身份，获得了一个固定的社会地位，而这样的地位基本是伴随终生的，人们只有义务，而没有权利。而随着时代的进步，人们开始摆脱身份的束缚，有了自主选择权，并逐渐以契约的形式来维系自己的权利，权利意识深入人心，个人主义极力张扬，自由意志和自由契约成为社会的主流。而在这之后社会的发展是梅因所没有预料到也无法估计的，梅因的理论也无法诠释这一全新的世界。20世纪贸易、政府机构和工联主义的发展，把个人淹没在其所属的那一团体（可能是消费者团体、公用事业使用者团体或工会会员团体）之中。[②] 社会是在个人间相互依赖和劳动分工的基础上顺利运转的，个人永远不能脱离社会成为独立的个体，作为孤立的存在。个人日益被视为庞大组织中的一个微不足道的渺小的一分子，个人的意志日益屈服于集体意志。19世纪个人主义的黄金时代可能一去不复返，张扬、崇尚自由权利的时代已日渐走远，永远定格在历史的记忆之中。团体本位的发展态势决定了个人行动的范围受到限制，个人再也不能无所顾忌地寻求自我的权利与自由，契约自由也在某种程度上变成了空想，大公司及大集团的标准合同、格式条款等往往剥夺了人们的选择权，自由协商也就离我们越来越远。个人利益越来越服从于集体利益，个人为要生存下去，必须为集体履行

---

① 邓正来著：《市民社会的理论研究》，中国政法大学出版社2002年版，第14—15页。

② ［澳］维拉曼特著，张智仁、周伟文译：《法律导引》，上海人民出版社2003年版，第251—252页。

义务，个人必须要作出某种牺牲以为了能与其他人和睦相处。同时团体也往往能使个人得到稳定和安全感，能切实保护个人的利益，使其远离孤独、远离敌对和不安。"团体往往能起着缓解灾难的作用，并因为在其自身范围内给予个人以一种有保障的和被承认的地位而消除人们心理上的紧张状态。个人牺牲他自己的某部分契约自由来换取这些好处，这种变化并不总是对他有害的。"① 同时相关的社会连带理论、集体主义理论和公意理论等都为个人与集体之间的关系作出了详尽的解释。

国家与社会关系的转变也随之导致了西方社会法律传统面临着前所未有的挑战，为应对社会变革的需要不同的法学流派从不同的角度进行着全新的阐释。诺内特和塞尔兹尼克将社会上存在的法律现象分为三种类型："压制型法"、"自治型法"以及作为改革方向的"回应型法"。并认为回应型法应该具有以下四点特征：（1）在法律推理中目的的权威得以加强；（2）目的可以缓和服从法律的义务，为民间性公共秩序的概念网开一面；（3）使法制具有开放性和弹性，从而促进法制的改革和变化；（4）法律的目的的权威性和法律秩序的整合性来自更有效率的法律制度的设计。② 回应型法的提出与美国的现实主义法学及社会学法学的研究方向基本一致，但回应型法决非正义领域各种奇迹的创造者，它的成就取决于政治共同体的意愿和资源。它的独特贡献是要促进公共目的的实现并将一种自我矫正的精神铸入政府管理过程。③ 昂格尔从现代社会转折的角度来透视法律的本质，并从批判的方法入手，认为现代社会的主要形态是三种，即传统主义的、革命

---

① ［澳］维拉曼特著，张智仁、周伟文译：《法律导引》，上海人民出版社2003年版，第252页。

② ［美］诺内特、塞尔兹尼克著，张志铭译：《转变中的法律与社会》，中国政法大学出版社1994年版，第87页。

③ 同上书，第127—128页。

社会主义的和后自由主义的，而最后一个就是自由的当代形式。[①]
同时也提出了代替自由主义法的新的制度建设方案，它的基本目标是松弛社会的阶层制，使人从结构的重负下解放出来；它的内容包括作为社会生活可变性的制度保障的民主主义、控制社会资本的市场以及把个人和社会结合起来的权利体系等方面。[②] 麦克尼尔则从社会的角度来认识和解决法律上的问题，提出了全新的关系契约的理论。他把契约现象分成两种理想的形态，"个别性契约"和"关系性契约"，并指出，在现代社会，"每一个契约，即使是这种理论上的交易，除了物品的交换外，都交涉到关系。因此，每一个契约必然地在部分意义上是一个关系契约，也就是说，这个契约不只是一次个别性的交换，而是交涉到种种关系"。[③] 而且，关系性契约与习惯、内部规则、社会性交换、对于将来的期待等交织在一起，形成了一条环环相扣的锁链，契约的履行和纠纷的处理都以保护这种长期性关系为原则。在长期的契约关系的调整方面还要注意"超契约性规范"，特别是分配的正义、程序性正义、自由、平等以及人的尊严。[④] 在关系性契约法下，解决纠纷之际要求考虑比古典契约法所设想的更多的事实，即不只是当事人达成的合意，到此为止的当事人关系的历史，围绕当事人的社会关系的变动，并且当事人所属的社会的行为规范等都成为考虑的材料。[⑤]

这些应对时势出现的法律理念均不否认在这样的时代里合作主义的出现和形成。合作国家不仅模糊了国家与社会的界限，取消公共生活与私人生活的隔离，而且协作的理想也暗示，"一个

---

① ［美］昂格尔著，吴玉章、周汉华译：《现代社会中的法律》，中国政法大学出版社 1994 年版，第 218 页。

② 同上书，第 9 页。

③ ［美］麦克尼尔著，雷喜宁、潘勤译：《新社会契约论》，中国政法大学出版社 1994 年版，第 10 页。

④ 同上书，第 4 页。

⑤ ［日］内田贵著，胡宝海译：《契约的再生》，中国法制出版社 2005 年版，第 138 页。

人从来不能在不考虑其行为可能会对他人造成的影响的前提下，利用法律权利追求个人自己的目的。而且这种理想认为，压倒一切的集体利益就是维持一种社会关系体系中的利益"①。即个人无时不生活在集体之中，位于集体中的个人才有了其存在的意义和价值，个人不能脱离集体而存在。同时个人不能以牺牲社会利益为代价而求取个人权利，社会价值和社会利益高于个人权利及利益，为更好地实现个人利益，就要求个体之间尽量避免对抗，力争妥协与合作，社会成员间彼此的互助与协作已是社会本位的内在品质和要求。和谐、合作的理念贯穿在社会发展过程中，合作的目的是牺牲目前较小的利益以换取更重要的利益，是为了以后更好地发展。社会中纠纷的出现是不可避免的，但纠纷的解决方式是可以选择的，纠纷解决的目的不仅是一次性地了断，平复关系，实现预期的利益，而更主要的是存续彼此的关系，为将来更好地发展奠定基础。

在以"对抗·判定"为基本特征的传统诉讼体系下，法院代表国家行使司法权，是公权力的典型体现之一。整个诉讼活动即是国家权力逐步展开的过程，是国家权力独享和专营的空间，并以维护当事人的正当权利，最终形成正式的确定性的判决作为国家权力的最终展现。在国家权力的运行过程中，民间权力在国家的正式法律制度运作的空间之外，即在广阔的民间社会发挥着应有的权能，"自生自发的秩序"维系着整个民间社会的运作与和谐，国家正式的法律制度在相对独立运作的民间社会里发挥的作用微乎其微，基本上构不成什么影响。而产生于此的诸多的纠纷也常常在国家以外的民间社会里自主就得到了最终的解决。民间权力、社会权力与国家权力有着截然的分离，各自有着独立的运作空间和势力范围，彼此互不干涉，二元对立趋势明显。而在法

---

① ［美］昂格尔著，吴玉章、周汉华译：《现代社会中的法律》，中国政法大学出版社1994年版，第194页。

院附设替代性纠纷解决机制的背景下，国家与社会很好地实现了碰撞、交融，国家权力与民间权力彼此渗透、交叉，二者实现了完美的结合。法院代表国家主持整个过程，在纠纷的解决过程中以国家的正式法律为背景，在国家"法律的阴影"下展开相互间的交涉、协商、探讨和深入交流，并对民间的规则与规范进行充分考虑、审慎思考，力求达成相互让步，进而形成彼此可接受的和解。谈判、斡旋、和解等纠纷解决的方式体现了纠纷社会解决的特征，作为中立者的律师或退休法官等也常常以民间调解者的身份出现，并时常会以社会的生活习俗、惯例和日常行为规范等作为最终纠纷解决的依据。国家正式的法律规则与非正式的规范、国家权力与民间权力在法院附设替代性纠纷解决机制中实现了很好地和谐共处，国家权力与民间权力实现了真正的合作。

同时，在正统体系下，当事人之间程序上的对抗和不妥协已成为内化于诉讼程序中的基本构造和主要内涵。对抗制诉讼是英美法系国家诉讼制度区别于大陆法系的重要特征，也是英美法系中最具特色与魅力的制度。[①] 为实现各自的权利，当事人从各自的立场出发，在法庭上唇枪舌剑、寸土必争，誓与对方一决高下，并以获得法庭最终的判决作为诉讼的终结。当事人间的对立倾向在"为权利而斗争"等一系列法律理念的推动下在竞技性诉讼领域体现得尤为明显，这种对个人名誉感的呼唤——忘却受损害的权利，必定意味着同时要以丧失保护和丧失名誉的人格受损作为代价；他对社会良知的唤醒——要求人们用遭受创伤的权利与在此权利上发生效力的法律秩序一起，进行对歧视的抗争。[②] 在这样的制度体系中，妥协和合作被视为软弱低下的表现，更不

---

① 郭成伟主编：《外国法系精神》，中国政法大学出版社 2001 年版，第 107 页。

② ［德］拉德布鲁赫著，米健、宋林译：《法学导论》，中国大百科全书出版社 1997 年版，第 129 页。

会为当事人及其律师所采纳，掌握熟练的对抗技巧、为权利的实现奋勇抗争、誓不妥协是程序展开的要求，其最终的结局即是"非黑即白"、"要么全赢，要么皆输"，不存在位于二者之间的中间状态。当事人的关系也在这种剑拔弩张的对抗气氛中由此走向断裂，为双方的关系永久留下伤痕，不复有继续维系友好合作关系的可能。而法律安宁的建立似乎比任何诉讼改革都更为重要，我们过于偏重于将迄今为止的司法仅仅作为争执的裁判，而未主要作为争执的预防来认识，过多寻求法律外科手术而较少注重法律内部卫生。[①] 况且对抗制本身也蕴含着内在的危机，其主要问题包括：（1）民事诉讼制度过分地缺乏控制；（2）民事司法制度对于控制诉讼成本和诉讼迟延关注不够，需确保当事人之间的平等；（3）现行制度的复杂性；（4）在民事司法制度的框架内，没有令人满意的有效利用资源的司法职责；（5）各种因素累积的效果导致接近司法的障碍。[②] 对抗制的弊端已然清晰，正如英国沃尔夫勋爵所指出的那样，没有有效的司法控制的对抗制程序有可能鼓励一种对抗式文化，并退化为将诉讼过程视为战场、毫无规则可循的环境。在这种环境下，费用高昂、诉讼迟延、和解、公正等问题皆为人们置于脑后。结果是，诉讼成本越来越高昂、与案件不相适应以及不可预测，而诉讼迟延则常常过分地不合理。[③]

在由独立的个体构成的社会中，随着全球化、一体化时代的到来，社会个体之间建立和维系持续性的关系已比以往任何时候都来得重要，社会成员间的彼此依赖与合作已是社会发展所需。具体在诉讼领域，亲属、邻里之间的纠纷以断裂式的诉讼手段来

---

① ［德］拉德布鲁赫著，米健、宋林译：《法学导论》，中国大百科全书出版社 1997 年版，第 129 页。

② 《〈接近司法〉中期报告选译》，载徐昕著：《英国民事诉讼与民事司法改革》，中国政法大学出版社 2002 年版，第 453 页。

③ 《接近司法》中期报告（1995 年 6 月），见 http：//www.open.gov.uk/lcd/civil/inter-hd.htm.

解决远不足以弥合裂缝的关系，因而达不到理想的解决效果；经济领域里建立长久的合作关系的重要性远胜于一次性的争议解决，探求真正的双赢的结局才是理想之至。马考利有名的论文《商务上的非契约关系：预备的考察》（Macaulay—1963，61，64）对非契约的交易关系进行了考察，指出"纠纷大抵未经搬出契约、潜在的或存在于现实中的法律制裁而得以解决。在为解决纠纷而进行的交涉中，当事人对言及法律权利和提起诉讼表现踌躇不前，即使在当事人间存在详细的、深思熟虑的合意，且其中对卖主不按期交货恰好有规定的场合下，当事人也不拿出那样的合意书，而经常是仿佛没有什么契约一样，就问题的解决进行商谈。某推销员如下的这般话表现出了商务上通常的做法。'出了什么问题后，向对方打电话，就其问题进行协商。如果还想进行交易的话，绝不相互查明契约上的法律规定。若想进行交易就不要往律师那里跑，因为还有体面在。'"[1] 而且，在美国的一次著名的研究中，麦考力（Stewart Macaulay）教授考察了在威斯康星州的商人们有关合同的态度和行为。他发现在这些商人之间非正式的关系极为重要。商人们经常与其他一些商人打交道，他们之间发展起一种友好关系，这种友好关系使他们彼此受益。善意（good will）、信用和默契是日常商业生活中至关重要的一部分。所以，如果出现什么差错，商人们并不急于主张他们的"权利"。他们往往不理会那些正式的合同法。只要可能，他们也尽量避免诉讼。他们遵循他们自己的一套行为准则——那是他们自己所理解的对待同行的正确方式。这些准则不是明文的，却为商界所熟知并广为接受。[2]

法院附设替代性纠纷解决程序和其他诉讼外程序因之具有的

---

① ［日］内田贵著，胡宝海译：《契约的再生》，中国法制出版社 2005 年版，第 43—44 页。

② Lawrence Friedman：《法治、现代化和司法制度》，载宋冰编：《程序、正义与现代化——外国法学家在华演讲录》，中国政法大学出版社 1998 年版，第 100—101 页。

合作的理念恰好契合了当前的社会需求。法院附设仲裁、法院附设调解等诸多的诉讼外程序在解决争议时，注重整个事件的综合分析，追求综合平衡，并着重考虑当事人关系的维护与维持，赋予当事人更多的程序自主权，以合意的方式令各方友好协商，开展广泛地沟通、交流，深层次的交流使双方对各自的立场和形势有了更深层的把握和认识，并常常会引发换位思考，促进双方通盘考虑、全面衡量，在知己知彼的基础上谋求长远发展的根本需求更易使当事人在不违背根本利益的前提下妥协互让以创造相互获利的选择，力求实现双方在重要问题上实现获利的双赢的局面，为日后的进一步合作奠定良好的基础。美国法学教授昂纳德·瑞斯金曾说："与对抗性的纠纷处理方法相比，调解具备一些明显的优势：它更为经济、快捷，并更倾向于那些更周全考虑当事人非物质利益的独特解决方案。它能够教育当事人关注另一方的需求以及他们自己的社区的需求。因此，它能够帮助当事人学会如何共事，并帮助他们看到通过合作，他们能获得积极的收益。"① 中立者在整个纠纷解决的过程中，会在双方对席的情况下尽力展开调解，力求实现合作。而更多的时候中立者为避免敌对各方关系的进一步僵化，常常会与各方当事人私下轮流会面，力求把握各方的心理并运用娴熟的调解技巧，分别与双方探讨让步和和解的可能，最终与双方在反复沟通与交流的过程中寻求和解、实现共赢。美国另一位法学教授罗伯特·巴鲁克·布什则对沟通、交流与认同赋予了更深的内涵和意义："通过调解所培养的认同，个体更能够理解其他人并与他们进行更为有效的沟通。他们在这两方面增强的能力将激发并使这些个体自行发现更大的问题、组成同盟并为社会的改变进行更富有成效的沟通……当这

---

① Riskin, 1983：34. 转引自［美］斯蒂芬·B. 戈尔德堡、弗兰克 E. A. 桑德、南茜·H. 罗杰斯、塞拉·伦道夫·科尔著，蔡彦敏、曾宇、刘晶晶译：《纠纷解决——谈判、调解和其他机制》，中国政法大学出版社 2005 年版，第 161 页。

些个体通过发生在调解中的认同过程而对另一当事方更为积极地看待时，这种积极的观点就会被延伸并适用于该当事方被视为是其中一部分的任何'群体'。而且，已经获得这种积极观点的个体还会把这种观点带回他或她的社交网络，在该社交网络中传播并影响其他人。这种'延伸'与'带回'之效果的结合导致了一种乘数效应。这种理论指出，通过调解这样一种改革性的方式，在个体层面产生的这种变化将导致社会的变革。"①

因此，一种与对抗制诉讼相对应的新的诉讼文化也由此产生，即合作的诉讼文化。合作的诉讼文化一方面要求当事人间要在平等的基础上减少对抗的意识，增加合作，为纠纷的解决这一最终目标共同努力。比如英国民事诉讼规则鼓励当事人运用单一的共同专家达成协议，且法院有权强制使用单一的共同专家。② 同时另一方面，这一文化还要求法官在程序中不能再置身事外，而是有义务促进当事人之间的合作和实现法官与当事人间的合作，当事人也有义务协助法院实现民事诉讼规则的基本目标。法官要努力引导当事人并对程序的进展负有义务，与当事人一道共同推进诉讼进程。

## 三　法院为什么附设替代性纠纷解决机制

### （一）法院功能分层的需要

纠纷与人类社会如影随形，而随之纠纷的解决也就势在必行。纠纷的解决方法随着时代的变迁愈益增多，从最初的私力救济到公力救济，再到社会救济，而所追求的都不外是纠纷的合理解决，社会关系的平复，以及社会的稳定良性发展等。美国学者

---

① Bush, 1996a: 732 – 733. 转引自［美］斯蒂芬·B. 戈尔德堡、弗兰克 E. A. 桑德、南茜·H. 罗杰斯、塞拉·伦道夫·科尔森著，蔡彦敏、曾宇、刘晶晶译：《纠纷解决——谈判、调解和其他机制》，中国政法大学出版社 2005 年版，第 162 页。

② 徐昕著：《英国民事诉讼与民事司法改革》，中国政法大学出版社 2002 年版，第 473 页。

H. W. 埃尔曼则将解决纠纷的两种主要方式概括为：一是冲突的当事人通过协商自行确定后果，并不排除作为调解人的第三人可能在协商中协助他们。二是将冲突交付裁决，意味着一位理想的不偏不倚的第三人来决定争论者的哪方胜诉。① 而在诸多的解决纠纷的方法中，诉讼以其一系列的正义理念、规则及程序保障等始终占据着整个纠纷解决的主流。诉讼活动进行的主要场所法院当然也就与纠纷的解决紧密相连，而法院基本的职责之一当然就是纠纷的妥善解决。

　　法院的功能自始就是多样的，解决纠纷、制定政策、调控社会等均是法院努力践行的方向。左卫民教授将法院的功能分为直接功能和延伸性功能，直接功能即是解决纠纷，而延伸性功能又包括控制功能、权力制约功能和公共政策的制定功能。② 在法院的众多功能中，纠纷的解决当然是首要而又根本的，占据着基础性的地位。日本学者棚濑孝雄认为，审判制度的首要任务就是纠纷的解决。③ 法院功能的其他方面也都或多或少地以纠纷的解决为基础而展开，并以纠纷的最终解决为宗旨。在法院的众多延伸性功能中，规则与政策的制定显然具有重要的意义。"法院的第二项重要职能是充实法律规则"，④ "法院的另一个重要功能就是建立一套旨在影响现存案件当事人和其他人的未来行为的行为规则"。⑤ 一般来说，法院作为被动的中立者，不能主动干预纠纷，只有在当事人提起诉讼并符合法院的受案范围之后，才能行使中

---

① ［美］H. W. 埃尔曼著，贺卫方、高鸿钧译：《比较法律文化》，清华大学出版社 2002 年版，第 132 页。

② 参见左卫民、周长军著：《变迁与改革——法院制度现代化研究》，法律出版社 2000 年版，第 88—105 页。

③ ［日］棚濑孝雄著，王亚新译：《纠纷的解决与审判制度》，中国政法大学出版社 1994 年版，第 1 页。

④ ［美］迈尔文·艾隆·艾森伯格著，张曙光、张小平、张含光等译：《普通法的本质》，法律出版社 2004 年版，第 5 页。

⑤ ［美］理查德·A. 波斯纳著，蒋兆康译、林毅夫校：《法律的经济分析》，中国大百科全书出版社 1997 年版，第 679 页。

立裁决者的功能。在法院行使权力的过程中，由于立法本身的滞后性，再加之社会关系日新月异的变化与更迭，使出现的纠纷日益呈现出变幻多端、繁杂多样的样态，更有许多是在现有法律规范的规制范围之外的新型纠纷，如公害诉讼、消费者诉讼、集团诉讼、环境纠纷等。在法院不能拒绝裁判的因素影响下，法院也就在纠纷解决的过程中凸显出其创制先例、制定规则与公共政策的纵深功能。正如在 1965 年霍尔兹沃思演讲（Holdsworth Lecture）中，迪普洛克勋爵曾说，"法院依其职能的真正性质而言是不得不担当立法者"。① 诉讼的政策形成功能在法学上主要是通过判例形成法律，即根据判决形成具有先例约束力判例的规范性功能，但从政治学和社会学的观点来看，诉讼的政策形成功能不仅意味着确定判决的先例性功能，还意味着诉讼对政策形成过程所带有的一切规范性、事实性效果，这些效果包括了最终被推翻的下级诉讼的判决、乃至诉讼的提起、法庭辩论等诉讼的一系列过程的展开实际上对立法、行政以及舆论、运动等政策形成过程整体造成的影响。② 法院的一系列政策制定及造法功能使其社会及政治地位抬升，从而也是其深邃与权威的所在。

在整个法院体系内部，通常是以审级制度来实现功能分层，不论在大陆法系还是在英美法系国家，法院的审级制度大多是实行三审终审制。一般初审法院大多担负着纠纷解决的功能，而二审和终审法院则大量承担着规则与政策的制定功能，而且还有小额审判法院、简易法院等众多举措来分流进入法院的众多案件，力争减少政策制定法院的案件负担，将大量标的额小、关系简单、耗时少的案件尽早尽快解决，以使法院有限的资源用于更重

---

① Diplock（supra，n. 42），at 266. 转引自［意］莫诺·卡佩莱蒂著，徐昕、王奕译，高鸿钧校：《比较视野中的司法程序》，清华大学出版社 2005 年版，第 41 页。

② 参见［日］田中成明：《诉讼制度与纠纷解决》，载小岛武司、伊藤真编，丁婕译，向宇校：《诉讼外纠纷解决法》，中国政法大学出版社 2005 年版，第 224 页。

要的政策制定的过程中。当然，正规的法院程序因其具有规范
性、程序性等特征，不可避免地附带着成本高昂、费用及时间消
耗多等诸多弊端，因此一些案件转而选择调解、仲裁等社会救济
的方式，但相对于纠纷的总量来说社会救济、私力救济依然是杯
水车薪。同时涌入法院的案件也多呈有增无减之势，法院的审级
制度确可实现相当案件的合理解决，但高涨的诉讼请求依然使法
院负担沉重，法院必须在现有制度之外寻求新的发展空间以化解
其案件压力，随之一种新的纠纷解决方式被创造出来，即附设法
院的诉讼外纠纷解决方式。将诉诸法院的案件在其初始阶段就进
行分流，将一部分案件选择适用非诉讼的方式争取得到圆满解
决，进而将有限的资源和正式的诉讼程序应用于关系复杂、涉及
面广及一些新型案件等具有引领未来的案件中，凸显法院的规
则、政策制定等创造性功能。

## （二）管理型法院的兴起

在英美法系国家，由于之前一直奉行自由主义的策略，政府
亦是一自由放任的政府，体现在司法领域，民事诉讼一直是作为
当事人自治的领域并给予当事人尽可能多的自我控制权，法院也
一直是作为中立、被动与消极的所在，法官在更多的时候是作为
岸上观者，不主动干预当事人间的纠纷并与当事人间的纠纷保持
着相当的距离，以体现其中立、权威及可信赖。正如有学者指
出，法官处于顺应性的地位，即法官并不针对当事人之间的争执
和主张，自作多情地去"关照"，而是尊重当事人的意志，不予
以干涉。① 大陆法系国家法院虽然较英美法系国家有一定的管理
权，但民事程序的基调依然是法官中立，当事人主导程序的启动

---

① Larry L. Teply / Ralph U. Teply, Civil Procedure, The Foundation Press (1994), Inc. , pp.
11—12. 转引自毛玲著：《英国民事诉讼的演进与发展》，中国政法大学出版社 2005 年版，第 363
页。

与展开。事实上，大陆法系和普通法系共同流行的制度是"处分制度"，根据这个制度，提出什么争端，举出什么证据和作什么样的辩论，几乎完全取决于当事人。在大多数民事诉讼中，两大法系遵循同样的规则：诉讼当事人对诉讼如何开展拥有相当大的自主权。[①]

到了 20 世纪，社会情势的发展已使原本信奉有限政府之理念的国家开始变得越来越倾向于干预社会生活中的种种事态，在这种情况下，被理解为一种私人控制的竞争的法律程序与司法的新目标之间必然会产生抵牾或紧张。逐渐地，私人当事方对程序行动的因袭已久的控制和以争议作为诉讼之前提的传统立场同国家借助司法过程来实施其政策的日益增强的欲望之间会发生越来越多的冲突。[②] 而之前对抗制的程序设计虽然与所追求的正当程序、程序正义理念等不无联系，但其缺陷也非常明显，诉讼迟延、成本高昂、程序烦琐的问题始终挥之不去，为应对如此的情势，在 20 世纪 60 年代，法院的被动定位也随之开始发生了显著的变化，实行积极的案件管理成了法院工作的一个重要组成部分。

所谓案件管理，是指法官在当事人起诉的早期阶段，基于具体案件的性质、诉讼标的、案件的复杂性及其重要程度对案件进行分配，即选择相应的程序，依照预定的时间和程序设定推进诉讼进程，以使法院能够在程序上连续地处理案件。[③] 美国 20 世纪 60 年代在联邦法院开始出现了案件管理，其起源于法院的单一的日程安排体制，即联邦法院法官被指派负责一个已经登记的具体案件，法官们也开始让律师在案件早期阶段即向他们报告所希望

---

① ［美］约翰·亨利·梅利曼著，顾培东、禄正平译，李浩校：《大陆法系》，法律出版社 2004 年版，第 121－122 页。

② ［美］米尔伊安·R. 达玛什卡著，郑戈译：《司法和国家权力的多种面孔——比较视野中的法律程序》，中国政法大学出版社 2004 年版，第 137—138 页。

③ 毛玲著：《英国民事诉讼的演进与发展》，中国政法大学出版社 2005 年版，第 351 页。

实现的诉讼请求，然后发出调整案件进程的命令。法院和法官们自此调整被动的地位，开始主动对案件进行干预，积极行使案件管理职责，实行积极的司法管理，力争在诉讼的早期结束案件，以节省法院及当事人的资源和费用、加快诉讼进程并实现案件控制的目标。案件管理开始在联邦法院自下而上的蔓延，并被许多法院所使用。

1983 年，《联邦民事诉讼规则》第 16 条也因此进行了实质性修正，规定了案件管理程序和促进并赞同以案件管理程序解决问题。在 1990 年的《民事司法改革法案》中，国会观察到：一个有效的诉讼管理和降低成本、减少诉讼迟延的项目应该包括以下几个原则：（1）对不同案件区别对待，根据案件的需要、复杂性、持续时间和速度规定单个的、具体的案件管理；（2）法官早期介入计划案件进程、控制证据开示程序和安排听审、审判和其他诉讼事项的日期；（3）审前阶段，法官和律师的频繁交流；（4）在合适的案件中，适用选择性纠纷解决方式。① 在法院实践中，也由此出现了一个全新的概念——多门法院（multi - door courts）。它是由弗兰克·桑德教授在 1976 年的庞德会议（the Pound Conference in 1976，即 "关于公众对司法行政不满的原因的全国会议"）上首次提出，并进而被广泛使用。多门法院是一个多元化的纠纷解决中心，它基于以下的理念：设立在任何特定案件中使用一个或者另一个纠纷解决程序总是有利有弊，现代法院不应该只有一扇通向诉讼的门，而是拥有许多可以让当事人进入某个恰当程序的大门，这些大门可能被贴上仲裁、调解、小型审判、简易陪审团审判以及案件评估等标签。亦可以制定规定，引导纠纷进入诸如医疗过失鉴别委员会等专门的裁判所。案件甄选员的任务是推荐（或者指令）把案件提交给这些程序处理，以避

---

① 参见［英］阿德里安 A. S. 朱克曼主编，傅郁林等译：《危机中的民事司法——民事诉讼程序的比较视角》，中国政法大学出版社 2005 年版，第 98 页。

免诉讼，达成和解。如果无法达成和解，纠纷当事人保留进行诉讼的权利。[①] 多门法院所追求的核心即是在案件的初始阶段由法院根据案件性质决定其所需求的最合适的程序，当然决非诉讼一途，而往往法院调解、法院附设仲裁、早期中立评估及简易陪审团审理等法院附设的 ADR 程序因其程序简便、成本低并能快速解决纠纷而更易被法官们推荐使用。多门法院运行的过程中法院的管理职能尽显，而与以往的被动的消极等待截然不同。

　　英国近年来民事司法改革的重心也是放在了强化案件管理上。即司法改革不仅涉及诉讼案件在制度内的进展方式变革，还要求推行一种全方位激进的文化变革，它将赋予法官和法院更大的职责，主导案件在这一制度中的进行，直至开庭审理，乃至开庭审理本身。[②] 司法管理的理念已跃然纸上。为解决英国现有诉讼体制中关于诉讼成本、诉讼迟延以及程序复杂化等问题，以使民事司法更为经济、有效和更容易接近，英国大法官办公厅于 20 世纪末任命英国最高级的法官之一沃尔夫勋爵组织进行实地考察并提出改革与完善的方案。沃尔夫勋爵分别于 1995 年 6 月和 1996 年 7 月公布了中期报告与最终报告，建议多达三百多条，而报告的关键在于司法管理。英国 1999 年公布的新的民事诉讼规则也在很大程度上采纳了沃尔夫勋爵的建议，将案件管理进一步制度化。"当事人不再具有他们曾经拥有如此多的自主权。法院极具影响力的管理权白纸黑字地载明于 1999 年新规则的显著位置。法院通过案件管理权力之行使，有望治愈当事人倾向于以不适当、不公平、不效率的方式进行诉讼之顽疾。""自

---

　　① ［美］斯蒂芬·B. 戈尔德堡、弗兰克 E. A. 桑德、南茜·H. 罗杰斯、塞拉·伦道夫·科尔著，蔡彦敏、曾宇、刘晶晶译：《纠纷解决——谈判、调解和其他机制》，中国政法大学出版社 2005 年版，第 344、390 页。

　　② 《接近司法》中期报告（1995 年 6 月），见 http://www.open.gov.uk/lcd/civil/inter-hd.htm.

此之后，被视为诉讼程序王冠上宝石的‘案件管理’不再在细小领域试验和检验（商事法院的案件管理已试行了一段时间）。"①

英国《民事诉讼规则》要求法院通过积极的案件管理来实现民事诉讼的基本目标，法院的案件管理主要表现在以下几个方面：在诉前阶段，通过诉前议定书制度将管理权扩展，促进当事人的诉前和解，同时也使当事人能增进对案件的了解，为后续的诉讼提供便利。在案件审理的初期，法院应及早识别和确定案件争点，在开庭审理前确定各争点的审理顺序，确定案件管理日程表并控制案件进程。在开庭审理过程中，法官可依职权或依当事人申请作出相关指令，以保障开庭审理迅速、高效的运行。而且法院根据案件的重要性、复杂程度及诉讼标的的大小等将案件与适用的程序对应起来，确立了三种不同的案件管理机制，即小额索赔程序（small claims track）、快捷审理程序（fast track）和多轨程序（multi-track）。在不同的程序分配背后的基本原理是限制可以适用的程序（并且在某些案件中，限制可以获得补偿的诉讼成本），使其与具体案件的诉讼标的额和复杂程度相一致。② 多轨程序的设立目的在于使法官在各个诉讼阶段都能够适当地介入当事人之间的纠纷，并通过对案件进行管理，使法官逐渐了解案件从而有效地组织诉讼和推进程序的进行。③ 英国的案件管理行为是由程序法官（procedural judge）和审理法官（trial judge）分别来实施，程序法官负责在审前程序中对案件进行分配和管理，审理法官则主要是主持审理程序或开庭审理时对案件作出

---

① ［英］勒·安德鲁斯（Nei Andrews）：《英国新民事诉讼法：当事人主义风光不再》（A New Civil Procedure Code for England：Party-Control "Going, Going, Gone"），载《民事司法委刊》，2000 年 1 月，第 19 卷第 22 页。转引自徐昕著：《英国民事诉讼与民事司法改革》，中国政法大学出版社 2002 年版，第 161 页。

② ［英］阿德里安 A. S. 朱克曼主编，傅郁林等译：《危机中的民事司法——民事诉讼程序的比较视角》，中国政法大学出版社 2005 年版，第 147 页。

③ 毛玲：《英国民事诉讼的演进与发展》，中国政法大学出版社 2005 年版，第 356 页。

裁决。

案件管理赋予法院在诉讼的各个阶段都享有控制权，一改以前由当事人完全控制和引导的局面，而且案件管理在成为法院权利的同时也成为其基本职责，不容忽略。法院积极的案件管理包括鼓励当事人在诉讼中的合作；在案件初期识别争点；确定审理争点的顺序；鼓励采用可选择争议解决程序；协助进行和解；确定案件管理日程表，控制案件进程；考虑程序步骤与成本是否相适应；无须当事人出庭径行审理案件；为保障案件开庭审理迅速效率而做出指令等。① 具体来说，在实施案件管理的过程中，法院应当向当事人提供关于诉讼外纠纷解决方式的相关信息，鼓励当事人在诉讼程序的进行中互相合作；法院应当协助当事人实现全部或部分和解，鼓励当事人在适当时候采用 ADR 方式解决纠纷，并促进相关程序的适用；当事人在完成案件分配调查表时可请求法院中止诉讼程序，便于当事人进行协商、合作，寻求和解的可能，法院亦可依职权中止诉讼程序，由当事人尝试通过替代性纠纷解决方式解决纠纷。法院的案件管理权涉及程序的始终与展开的各个环节，以此促进程序的快速高效有序地进行。沃尔夫勋爵也在其报告中阐述了实施案件管理制度的五个目标：（1）在诉讼的早期阶段使当事人就争讼内容的全部或部分达成和解，从而终结诉讼；（2）便于法官在发现以非讼方式解决纠纷更为适当时，可以及时地将诉讼引向非讼解决的途径；（3）让当事人为使案件进入庭审程序而积极地交换证据，整理和决定争点；（4）培养当事人之间的协调关系，以减少庭审时的对抗气氛，从而带来诉讼费用的降低和纠纷的尽早解决；⑤在无望通过和解或以其他非讼方式解决案件时，便于法官适时地作出案件进入庭审的决定。其中，整理争点和促成和解是案

---

① 徐昕著：《英国民事诉讼与民事司法改革》，中国政法大学出版社 2002 年版，第 161—162 页。

件管理制度的主要目标。① 案件管理制度的关键之一即是使法院在诉讼的早期力争以管理和引导者的身份鼓励和帮助当事人以和解等诉讼外的方式解决纠纷，避免正式诉讼程序的启用，进而达成预期的目标。

德国的司法制度总体来说运行良好，诉讼迟延问题不是很明显，没有面临深刻的危机，但是也不是说司法运作完美得无懈可击，法院的积案问题及逐渐增多的案件同样也使法院越来越出现拥堵现象，因严格奉行当事人主义的对抗制的审理方式而产生的缺陷已相当明显，远不能适应形势的需要，诉讼变革同样在所难免。在坚持以当事人主义为基调的前提下适当引入职权主义的因素，拓展法院的作用，加强法官的职权等温和的改革方案同样是德国司法系统为寻求迅速妥当地解决纠纷、解决法院积案的重要策略。

事实上早在 1902 年和第 26 届法学家年会上，就有专家曾发言主张强化法官对于案件的司法管理，赋予法官在引导诉讼方面以更大权力。② 而由于当时大多数人依然信奉当事人主导程序的理念而作罢。随后随着时间的推移，法院案件数量的增长和诉讼迟延的增加使人们意识到唯有通过加强司法管理，强化法官职权，并弱化当事人自由主义的程序控制权来避免。1976 年德国民事诉讼法修正案旨在促进一审程序的集中紧凑，通过当事人与法院积极的配合，以加快法院的诉讼进程。修正案规定法官负有促进诉讼的义务，法官只能通过书面程序或者一次预备性口头听审来进行准备程序，这样经过一次主期日辩论之后就使案件达到可判决程度（《德国民事诉讼法典第 275 条、第 276 条和第 278

---

① See Interim Report to the Lord Chancellor on the Civil Justice System in England and Wales (1995). p. 30. 转引自毛玲著：《英国民事诉讼的演进与发展》，中国政法大学出版社 2005 年版，第 352 页。

② [英] 阿德里安 A. S. 朱克曼主编，傅郁林等译：《危机中的民事司法——民事诉讼程序的比较视角》，中国政法大学出版社 2005 年版，第 220 页。

条》），而且要求当事人要适时提交其攻击和防御手段，不能为了拖延诉讼的进度而延迟提出，如果超期的攻击防御手段导致法律纠纷的延迟解决，并且这种迟交缺乏理由的话，就会产生证据失权的后果。（《德国民事诉讼法典》第 282 条、第 296 条第 1 款）。除此以外，还有许多同类性质的规定出现在 1976 年修正案中。

　　鉴于 ADR 在美国、日本等国家的迅速蓬勃发展的态势，德国政府在 20 世纪 70 年代以来也开始大力提倡、开发诉讼外替代性纠纷解决方式（ADR），但法院外 ADR 的发展不尽如人意。由于德国的司法管理并不鼓励当事人通过替代性纠纷解决方式寻求法律救济[①]，而是由法院通过将社会因素融入法院，利用管理职能将适合的纠纷在其指导下通过调解或和解的方式解决，因而回避了法院外 ADR 的使用。《德国民事诉讼法典》第 279 条规定，在任何案件中法院都有义务在当事人之间居中调解，尝试解决其诉求的案件。另外，在当事人提出法律援助申请之后，法院可以传唤当事人出席一次听审，以期调解解决他们的案件（《德国民事诉讼法典》第 181 条第 1 款第 3 节）。法院调解对双方心理上带来的好处是：没有哪一方胜诉或丢面子。另一个长处是双方可以调整他们之间的全部的法律关系，甚至可以超过诉讼请求的范围，甚至不属于诉讼范围的第三方也可以参与。[②]

　　法国的民事诉讼传统上一直奉行当事人主义，当事人控制和支配了整个诉讼进程，而且民事诉讼法是被作为实体法的附属物

---

　　① Schütze, Alternative Streitschlichtung, pp. 117, 121 以下。转引自〔英〕阿德里安 A. S. 朱克曼主编，傅郁林等译：《危机中的民事司法——民事诉讼程序的比较视角》，中国政法大学出版社 2005 年版，第 223 页。

　　② 宋冰编：《读本：美国与德国的司法制度及司法程序》，中国政法大学出版社 1998 年版，第 300 页。

来对待的。随着 19 世纪末司法理念的变化①，诉讼程序中完全由当事人控制的局面出现了变化，法院的地位和作用得到强化。当时代表性的观点认为，当事人在是否将一个案件诉诸法院的问题上是自由的，但是一经诉诸法院，他们便应该服从由公法决定的、国家为保证有效的司法而制定的法规的管辖。② 法官在审判活动中为加快诉讼进程充分发挥其主动性并不断扩展其权力，自 1969 年开始法国民事诉讼的改革进程不断加快，1977 年新的《民事诉讼法典》正式实施。

新法典提出了一个新的理念：诉讼活动中追求法官与当事人的合作③，并将此纳入了法典的指导原则之中。诉讼活动力求在法官权力与当事人的程序权利之间寻求一种平衡，法官和当事人合作促进程序高效、有序运转，实现纠纷妥善解决，谈判型司法或契约性司法也由此应运而生。与之前的司法相比，法官引导审判的权力得到加强：休庭的决定权；调查顺序的决定权，有时也通过民事罚款来保障决定的实施；考虑相关事实，即使当事人在辩论中没有提出这些事实；要求提供证据材料的权力；甚至是基于自己的动议，也有权力要求进行任何合法的预备性调查。法国的司法危机使法院在加强管理的同时，同样也开始发展诉讼外纠纷解决机制，调解、仲裁等替代性解决机制将大量的纠纷阻断在法院之外。在法院体系内，法官的管理权使法官已不限于按传统的诉讼方式僵硬地按照法律规则来解决纠纷，而是支持案件的和解并积极主张司法调解。

在法国新的《民事诉讼法典》中，司法调解已经与公开原

---

① 19 世纪末，奥地利法学家弗兰克·克莱因（Franz Klein）倡导的法学理论认为，行使司法职能是国家的一项特权和义务，司法意味着公共机构的运行。

② ［法］勒内·达维著，潘华仿、高鸿钧、贺卫方译：《英国法与法国法：一种实质性比较》，清华大学出版社 2002 年版，第 77 页。

③ ［英］阿德里安 A.S. 朱克曼主编，傅郁林等译：《危机中的民事司法——民事诉讼程序的比较视角》，中国政法大学出版社 2005 年版，第 303 页。

则、辩论原则等一样成为基本原则统率着整部法律。法典明确规定，对纠纷具有诉讼系属的法官在诉讼进行的任何时候，都可委任第三人以听取当事人的陈述并对他们的观点作出回应以提供一个解决纠纷的方案。当然，法官的调解以当事人的同意为前提，不能强制适用，而且对涉及离婚或分居等关系到身份和资格的案件也不能适用。

不论是英美法系还是大陆法系，在法院面临着积案增多、成本高昂等指责时均不约而同地选择了加强法院职权，加强案件管理等来化解危机，加快诉讼的进程，这不但提高了诉讼效率，节约了资源，同时也促进了诉讼外纠纷解决方式的发展。在法院内，法院附设替代性纠纷解决机制等替代性方式作为法院管理的手段也被广为运用，实现了纠纷的多元化解决。当然，质疑案件管理运动的呼声也从未平息，当事人的处分权遭到限制，剥夺了当事人的程序控制权，案件管理是否真正起到了效果等。所有的一切都需实践来检验，但不容回避的是，法院附设替代性纠纷解决机制作为纠纷解决的重要手段开始被广为接受和采纳，相信会不断发展。

## （三）　法院的现代理解

纷繁的世界使纠纷层出不穷，纠纷的解决也呈多元发展的态势，但日常的观念中唯有法院以判决的形式来解决纠纷是天经地义的，将纠纷诉诸法院被视为正当权利而被广为运用。而实际上，进入法院的纠纷是所有已出现的纠纷当中的一部分，甚至只是一小部分。大量的案件通过其他社会调控方式来化解，或是当事人主动放弃，或是交涉沟通之后的私下和解，或是通过法院外的第三者的居中斡旋、调解、仲裁，总之大量的纠纷在法院外的广阔空间里化于无形。有学者将人们解决冲突的方式归结为以下五种：自我帮助、逃避、协商、通过第三方解决和忍让。① 而所有进入法院的纠纷中，由法院严格按照程序规则，通过诉讼程序来解决的案件同样不是进入法院案件的全部。法院以判决的形成来结束纠纷已远不是法院解决纠纷的唯一选择。根据一项研究表明，美国在1980—1993年间，在联邦法院提起的民事案件中平均仅有4%的案件进入审判，34%的案件不经审判即告终结，55%的案件或者被撤销或者被和解，7%的案件被移送或发回。② 近年来不经审判而终结的案件数目甚至更高，根据1999年由美国法院行政管理办公室发布的统计数据，向联邦法院起诉的全部民事案件中仅有2.3%的案件进入审判。③

当代国家理念的变化，能动国家及福利国家的出现，同时权利救济要求的泛化或大众化现象使法院必须对其工作效率及工作实效有所追求，简易程序、小额程序、加强司法管理、促进法院调解等均是法院面对时势时的改革措施，而最根本的是法院的定位已开始渐次发生了变化，法院严格适用法律的特征也已陆续发生转变，法律适用相对性的契机已开始生成。法官主动对隐藏在争执之点后面的纠纷实体进行调整或力图通过调整达到更为符合实际情况的解决等姿态，虽然不一定直接否定适用法律的逻辑，但很明显，这里已经存在着有别于法律适用逻辑的因素。只要能够以符合实际并让当事人满意的结果来解决纠纷，不必过于拘泥于法律的严格适用，这样一种态度开始影响到审判的制度理念。④

---

① ［美］唐·布莱克著，郭星华等译，麦宜生审校：《社会学视野中的司法》，法律出版社2002年版，第83页。

② 见Terrence Dunworth 和 James S Kaklik，Preliminary Observations on Implementation of the Pilot Program of the Civil Justice Reform Act of 1990 中的表2.1，46 Stanford Law Review1303，1311（July 1994）。转引自［美］史蒂文·苏本，玛格瑞特（绮剑）·伍著，蔡彦敏、徐卉译：《美国民事诉讼的真谛》，法律出版社2002年版，第214页。

③ ［美］史蒂文·苏本，玛格瑞特（绮剑）·伍著，蔡彦敏、徐卉译：《美国民事诉讼的真谛》，法律出版社2002年版，第214页。

④ ［日］棚濑孝雄著，王亚新译：《纠纷的解决与审判制度》，中国政法大学出版社1994年版，第250页。

法院已不仅仅是严格按既定程序适用法律的单一的法律输出机构，因在法院程序内为当事人提供了替代诉讼的机制，这样就为当事人提供了一个在法院受理案件后的"出口"。① 法院本身也不断地鼓励争议者通过协议解决争议，因为这是一种恢复冲突所破坏的平衡的代价低廉的方式。甚至在当事人已将其请求诉诸法院或其他审判机构之后，也可以劝导他们依协议解决纷争。② 纠纷的社会解决所注重的诸多法律之外的因素，如彼此关系的维护、交流基础上的互谅互让等开始渐渐融入法院并被法院在案件解决的过程中考虑，为严格适用法律的呆板的法院带来了生机，当然并不是说完全取代适用法律。法院在当事人间进行沟通、协调，促成法院与当事人间的对话、合作或使当事人彼此之间由对抗转向合作，引导当事人寻求更为灵活、节约、高效的解决方式，谈判型司法的精神已经孕育其中。理查德·莱姆佩特指出法院可以通过七种方式间接地解决诉讼，即（1）明确规定影响或控制个人协商解决诉讼的规范；（2）认可个人协商解决诉讼和法律效力，为协议的履行提供法律保障；（3）适当地提高诉讼费用，以增加个人协商解决的可能性；（4）为需要增进诉讼双方熟悉对方的案件提供便利，尽量减少相互猜疑的因素，增加个人协商解决的可能性；（5）允许法院工作人员以调解人的身份活动，促使双方自愿地解决纠纷；（6）法院先行解决案件中某一引起争议的问题，让当事人双方在其他问题上达成协议；（7）当诉讼双方无法协商解决时，法院强制解决争讼。③

目前理论界对程序的认识也开始逐步深入，认为程序的本质

---

① ［意］D. 奈尔肯编，高鸿钧、沈明等译：《比较法律文化论》，清华大学出版社2003年版，第72页。

② ［美］H. W. 埃尔曼著，贺卫方、高鸿钧译：《比较法律文化》，清华大学出版社2002年版，第133页。

③ ［英］罗杰·科特威尔著，潘大松等译：《法律社会学导论》，华夏出版社1989年版，第246页。

特点既不是形式性也不是实质性，而是过程性和交涉性。① G. 图依布纳把程序的反思性与国家对社会的间接控制、社会的自治自决的组织化等理念结合起来，提出了"反思的法"的学说。② 哈贝马斯则提出了交往行动理论及法律商谈理论，认为反思的交往形式是要求每个参与者采纳每个其他人之视角的论辩实践③，通过彼此的交涉形成合意、作出决定。新程序主义的诠释为法院的活动提供了理论的架构和信念的支撑，司法 ADR 等多种法院解决纠纷的实践与法律商谈理论等不谋而合。而且在很多情况下，法院已不再是纯粹作为一种裁判机关而存在，而是程序多元的复合体。"法院应该被认为是产生各种纠纷（或非纠纷）的场所。法院既是裁判机关，又是进行行政处理、记录保存、变更地位仪式、和解、调解、仲裁以及"争执"（威吓、镇压、限制自由）的机关。"④ 在许多涉及公共利益的特定的民事案件中，法院可能会被卷入行政（监管）活动中，甚至会导致法院进行"微型立法（minilegislation）"，总之，法院从事的是一种混合了审判、行政和立法因素的活动，而其中的审判成分可能非常有限。⑤ 而且法院作为一个实效性的管理体系，还不如作为一个文化性、象征性意义的体系有更多的内容，法院主要是通过象征的传达，如威胁、约束、模范、说服、正统性等，对我们产生影响。⑥

　　除了以裁决及其他形式实际解决纠纷外，在很多时候法院是

---

　　① 季卫东著：《法律程序的意义——对中国法制建设的另一种思考》，中国法制出版社 2004 年版，第 32 页。

　　② 同上书，第 33 页。

　　③ ［德］哈贝马斯著，童世骏译：《在事实与规范之间——关于法律和民主法治国的商谈理论》，生活·读书·新知三联书店 2003 年版，第 274 页。

　　④ ［意］莫诺·卡佩莱蒂编，刘俊祥等译：《福利国家与接近正义》，法律出版社 2000 年版，第 128 页。

　　⑤ ［美］米尔伊安·R. 达玛什卡著，郑戈译：《司法和国家权力的多种面孔——比较视野中的法律程序》，中国政法大学出版社 2004 年版，第 356 页。

　　⑥ ［意］莫诺·卡佩莱蒂编，刘俊祥等译：《福利国家与接近正义》，法律出版社 2000 年版，第 138—139 页。

作为纠纷解决的一种背景而存在的，为纠纷的解决提供制度规范、理念支撑，使当事人在"法律的阴影下"圆满地解决纠纷。法院在纠纷解决中所作贡献已不完全是根据判决来解决纠纷，其主要贡献是为了私人的、公共的场所中所产生的交涉和秩序，提供规范的和程序的背景。[①] 在接近正义的路途中，法院的角色由单一转向多元，为纠纷当事人提供制度化的背景、反映相关的制度信息，通过告知、劝解、说服等多种手段明示当事人，使之准确恰当理解纠纷并最终寻求合适的解决途径，法院不仅可以解决纠纷，还可以预防纠纷，加剧纠纷，转移纠纷和改变纠纷。[②] 纠纷当事人基于对个人的财力承担、关系的维系、精力的耗费及行为传统等因素的考虑，并不选择将纠纷提交法院，而更愿意以私下和解、调解等其他方式解决，而在这些纠纷的私下解决和社会解决等方式中，法院其实并不参与实际的纠纷，但在这些纠纷的解决过程中惯性的思维往往使当事人或裁决者以如果进法院将会得到什么样的判决作为解决过程中重要的考量因素，法院的文化意义和象征意义已远超我们的想象。

## 四　法院附设替代性纠纷解决机制的价值冲突与理性建构

### （一）围绕法院附设替代性纠纷解决机制的争议

法院附设替代性纠纷解决机制因其处于当事人间合意解决纠纷与法院的决定解决纠纷的中间位置，与法院存在着内在的关联，但其又是与诉讼程序截然不同的替代程序，因此自其出现开

---

① ［意］莫诺·卡佩莱蒂编，刘俊祥等译：《福利国家与接近正义》，法律出版社 2000 年版，第 132 页。

② 同上书，第 136 页。

始即存有争议，在美国尤其如此。支持与反对者均有大量的拥趸，均从不同的视角阐释各自的立场，法院的和解角色、法官的管理职能等遭到了反对者们的普遍质疑，法院的和解与判决的双重角色更是反对者们的攻击所在。争议的核心问题即是法院附设替代性纠纷解决程序与诉讼程序的价值存在着内在的冲突与根本的背离，而此程序又如何能内存于法院的程序中？法院附设替代性纠纷解决程序本身是否能保证基本的公正？此程序是否会阻碍当事人的其他宪法性权利等。具体的争议主要体现在以下几个方面：

争议一：和解恶化了弱势群体的地位。

美国欧文·费斯（Owen Fiss）教授是诉讼程序的坚定支持者，对解决纠纷的 ADR 程序提出强烈的反对并撰文《反对和解》①，文中明确提出了反对和解的观点与理由。费斯教授及 ADR 程序的反对者认为，替代性纠纷解决方式，特别是在非商业性质的纠纷中，对少数民族和妇女等弱势群体尤为不利。和解更进一步恶化了力量不均衡当事人之间处于弱势一方的地位，而当事人对和解的同意常常存在着强迫的可能，和解程序尽管使诉讼流程有所缩减，正义却可能得不到维护。② 因当事人间力量的失衡，贫穷的当事人有可能在讨价还价的交涉过程中缺少足够的资源去获取可靠的信息，因而使当事人间的平等交流只具有形式上的意义，加之没有充足的资源进行后续的长期、昂贵的诉讼，承担不起高昂的诉讼费用及律师费用，当事人会转而为获取尽早得到相应的补偿（尽管可能远远少于通过正式的诉讼所得）而被迫选择早期和解的方法结束纷争，因此贫穷当事人的和解选择往往是迫

---

① 参见 Owen M Fiss, "Against Settlement," 93 Yale Law Journal 1073（May 1984）. 转引自［美］史蒂文·苏本·玛格瑞特（绮剑）·伍著，蔡彦敏、徐卉译：《美国民事诉讼的真谛》，法律出版社 2002 年版，第 219 页。

② 参见［美］斯蒂芬·B. 戈尔德堡、弗兰克 E. A. 桑德、南茜·H. 罗杰斯、塞拉·伦道夫·科尔著，蔡彦敏、曾宇、刘晶晶译：《纠纷解决——谈判、调解和其他机制》，中国政法大学出版社 2005 年版，第 385—386 页。

不得已，而非主动积极的。法院附设替代性纠纷解决机制实际上默许了当事人资源不平等所导致的结局而没有采取任何措施来避免这种不平等的出现。相反，诉讼程序则很好地避免了这一问题，通过法官的中立裁判、提问及传唤证人、邀请他人参与审判等多种方式来缓解当事人间的资源不平等所带来的问题，至少诉讼程序在避免这些不平等方面作了努力。正如费斯教授所言，诉讼程序"是明知地对这些不平等进行抗争"，而且判决至少追求"对分配不公实行自治，并且它从这种追求中获得了关注和伸张"①。

围绕对此的反对意见，ADR 运动的支持者们则认为费斯教授等反对者过高地估计了法院对权力不平等的保护能力，实际上是想当然地预设了法院的平等保护，而正义也不仅仅是通过诉讼这唯一的途径来实现，纠纷的多样化发展，民众价值取向的多元化及社会需求的多样化等需要正义也有着多样的实现方式，对特定的案件来说法院甚至不是实现公正的最佳路径。当事人一般均想保留自己控制纠纷的权利，但一旦进入法院就变得不能控制事件的结果。而且，当法官或陪审团决定谁赢谁输的时候，程序规则并不能解决致使案件被首先提起诉讼的基础问题。因此，ADR 运动在成长，不是参与者出于慈善的利他主义，而是在许多情况下认识到有解决纠纷的更好的途径。②

争议二：和解剥夺了法院作出司法解释的机会。

法院附设替代性纠纷解决机制的反对者们认为，替代性程序的唯一功能是帮助当事人解决纠纷，而在诉讼程序中，通过陪审

---

① Owen M Fiss, "Against Settlement," 93 Yale Law Journal 1078（May 1984）. 转引自［美］史蒂文·苏本·玛格瑞特（绮剑）·伍著，蔡彦敏、徐卉译：《美国民事诉讼的真谛》，法律出版社 2002 年版，第 219 页。

② Seeing Judge Dorothy Wright Nelson，ADR in the Federal Courts—One Judge's Perspective：Issues and Challenges Facing Judges，Lawyers，Court Administrators，and the Public，Ohio State Journal on Dispute Resolution，2001.

团审理的程序，能够保护公共利益，执行公共政策，培养和训练民众参与民主程序，进而发现真理和保护法则。[①] 法院的这些功能的发挥是通过经缜密思考和设计的规范公正的审理程序展现的，而且对法院来说，解决当事人间的纠纷固然重要，而更重要的是则是发挥其法律解释、政策制定等明确宪法和法律所包含的公共价值的功能。法院附设替代性纠纷解决机制的反对者认为，将大量的案件以法院附设替代性纠纷解决机制的形式解决，使当事人丧失了进行诉讼的机会进而也使法院失却了其作出法律解释的可能，从而可能牺牲掉重要的公共价值。而且在法院附设替代性纠纷解决程序中，因程序的简便要求使当事人合意达成的解决方案不要求有详细的论证过程及条分缕析的推理意见书，程序缺乏广泛的证据开示使请求实际上无法得到证明，因此也无法使之置于后续的上诉审查程序中。而在诉讼程序中此种缺陷即可完全避免，诉讼有着完整的展开程序而且形成的判决具有科学严密的论证过程，而"如果一个决定是基于严肃的辩论和成熟的评议后作出的，那么，其正确性便获得了推定；而且，社会共同体有权利将它视为对法律的正当的宣告或提示，并经由它来调整他们的行为和契约。"[②] 另外，在法院附设替代性纠纷解决机制中，法院也得不到用以指导日后行为的判例，无法为以后类似的案件所借鉴。判例制度是英美法系中诉讼领域的根本制度，通过具体案件的审判来宣示法律、明示司法政策，判例法也相应的具有确定性和稳定性、可预见性、灵活性及一贯性等诸多功能，与制定法相比也存在着诸多独到之处。法院附设替代性纠纷解决机制则使判例制度的功能得不到发挥，也无法为后来的类似案件确定先例，

---

① Honorable Rodney S. Webb, Court - Annexed "ADR" - A Dissent, North Dakota Law Review, 1994.

② J. Kent, Commentaries, pp. 475—476. 转引自汤维建：《美国民事司法制度与民事诉讼程序》，中国法制出版社 2001 年版，第 158 页。

同样也不利于实体法理论的发展。

　　针对上述反对意见，支持者们则认为法院的法律解释的功能并没有想象的那样强大，因为即使在缺少替代程序的情况下，在美国也只有少于 5％ 的案件是以进入法院诉讼程序解决的，大量的案件最终是在法院外得到解决的，由于法院的法律解释功能是有限的。而且法院附设替代性纠纷解决机制的出现，使法院的法律解释、公共价值等功能非但没有削弱，反而在某种程度上得到了加强。法院附设替代性纠纷解决机制的主要适用范围是一些频繁出现、案情相对简单及已有相应的案例进行参考的案件，当然也不排除少量新型及关系复杂的案件。在法院附设替代性纠纷解决程序中，将一些法律价值不大、不具有先例价值的案件从诉讼程序中转移出来，可以使法院有更多的精力与时间对大量具有先例价值及需要法律解释的案件以正规的诉讼程序作出审理，更好地实现法院的法律解释及规则创制功能，使法院的资源得到合理、高效地利用并进而优化法院资源。而且，法院附设替代性纠纷解决机制除了基本的纠纷解决的功能外，还有着诸如寻求法官与当事人的合作、当事人相互间的合作、谋求当事人间更广泛的利益、创造性地解决纠纷及实现当事人自治等诸多价值。

　　争议三：法院附设替代性纠纷解决机制是二流司法和廉价正义。

　　一些反对者认为，诉讼外机制只会带来便宜但却扭曲的纠纷解决，抑制了法律在特定领域中的发展。[①] 法院附设替代性纠纷解决程序确实具有简单、快捷、低成本的优势，但却有可能存在着廉价正义的嫌疑。法院附设替代性纠纷解决机制不以权利、义务为旨向而是以合意为标准，往往会因当事人的妥协而不能全面地实现权利，当事人的权利意识和权利观念淡漠，而且当事人间

―――――――――

　　① ［美］史蒂文·苏本、玛格瑞特（绮剑）·伍著，蔡彦敏、徐卉译：《美国民事诉讼的真谛》，法律出版社 2002 年版，第 221 页。

的合意也常常会存在内在强制的可能。以法院附设仲裁为例，将一些小额案件规定以仲裁的方式解决而一些大额、复杂案件却以正规的诉讼程序解决，不同的案件适用不同的程序，这显然有对小额案件进行歧视的嫌疑，使小额案件失却正当程序的保护，因而小额简单案件受到与大额复杂案件不平等的待遇，剥夺了当事人受平等保护的宪法权利。而当事人的平等保护是一项基本的宪法权利，具有着重要而现实的意义，法院附设替代性纠纷解决机制可能使当事人的这一宪法权利化为乌有，从而存在着实质上非正义的可能。

ADR 运动的支持者们认为，将不同的案件分类进行管理本身就是分配正义的内涵。分配正义的新哲学认为，接受民事司法管理的资源是一定的，因此这些资源必须在所有那些谋求或需求司法/正义的人们之间公正地分配，而且对这些资源的公正分配必须考虑个案的特点，使个案获得不多于应当获得的法院时间和精力的合理份额，法院资源的分配以及时间和金钱上的投资都必须与该案的难度、复杂程度、价值、重要性大致相当。[①] 法院的资源应该实现优化组合，案件的种类不同，适用的程序也相应有所区别，以最大化地发挥各种纠纷解决程序的预期价值。寻找与案件类型相适应的程序是法院的内在要求，也是正义的内涵。否则即有可能造成程序资源的浪费及时间的迟误，对司法效率与司法效益的强调也就成为空话，不利于司法改革的进展。

争议四：剥夺了当事人获得陪审团审理等宪法性权利。

在普通法的民事案件审理中获得陪审团审理的权利是由美国宪法第七修正案赋予保护的最基本和基础的权利。[②] 陪审团审理

---

① 阿德里安 A.S. 朱克曼：《危机中的司法/正义：民事程序的比较维度》，载 [英] 阿德里安 A.S. 朱克曼主编，傅郁林等译：《危机中的民事司法——民事诉讼程序的比较视角》，中国政法大学出版社 2005 年版，第 16 页。

② Honorable Rodney S. Webb, Court - Annexed "ADR" - A Dissent, North Dakota Law Review, 1994.

是美国法院制度和民主制度的基石，美国宪法第七修正案规定：在联邦法院系统中，若涉诉金额超过 20 美元，民事诉讼当事人便有权获得陪审团审理。正如托克维尔所言，陪审团是一个重要的政治机构，它必须被看作是人民主权的一种形式；当该主权遭到否定时，它必须被摈弃；或者它必须被改造以适应主权所赖以确立的法律……陪审团，特别是民事陪审团，在于将法官的精神传达到所有公民的头脑中；而且这种精神，与伴随它的习惯一起是为自由制度所作的最充分的准备。[①] 陪审制度的重要性已不言而喻，在美国，参加陪审团或许是普通公民除了选举权之外的参与国家管理的最为重要的机会。法院附设替代性纠纷解决机制剥夺了当事人的此项根本权利，一些案件因回避了诉讼程序而使当事人的获得陪审团审理的宪法性权利得不到基本的保障。而且也有反对者指出，法院附设替代性纠纷解决程序为法官所援引的目的可能首要地是将其作为减少案件的工具，即案件的倾泻地，使一些不重要的、烦人的或解决起来特别困难的案件远离诉讼程序而以 ADR 的形式解决。[②] ADR 程序因存在着潜在的被滥用的风险，从而也就威胁到 ADR 程序本身的公正及其他价值。

支持者认为，美国的民事诉讼中虽规定涉案金额超过 20 美元的均可申请陪审团审理，但实际上民事案件适用陪审团审理是相当有限的，适用范围也并不广泛。据调查显示，"5/6 的普通程序的审判是没有陪审团的。"[③] 另外，程序并非严格禁止适用陪审

① Stephen N. Subrin, Martha L. Minow, Mark S. Brodin and Thomas O. Main, Civil Procedure Doctrine, Practice, and Context, (Gaithersburg, MD: Aspen Law & Business, 2000), chapter 5A. 转引自 [美] 史蒂文·苏本、玛格瑞特（绮剑）·伍著，蔡彦敏、徐卉译：《美国民事诉讼的真谛》，法律出版社 2002 年版，第 228 页。

② Judge Dorothy Wright Nelson, ADR in the Federal Courts—One Judge's Perspective: Issues and Challenges Facing Judges, Lawyers, Court Administrators, and the Public, Ohio State Journal on Dispute Resolution, 2001.

③ Davis, An Approach to Rules of Evidence for Nonjury Cases, 50 A. B. A. J. 723, 723 (1964). 转引自约翰·H. 朗本：《德国民事诉讼程序的优越性》，注释 147。载米夏埃尔·施蒂尔纳编，赵秀举译：《德国民事诉讼法学文萃》，中国政法大学出版社 2005 年版，第 703 页。

团审理，当事人在法院附设替代性纠纷解决程序中没有达成合意因而没有真正解决纠纷的前提下，当事人可重新进入审理程序，即回到了程序最初的起点，因而自然地也就可能享有陪审团审理的权利。而且，正如上文所述，选择一些简单、小额、法律价值不大的案件适用与其案件类型相应的程序并非真正构成对陪审团审理的抑制，而是实现了正义的根本要求。

争议五：其他

当然，也有不少的反对者指出法院附设替代性纠纷解决机制很多情况下可能增加了案件的成本，即如果案件在 ADR 程序中没有取得进展而又展开后续的诉讼程序的话，会增加不必要的诉讼成本，因而某种程度上 ADR 程序可能不是减轻法院的案件负担而是增加了负担。另外，法院附设替代性纠纷解决机制存在着内在强制的可能，而且法官之前收集的关于解决纠纷的商议的信息可能会不恰当地影响法官后来实质上的决定，而在诉讼程序中，法官和陪审团，只能根据当事人在法庭上提出的证据来判定案件。[①] 诉讼程序很好地实现了法官中立地实施正义的目的，而在法院附设替代性纠纷解决程序中，法官的中立性可能会受到质疑。当然对法院附设替代性纠纷解决机制的不同意见还远远不止这些。

针对上述反对意见，支持者们更多是从法院附设替代性纠纷解决机制的价值、功能等多角度进行论证，法院附设替代性纠纷解决机制实际上并没有增加诉讼成本，即使在重新启动了诉讼程序的前提下也是如此。而且，大量的案件实际上并未真正进入审理程序，而在审前程序中得到解决。法院附设替代性纠纷解决机制中程序的中立者常常不是审理法官，因而可以很好地避免审前预断的问题，即使是审理法官的情况下，也有很好的补救措施，

---

① Steven C. Bennett , Court - Ordered ADR：Promises and Pitfalls, Pennsylvania Bar Association, January, 2000.

即在法院附设替代性纠纷解决程序中采用的证据及意见不能在后续的审理程序中出示，法官也不能援引。还有，法院附设替代性纠纷解决机制能更好地维系彼此的关系，发掘彼此潜在的利益，当事人能真正参与到程序中，并实现双赢的格局，全面地解决纠纷与冲突等。

### （二）法院附设替代性纠纷解决机制的理性构建

　　法院在正义的构成中主要负责程序公正——包括确保法律面前人人平等、人人都受到司法系统同样的尊重，以及其他的方面。因此，所有支持 ADR 项目的法院的主要关注点必须在于以法院名义提供的服务中的程序的公正。① 这就为法院附设替代性纠纷解决机制提出了公平、公正等内在要求，为程序确定质量控制和标准也就相应提上了日程。而且，任何程序均可能存在着缺陷和有待完善之处，设计精良的诉讼程序尚不能避免，法院附设替代性纠纷解决机制当然也可能存在着这些问题，前述的争议与讨论已暗含了程序可能存在的潜在缺陷。因此，在程序的制度构建、程序设计与运作过程中，如何尽量避免程序缺陷而尽可能地发挥程序的优势，确保程序正义等相关要求，也就是法院附设替代性纠纷解决程序构建所面临的根本问题。

#### 1. 程序正当性构建的要求

　　温斯顿根据富勒的论述，把五种主要的法律程序的特征进行了概括，而这五种法律程序是审判、调解、契约、立法及管理指令。② 季卫东先生对现代程序的特征作了如下描述：对于恣意的

---

　　① 　［美］斯蒂芬·B. 戈尔德堡、弗兰克 E. A. 桑德、南茜·H. 罗杰斯、塞拉·伦道夫·科尔著，蔡彦敏、曾宇、刘晶晶译：《纠纷解决——谈判、调解和其他机制》，中国政法大学出版社 2005 年版，第 422 页。

　　② 　参见季卫东：《法律程序的意义——对中国法制建设的另一种思考》，中国法制出版社 2004 年版，第 43—44 页。

限制、理性选择的保证、"作茧自缚"的效应和反思性整合。[①] 法院附设替代性纠纷解决机制作为一种现代程序,虽与诉讼程序具有不同的理念与运作机理,但仍应在建构时充分考虑现代程序的特征而使其符合正当性的要求,以程序为旨向,注重程序的运作、交涉过程,突出纠纷解决的程序构造,避免程序本身的不足和缺陷。

(1) 确保当事人出席

法院附设替代性纠纷解决程序因其合意性特征较诉讼程序更注重亲历性,对当事人的信赖和依赖也就更为明显。纠纷在当事人间发生,当事人为寻求尽快解决争议、平复错乱的关系出席整个的纠纷解决程序是理所当然的。尤其对于对方当事人来说,在强制性 ADR 程序中因程序的启动并非当事人间的合意,而有可能存在着强制,当事人对程序有可能在心理上存在着抵触,在此种情况下为获取纠纷的妥当解决,创造条件促使对方当事人出席就显得尤为重要。因为纠纷的解决依赖当事人相互达成一致,合作程序的成功要求双方,包括所有相关的当事人,出席和有意义地参与。[②] 法院附设替代性纠纷解决程序的启动、展开及最终合意的达成均要求当事人的出席,出席是程序展开的内在要求,也是当事人成功解决纠纷的潜在因素,很难想象一个需要当事人合意达成解决方案的案件在当事人缺席的情况下能达成圆满的解决方案。作为法院附设替代性纠纷解决机制而言,就应为当事人出席作出相应的程序设置,如设立告知程序,使当事人明了纠纷解决的时间、地点、出席的作用和意义及应做的准备工作、不出席的相应法律后果等。实践中,不同种类的法院附设替代性纠纷解决程序当事人不出席的法律后果也不尽相同,一般情况下,调解

---

① 参见季卫东:《法律程序的意义——对中国法制建设的另一种思考》,中国法制出版社 2004 年版,第 22—34 页。

② Mandatory Mediation and Summary Jury Trial: Guidelines for Ensuring Fair and Effective Processes, Harvard Law Review, March, 1990.

程序对当事人的出席依赖最强，当事人如不出席的话也就无法达成合意，更谈不上纠纷的解决；仲裁程序因其具有一定的裁断性特征，某些情况下也允许中立人在当事人缺席的情况下作出裁断。在诉讼程序中，因其程序的决定性特征使法院可以依职权以传唤方式要求对方当事人出席，如果其拒绝出席的话法院依旧可以继续进行程序以至最终以决定的形式作出缺席判决，由当事人本人承担不出席的相应法律后果，因此当事人的出席并非是程序展开的必要条件。

（2）保证当事人有意义的参与，突出平等沟通与交涉

程序仅仅要求当事人出席是不够的，还要求当事人要有意义的参与，即当事人能真正地实质性地参与到程序中，切实实现自我控制与自我管理，体现私法自治的真正精神，除去程序被滥用等其他可能。为达成纠纷的解决，ADR 程序成功之处即在于其常常总是要依赖争议者诚信（good - faith）地参与。[①] 该程序不以律师代理为法定必要条件，当事人本人可直接参与案件整个解决过程，当然也不排除律师代理的适用，而不似诉讼程序中必须由律师直接代理，因此诉讼程序中当事人本人对程序的隔膜和疏离也就不言而喻，虽有着当事人主义、辩论主义等当事人自治的外衣，但实质上是由代理律师掌控着整个程序，法院附设替代性纠纷解决机制则恰好避免了这一问题的出现。

当事人有意义的参与主要表现在以下几个方面：首先，程序要当事人出席纠纷解决的现场并以口头交流即直接言辞的方式现场感知纠纷，以对纠纷的交流与交涉有准确的理解与把握，并更易直观了解对方当事人对纠纷的观点与情绪，同时也可以与中立者进行充分地交流与合作，这与诉讼程序中直接言辞原则、辩论原则等的要求其实没有大的区别。当然，在法院附设替代性纠纷

---

① Seeing Jack M. Sabatino：ADR as "Litigation Lite"：Procedural and Evidentiary Norms Embedded within Alternative Dispute Resolution, Emory Law Journal, Fall, 1998.

解决程序中，也不排除在有些情况下在特定的范围内使用书面方式，一切均以快捷、妥当解决纠纷为基准。其次，程序要为当事人创造自由交流、平等沟通交涉的平台，赋予当事人自由陈述及被倾听的机会，使当事人在程序中能实现平等对话，创造性地开展彼此的沟通，相互合作，全面解决既发及潜在的纠纷。正如调解的核心价值来源于它承诺的替代：声音和选择，在法院背景下，调解提供给当事人，也给予律师和其他的代理人等所有参与者没有限制和规则地自由说话的声音，并有机会听取其他方的选择，得到新的信息和洞见，有关于纠纷的更有意义的谈话。调解提供给参与者机会以发现进展中的冲突的潜在的或重要的方面，它暗含的是什么，它在独特的情况下将被怎样改变或解决。① 而且，在相互沟通的过程中，要实施有序的安排，即要先明确在程序的具体局面中哪方当事人承担何种责任和负担来进行相互沟通（如果就这点需要进行意见调整的话，要设置针对进行开展协议的场所），在各自的作用中冷静地开展交流。② 第三，程序要为当事人有意义的参与设置系列预防消极保障措施。例如当事人可能利用此程序只是想获得后续审判的关键信息，而不是真正想通过此程序来解决纠纷，为避免此情形的出现，应规定当事人对于法院附设替代性纠纷解决程序中出示的证据及相关的信息享有保密特权，不得在法庭审理等程序中引用。另外，如果当事人缺乏有意义地参与此程序（如只是将其作为拖延时间的诉讼技巧手段）或完全地拒绝出席或参与，则可能被剥夺获得重新审判的权利或支付原告此前 ADR 程序的支出费用或受到相当的经济制裁，如美国的法院附设仲裁中已开始作如此的尝试，宾夕法尼亚东部地

① Louise Phipps Senft and Cynthia A. Savage: ADR in the Courts: Progress, Problems, and Possibilities, Penn State Law Review, Summer, 2003.

② 参见井上治典：《诉讼与诉讼外纠纷解决制度的关系——超越严格区别论》，载［日］小岛武司、伊藤真编，丁婕译，向宇校：《诉讼外纠纷解决法》，中国政法大学出版社 2005 年版，第 216 页。

方法院规定如果当事人不以善意（good faith）参加仲裁的，法官可以驳回当事人要求重新审判的申请，[①] 以此督促当事人审慎利用此程序。而且，在当事人间资源掌控悬殊、交涉权力极度不平等或失衡时，不能想当然地假设弱者的行为是自由选择的结果，应充分考虑到此情形下可能出现的内在强制与不平等，中立者应直接将纠纷送至审判程序，以使当事人获取更强的程序保障，或者要求当事人以律师来代理，实现彼此权力关系的平衡。[②] 比如在美国的夏威夷，法院的标准指示调解人应当"促进公平"并鼓励当事人之间进行全面的信息披露（1986 年夏威夷最高法院针对公众调解人和私人调解人的标准）；爱德华州最高法院的规则要求家事调解人确保调解是一场均衡和谐的对话（1986 年爱德华州最高法院规则针对家事纠纷中律师调解人的执业颁布的标准）；俄克拉荷马州法院的规则要求调解人在一方当事人有律师代理而另一方没有时遵循特殊的程序（俄克拉荷马州最高法院针对纠纷解决法 Rule 12 的规则和程序）。[③]

（3）注重纠纷的纵向横向多维发展

程序的设计要使当事人不囿于过去已发生的纠纷及纠纷涉及的利害关系人，而是要为当事人创造轻松愉快的讨论氛围，并预留广泛的审慎思考的空间，使当事人能全盘考虑纠纷所涉及的所有关系及纠纷本身的过去、现在及未来发展，充分注意当事人间的未来发展及与纠纷可能有关的案外第三人，综合平衡各方的相互关系及利益。

从纵向来看，法院附设替代性纠纷解决机制不仅要关心已发

---

① See Kim Dayton, The Myth of Alternative Dispute Resolution in Federal Court, Iowa Law Review, 1991. 转引自范愉主编：《ADR 原理与实务》，厦门大学出版社 2002 年版，第 475 页。

② Mandatory Mediation and Summary Jury Trial: Guidelines for Ensuring Fair and Effective Processes, Harvard Law Review, March, 1990.

③ 参见 [美] 斯蒂芬·B. 戈尔德堡、弗兰克 E.A. 桑德、南茜·H. 罗杰斯、塞拉·伦道夫·科尔著，蔡彦敏、曾宇、刘晶晶译：《纠纷解决——谈判、调解和其他机制》，中国政法大学出版社 2005 年版，第 172—173 页。

生的纠纷，而且要创造和谐友好平等交流对话的气氛使当事人能充分考虑双方关系的未来发展，尤其对于有着长久的合作关系并需持续维持发展关系的当事人或对于本是亲属、邻里、朋友等关系的当事人来说就更是如此。对当事人来说最重要的是从现在到以后要创造出何种关系，为了将来以必要程度为限把过去作为问题，这种状态才是纠纷调整的本意。① 当事人综合权衡彼此过去及未来的利益关系，除了现时的纠纷之外将众多的因素加以考量，力求全面、妥当地解决纠纷，并为未来的合作奠定良好基础。而诉讼程序是将纠纷作切断处理的，只考虑已发生的纠纷并以解决此纠纷为要务，并不顾及纠纷的过去及未来，亦不将当事人间的关系作为考虑的对象，当事人间的关系也极有可能因程序的平等对抗而由此产生断裂，不复有维系友好关系的可能。

　　从纠纷的横向来看，纠纷虽只关涉当事人，是当事人之间利益关系的妥协与调整，但人并不是孤立的存在而是具有社会属性的，是生活于社会之中并是其间的一个点，并由此与其他人发生着各种各样的联系与关系，而发生于当事人间的纠纷极有可能潜在的牵涉着其他的案外第三人，与他人存在着潜在的利益关系。法院附设替代性纠纷解决程序应提供给当事人一个充足平和的空间使其考虑案件所牵涉的所有关系，包括当事人及潜在的案外人。当事人之间的纠纷是存在于与各种相关人之间的网络中的，不能只在程序中考虑纠纷调整，还要扩大到社会层面上考虑其理想方式，希望能在时刻想着与以各种形式和这个纠纷有关的第三人的关系来制作程序。② 法院调解的一个长处是双方可以调整他们之间的全部的法律关系，甚至可以超过诉讼请求的范围，甚至

---

① 〔日〕井上治典：《诉讼与诉讼外纠纷解决制度的关系——超越严格区别论》，载〔日〕小岛武司、伊藤真编，丁婕译，向宇校：《诉讼外纠纷解决法》，中国政法大学出版社 2005 年版，第 218 页。
② 同上。

不属于诉讼范围的第三方也可以参与。① 于此可实现纠纷的全面、彻底解决，并避免了潜在冲突的发生。与之相对应的是，诉讼程序只关注关涉当事人之间的简单的利益调整，而对当事人可能所处的错综复杂的社会关系则不纳入考虑的范围。在现代诉讼程序中，法律家的任务是处理主观性纠纷——与社会背景相对分割开来认知的、个别的、表层的纠纷，而对客观性纠纷一般不加考虑。审判着眼于行为，而不是行为背后的价值体系。法院受处分权主义的消极受理原则的束缚，不能依据职权去发掘潜在案件而给予积极的救济。②

（4）确立相应的程序保障

为确保程序公正、正义等价值和理念得到完整实现，确立相应的程序保障也应是程序设计时所要考虑的重点。如当事人在特定情况下可以获得相应的法律专家的支援，以弥补自身资源与知识方面的缺陷和不足；确立适用法院附设替代性纠纷解决机制案件的程序性标准，将特定种类的案件排除在程序的适用范围之外，如消费者欺诈案件、家庭暴力案件、公共危险行为及涉及重大的守法问题、具有重要宪法意义的问题等，这些案件或者是当事人间无法进行有效地谈判或者是其他原因的存在可能要求进行诉讼；对调解协议的司法审查，如果调解协议存在着欺诈、胁迫等因素，程序自身则无法进行有效的救济，法院则可以依职权以司法程序驳回，使其丧失法律效力。

2. 中立者的选择与规制

当然，为确保法院附设替代性纠纷解决机制的合理与公正，避免人们对此程序阻却了当事人通过法院阐释法律以及剥夺人们

---

① 宋冰编：《读本：美国与德国的司法制度及司法程序》，中国政法大学出版社1998年版，第300页。

② 季卫东：《法律程序的意义——对中国法制建设的另一种思考》，中国法制出版社2004年版，第112页。

对陪审团审理等宪法权利等的担心，除了上述程序正当性要求之外，程序中立者的选择与规制同样不可或缺。而且，法院一直作为社会公众心中公平、正义的化身，而作为由法院系统提供的ADR 项目，为增强公众对法院系统的信任和尊重，就更需要由中立者提供的 ADR 服务是高质量的服务，因此对中立者的选任、中立者责任的规制及相应的程序保障就显得尤为重要。

（1）中立者的选任

为避免当事人因不合格中立者的行为受到伤害，减少大众对于调解、仲裁等程序是次等正义等的担心，通过规定中立者的准入条件来确保法院附设替代性纠纷解决机制的质量是立法者及法院试图努力的方向。中立者作为程序的主持者，与程序的公正息息相关，为确保程序目标的实现，同时基于不同种类纠纷的需求，中立者所接受的教育、培训及日常生活经验等多种因素均应成为考量中立者的重要指标，而且中立者的素质要求更为重要，他们的正直、奉献、敏锐、实体法知识、程序技巧、精力以及他们的表现将会决定项目所享有的尊敬和信任的程度。[①] 许多国家制定了诸多正式的法律及法规对中立者的选任进行规范，美国至少在 38 个州以法规的形式和在其他州以法庭规则的形式对公共支持或转交的项目中的调解人强行规定了资格要求，日本的《民事调停委员及家事调停委员规则》第 1 条规定，民事调停委员由最高法院在有律师执业资格者（法律界有资格者调停委员）、具有对民事纠纷解决有用的专门知识者（专家调停委员）、或者在社会生活上有丰富知识和经验者（一般调停委员）而且人品和见识都很高、年龄在 40—70 岁之间者（有例外）中任命。

纠纷的多元、多样化发展使中立者所具备的解决纠纷的知识

---

① ［美］斯蒂芬·B. 戈尔德堡、弗兰克 E.A. 桑德、南茜·H. 罗杰斯、塞拉·伦道夫·科尔著，蔡彦敏、曾宇、刘晶晶译：《纠纷解决——谈判、调解和其他机制》，中国政法大学出版社2005 年版，第 422 页。

与技巧也呈多样化发展，中立者的选任标准也应由多个相关部门联合制定，以满足多元的需求。许多国家规定了针对中立者最低的强制性标准，比如在美国，最常见的模式是由各州对在相关专业——如法律、社会工作或咨询服务等——获得的学位提出要求，具体的学位要求各有不同。[1] 某些州还将中立者所接受的一定时限的经法院批准的纠纷解决技巧的培训和评估等要求在内，当然也有其他方面的非证书式的更重要更具实际意义的要求，比如中立者的中立性、对法律实务的理解和把握、倾听和理解的能力及撰写评估意见的能力等，总之美国各州对中立者的资格要求不尽相同。同时在很多情况下应赋予当事人对程序及中立者等的选择权，以免对当事人产生强制，保护其自由选择权及相应的权利。

在美国的法院附设替代性纠纷解决项目中根据中立者是否是法院的雇员、中立者的费用支出方式等标准划分了多种中立者产生的模式供法院选择和提供，分别是全日制内部中立人，即利用法院公共资金聘请调解人，调解人是作为法院的全日制雇员存在；法院与提供中立人的非营利性组织签约，由法院和非营利性组织签约而当事人无需为中立人提供的服务付费或仅付象征性的费用，或者法院和非营利性组织只是牵线而由当事人对中立者的服务付费；法院直接给提供中立人服务的个人或公司付酬，即由法院而不是当事人来支付中立者的费用；法院组织个人提供无偿中立人服务，因中立者的服务具有无偿的义务服务的性质，当事人无需支付中立者费用或支付很少的费用；法院将当事人转介至按照市场价格收费的私人中立人，中立人与法院之间不存在合同关系，当事人支付中立者的费用。[2] 不同的中立者模式可能侧重

---

① ［美］斯蒂芬·B.戈尔德堡、弗兰克 E. A. 桑德、南茜·H. 罗杰斯、塞拉·伦道夫·科尔著，蔡彦敏、曾宇、刘晶晶译：《纠纷解决——谈判、调解和其他机制》，中国政法大学出版社 2005 年版，第 178 页。

② 同上书，第 423—424 页。

点有所不同，究竟哪种模式最能保证中立者提供高质量的服务仍不甚清楚，但相比较起来，一般认为职业中立者模式最有可能提供可靠的质量服务。在此模式下，最有可能展示法院对 ADR 项目的重视，最不会让人感到 ADR 程序是次等程序以及通过 ADR 程序处理其案件的当事人是次等的当事人，最有可能表示法院自身定位为服务型机构，同时也最有可能激发对法院的感激以及一种和我们的社会紧密联系的感觉。① 当然，职业中立者模式可能存在着当事人将中立者等同于法院的角色混同风险，但其工作的开展是在法院的监督之下，最有可能符合法院制定的相应的程序规则，从而程序的质量有所保障。

（2）中立者的责任

中立者的责任应包括职业道德规范、中立者的民事责任甚或是造成严重后果所应承担的刑事责任。中立者是否需对程序运作过程负责依然是一个讨论热烈的问题，美国萨斯金（Larry Susskind）（1981）在演说中认为，处理环境案件的调解人有责任确保当事人的与谈判过程没有直接联系却与结果休戚相关的利益得到了充分的展现和保护；所达成的协议尽可能是公平而稳定的；按照公众和已经树立的有建设性先例的意图对当事人达成的协议进行解释。否则，调解将成为强势一方利用弱势一方或者双方当事人互相利用对方的机制。② 美国的许多州已规定了中立者的义务及违反相应义务的法律后果和需承担的责任。但也有不同意见认为，作为由法院提供的 ADR 服务，中立者作为法院雇员应享有与法官同样的司法豁免权，是司法豁免权的一种延伸，中立者应免于承担责任。

---

① ［美］斯蒂芬·B. 戈尔德堡、弗兰克 E. A. 桑德、南茜·H. 罗杰斯、塞拉·伦道夫·科尔著，蔡彦敏、曾宇、刘晶晶译：《纠纷解决——谈判、调解和其他机制》，中国政法大学出版社 2005 年版，第 424 页。

② 同上书，第 182—183 页。

# 第三章
## 法院附设替代性纠纷解决机制的域外考察

## 一 美国

美国的 ADR 运动肇始于 20 世纪 30 年代劳动争议的解决，之后经历了 60 年代的社区自治性纠纷解决运动、70 年代末开始的法院案件管理运动、企业间协作性纠纷解决运动及 90 年代的评价性 ADR 程序等，美国的诉讼外纠纷解决机制不断发展和创新。法院附设调解（court – sponsored mediation）、法院附设仲裁（court – sponsored arbitration）、早期中立评价（early neutral evaluation）、简易陪审团审理（summary jury trial）等多种形式的法院附设替代性纠纷解决机制，因其兼具司法与 ADR 的特性而在众多 ADR 方法中备受瞩目，占据着美国 ADR 形式的主流。

### （一）美国法院附设替代性纠纷解决机制的背景与发展历程

1. 美国法院附设替代性纠纷解决机制生成的背景

（1）美国民事程序的固有缺陷

基于个人主义、平等主义、竞争主义等根深蒂固的哲学观念，在民事诉讼领域，美国实行严格的对抗程序及证据开示程序。诚然，实行对抗程序一方面践行了自由主义的政治哲学原理，即代表国家权力的法院实行不干预主义，作为消极的仲裁者，任由当事人控制整个程序的展开及运作；同时另一方面也真正贯彻了当事人控制及程序公平的理念，同时一种争斗的氛围也在民事诉讼领域悄然形成，而这恰能很好地解决纠纷并能消除彼此各持一端的分歧。著名的律师和多产的学者杰姆斯·马歇尔曾说："对抗制诉讼程序为当事人发泄和表述各自的愤懑和敌意提供了一个合法化的渠道，并由此实现它的社会性目的。它起到了社会稳定器的作用。"① 同理，作为美国民事诉讼基石的陪审团审理制度则体现了民主、权力制衡、教育及维护司法独立和司法权威等多方面的价值。

　　然而，瑕不掩瑜，美国民事程序的光芒背后也不可避免地存在着缺陷。正是因有着完整的对抗程序及广泛的证据开示程序和完善的陪审制度，从而使法院判决的可预测性相对不够确定，整个诉讼程序周期延长，运作成本居高不下，时间和金钱的大量耗费当然也在所难免。在英国古谚"迟来的正义即非正义"、权利就要即时实现等观念的引领下，鉴于成本的高昂与诉讼的迟延，同时基于经济的考量及效率的分析，当事人为追求纠纷的快速解决，尽快平复社会关系而往往舍诉讼而求他途，法院附设替代性纠纷解决机制因其恰巧弥补了诉讼的不足而被广为运用也就不足为奇。

　　（2）诉讼文化的反思

　　当一群清教徒为远离迫害乘坐"五月花"号远渡重洋登上北美大陆，并在空白的新大陆上赤手空拳建立自己的国家时，就注定了他们这种自下而上的构建政治社会的方式令其有着极强的权利观念和自我保护意识，除确有必要必须让渡出去的权利外，其余的权利均被视为天赋人权自己保留了下来。当把权利上升到法律的高度时，"美国人爱法律如爱父母"② 的禀性就使美国人对法律有着极强的依赖性，法律也因此关系着每个人的切身利益及权

---

① 汤维建：《美国民事司法制度与民事诉讼程序》，中国法制出版社 2001 年版，第 233 页。
② ［法］托克维尔著，董果良译：《论美国的民主》，商务印书馆 1997 年版，第 274 页。

利,法律至上已融入每个美国人的灵魂。

法律与诉讼有着密不可分的联系,由于,美国的诉讼率极高,诉讼现象成为社会的普遍现象。在美国,几乎所有的纠纷最终都可以用司法的方式解决,法院成为解决纠纷的最后一道屏障。接近司法、诉诸法院[①]已俨然成为一项重要的权利不容被剥夺。"美国社会似乎是堕入一张法律之网中——比其他国家或这个国家的过去都更是这样。"[②] 美国的诉讼文化造就了诉讼率高涨,而且有愈演愈烈之势。诉讼爆炸已成为一种社会现象。就案件增长率而言,从 1940 年至 1960 年,美国法院的案件增长率在 77% 以下,而从 1960 年至 1975 年的 15 年间,案件增长率上升至 106%,而且这种增长率还处在持续上升之中。[③] 面对着如此爆炸的诉讼社会,传统的法院在物质条件和哲学理念上已远远不能应对目前的挑战,以满足高涨的诉讼需求。法官数量太少,诉讼程序的形式主义及呆板僵硬无法迅速、低成本、高效率地满足社会的需求,法官的文化观念及社会学背景也与社会需要存在着背离。在此情形下,社会和法院必须有所行动以应对种种的不适应。发展诉讼外的纠纷解决机制,为当事人提供多样的选择,缓解法院的压力;同时法院除对原有的诉讼程序进行改革外,还将诉讼外的纠纷解决机制移至法院,以低成本、高速、高效且更具弹性也更令社会满意的方式解决纠纷,不啻为一种较理想的选择。

(3) 法院功能转型

美国民事诉讼法自 19 世纪中叶以来,就一直处于改革之中。

---

① 1971 年于意大利佛罗伦萨举行的国际法律科学协会 (Unesco) 大会专门探讨了接近司法/实现正义 (access to justice) 的问题,会议将有 17 个国家的国别报告及大会发言记录汇编成册,形成《民事诉讼中当事人的基本保障》一书。

② [美] L. M. 弗里德曼,贺卫方译:《美国法的未来》,载《法律译丛》1991 年第 6 期。

③ 美国《时代》周刊 1981 年 8 月 31 日号,第 19 页。转引自汤维建:《美国民事司法制度与民事诉讼程序》,中国法制出版社 2001 年版,第 13 页。

而到了 20 世纪，随着对抗制的弊端日益显现，诉讼爆炸、迟延及费用高昂等缺陷已使司法改革的呼声变得日益迫切。许多著名、专门的委员会开始广泛调研、讨论并进而形成建议报告，以力求尽快改变现状，应对日趋严重的诉讼形势。而在具体的改革建议中讨论最多的是以下几种改革途径：第一，减少通过民事司法制度解决纠纷的需求；第二，改进司法上的案件管理制度，提高效率；第三，改变律师收费制度，使胜诉者费用转由败诉方负担。① 当然，改革的首选是减少诉讼需求，将大量的案件在诉讼外得到解决，力求扩大 ADR 的使用率。而作为法院来说，实现功能的转型已切实提上了日程。

实行积极的案件管理，一改过去消极被动的局面已是法院面对时势的必然选择。有学者指出，在美国，"在过去十年左右的时间里，民事司法改革是以加强对案件管理的司法管理为特征"②。而同时，美国国会为推动司法改革，于 1990 年制定了《民事司法改革法》，其核心内容就是实施案件管理。案件管理的基本原则就是实行差别化的案件管理、早期管理、发现管理及运用诉讼外纠纷解决方法。于是，法院对潮水般涌入的案件，必须进行区别对待，实行案件分流，同时鼓励当事人以法院附设替代性纠纷解决机制的形式来解决争议。

另外，对法院来讲，其基本的功能即是解决纠纷，"解决纠纷已成为法院的中心职能。"③ 这一点在近代社会已毋庸置疑。由法院对当事人在过去的特定时间和地点发生的纠纷在事后给予解决，对个别的权利侵害于事后予以救济，以平复社会关系。而随着社会的飞速发展，生活的多元和多样化以及新问题、新矛盾的

---

① 汤维建：《美国民事司法制度与民事诉讼程序》，中国法制出版社 2001 年版，第 292 页。
② ［美］史蒂文·苏本、玛格瑞特·伍著，蔡彦敏、徐卉译：《美国民事诉讼的真谛》，法律出版社 2002 年版，第 47 页。
③ ［美］迈尔文·艾隆·艾森伯格著，张曙光、张小平、张含光等译：《普通法的本质》，法律出版社 2004 年版，第 5 页。

层出不穷已使法院面临着诸多始料未及的情况。而由于立法机构生成法律规则的能力有限，已远不能适应日新月异的社会变迁，就要求法院行使法律授权范围内的自由裁量权，对立法上的不确定概念以及一般性条款甚至是空白规范进行解释，以形成具体妥当性的判决。[①] 而法官实际上已充当了法律规则的供给者的角色。纵使法官的政策制定者的角色自始存在，而在现代，随着现代型纠纷（如消费者保护纠纷、公害纠纷、交通事故纠纷、劳资纠纷、有关产品制造者责任或跨国贸易纠纷等）的出现，法官的创造规则功能及政策形成功能已显得愈发重要。法院的政策形成功能的发挥也就表明，法院已不仅仅限于针对具体的当事人在过去发生的纷争和争议的一次性解决，而开始超越各个具体事件，并着眼将来，针对一般的社会大众制定相应的规则和政策，影响其价值取向及价值观念。面对法院功能的转移，法院以有限的法律资源必须对纷繁复杂的各类案件进行分类，将主要精力及正式的法律程序运用于有助于政策形成的复杂案件，而将大量的一般性及简单案件尽量争取以低成本、高效率的方式解决，法院附设替代性纠纷解决机制的形式当然免不了成为法官们的首选。

（4）政治理念的变化

在 19 世纪，美国国家多奉行自由放任主义，国家的中心哲学即是消极无为，即奉行不干预政策，个人权利受到前所未有的保护，任何机构和他人都不得任意侵犯公民的生命、财产和安全。而进入 20 世纪以后，随着社会情势的变化，国家已由消极被动逐渐转为积极主动，广泛干预经济，管理资产，监控企业。可以说，20 世纪的国家已日益演变为一种社会化的国家。[②] 尤其

---

① 参见：张卫平等著《司法改革：分析与展开》，法律出版社 2003 年版，第 130 页。

② ［意］莫诺·卡佩莱蒂著，徐昕、王奕译，高鸿钧校：《比较法视野中的司法程序》，清华大学出版社 2005 年版，第 306 页。

在美国，社会的发展已使人们认识到社会利益的重要性，强调"社会利益是最重要的利益"，①而不再单纯强调个人权利的至高无上。狄骥的社会连带理论恰好阐释了这一社会现象，他指出，社会连带是一个永恒不变的客观事实：人们必须生活在社会中，必然具有社会连带关系。社会连带关系分为两种情况：一是同求的连带关系，即人们有共同需要，只能通过共同生活才能满足这一关系；二是分工的连带关系，即人们有不同的能力和需要，必须通过相互交换服务才能满足这种需要。②为了强调社会利益的重要性，法律也常常会迫使某些人负担某种义务，剥夺其某种权利。因此，在人与人相互依赖的社会中，"我们同时既是自私的个体，又是社会统一体的必要组成部分"③。由此，为完成国家社会化的使命，大量的经济和社会管理机构应运而生，以适应日益增长的社会需求。而面对社会国家的全新使命，传统的法院在物质条件和哲学理念上皆不能适应其新的挑战。诉讼外的纠纷解决机制为达到迅速妥善解决纠纷的目的，强调当事人之间的互让、协调与合作，彼此对抗及争斗的成分则显然要少得多。

同时，美国是一个实用主义的国家，其实用主义哲学理念，使得他们不会长久地为某些传统的或经典的普遍主义原理所困扰，当实践中的问题和需要与最初设定的目标和既有的原则理念发生冲突的时候，实践的努力往往总能冲破理念的束缚开拓出新的道路。④实用主义的考虑使美国对诉讼外纠纷解决方式的接受难度明显减小，法院附设替代性纠纷解决机制对传统的理念也并未发生根本的背离，更何况其本身更能呈现一种多元的正义观。

---

　① 张文显著：《二十世纪西方方法哲学思潮研究》，法律出版社 1996 年版，第 124 页。

　② 张文显著：《二十世纪西方方法哲学思潮研究》，法律出版社 1996 年版，第 119 页。

　③ ［美］麦克尼尔著，雷喜宁、潘勤译：《新社会契约论》，中国政法大学出版社 1994 年版，第 12 页。

　④ 范愉：《ADR 与法治的可持续发展——纠纷解决与 ADR 研究的方法与理念》，载 http://www.lawbase.com.cn/law_ learning /lawbase_ @720.htm。

### 2. 美国法院附设替代性纠纷解决机制的发展历程

美国法院附设替代性纠纷解决机制的首次出现是在 20 世纪 70 年代，即法院开始出现了调解和仲裁，简易陪审团审理和早期中立评价则是 80 年代改革的成果。1976 年，哈佛法学教授弗兰克·桑德（Frank Sander）首次提出"多门径法庭"（the multi-door courthouse），由此揭开了法院运用 ADR 程序的序幕。在随后的发展过程中，有两次重要的里程碑式的发展：1983 年，联邦民事诉讼规则修正案首次正式承认 ADR 的作用，允许使用诉讼外的方式解决纠纷；1988 年国会通过法案，明确授权十所联邦地区法院实施强制仲裁程序，另外十所实施自愿仲裁程序。

之后，1990 年通过《民事司法改革法》（*Civil Justice Reform Act of 1990*，CJRA）对法院附设替代性纠纷解决机制的发展给予了更深的推动力，要求所有的联邦地区法院在当地律师顾问组、学者及民众的帮助下制定特别计划以减少诉讼的高额耗费及迟延，并将 ADR 作为法案推荐的六项案件管理原则之一，这更进一步促进了 ADR 运动的发展。90 年代早中期一些联邦地区法院因试点 ADR 而程度不同的得到了适度的资金投入，实际上还有很多法院未采取任何行动。1998 年国会通过 ADR 法（the ADR Act of 1998），规定每一联邦地区法院都要设计并实施 ADR 计划，法院可以强制诉讼当事人考虑 ADR 的使用并为其提供至少一种 ADR 程序。每一个法院都要与法律界及当地律师进行磋商以决定它将提供哪种 ADR 程序和何类案件将免除适用 ADR 计划。①

上诉法院调解计划自第二巡回法院在 70 年代后期首次开始实施，随后第六巡回法院在 80 年代早期沿用。第九巡回法院的 ADR 计划是在 80 年代后期开始，一开始遭到了法官界及律师界

---

① Seeing Judge Dorothy Wright Nelson，ADR in the Federal Courts—One Judge's Perspective：Issues and Challenges Facing Judges，Lawyers，Court Administrators，and the Public. Ohio State Journal on Dispute Resolution，2001.

成员的反对，现在则得到了广泛的称赞。法院雇佣了 8 名调解员，其中有一个首席调解员，促进上诉案件的解决。他们是经验丰富（平均有 20 年的经验）的诉讼律师，经历了多种多样的法律实践，在谈判、调解及案件管理方面经历了广泛的训练和拥有丰富的经验。据最近的统计资料显示，2000 年共有 880 件调解案件，其中 745 件或约 85% 的案件得到解决。在其他巡回法院此计划不尽相同，不过大多数案件中调解员是由法院挑选并培训的私人律师担任，也有由某一领域的专家担任的。

1998 年 ADR 法案通过之后，第九巡回法院设立了 ADR 常设委员会，此委员会为任何希望在创设和实施 ADR 计划中得到帮助的地区法院提供它的服务。常设委员会成员要出席在地区法院召开的律师和法官会议，2000 年 8 月第九巡回法院法官司法会议中，要求法官及律师对 ADR 的一系列问题进行回应并按顺序作答。96% 的人认为如果没有当事人提出 ADR 的话，法官应在最初的案件会议中提出此问题。79% 的人认为法院有职责确定委托人是否被提供有意义的机会参与了关于是否使用 ADR 的讨论。79% 的人回应说，对法官来说，在一方当事人拒绝的情况下，命令当事人参与没有拘束力的 ADR 程序而不是司法解决会议，是适当的。最后，90% 的人反映，即使当事人最初拒绝或不情愿使用 ADR，他们也会看到案件通过 ADR 程序的帮助能得到解决。

截至 2003 年 6 月 30 日，美国已有 35 个州立纠纷解决事务所，大量的律师已经形成建议当事人选择替代性程序的习惯，许多州明确授权法官适用 ADR 程序解决纠纷，并对特定种类的案件实行强制仲裁。佛罗里达州（Florida）将法院附设替代性纠纷解决机制最大限度地实行了制度化，在 2001 年，约超过 113000 件案件由法院以 ADR 方式解决。同时，联邦地区法院被要求至少提供一种 ADR 程序，所有的联邦上诉法院均有入门 ADR 计划

(in – house ADR programs)。①

## (二) 美国法院附设替代性纠纷解决机制的种类及其运作

### 1. 法院附设调解

1974 年，美国的民事案件管理计划（Civil Appeals Management Plan，CAMP）规定在诉讼程序中引入法院附设调解，该项计划的首要目的是鼓励缩短烦琐的诉讼程序以求迅速解决该类案件。② 法院附设调解首先在小额案件中试行，很快于世纪之交时便因其低风险及非正式性而在州及联邦法院中广泛运用，结案率相当惊人。

作为 ADR 主要形式之一的调解，是当事人双方在中立第三方的协助下，在没有强力迫使解决争议的前提下，通过谈判相互协商以求得双方均满意的争议解决方案的一种非正式程序。③ 美国的法院附设调解根据案件性质的不同可分为强制性调解与自愿调解。一般而言，涉及婚姻家庭、邻里纠纷、小额或简单纠纷，以及其解决必须借助其他已经设立的 ADR 机构及专家的专门性纠纷，④ 法院可以将其设置为诉讼的前置程序。而对其他类型的案件，法院则可以提供调解提议而允许当事人在特定的时间内予以拒绝。尽管面临着批评的担心，但自愿调解的低利用率确也使强制性调解逐渐成为主流，并不断发展。

法院调解通常在证据开示程序即将结束时展开，由调解员主持调解工作。调解员一般情况下不由法官担任，而由非营利性团体的调解协会组织受过专门训练的律师担任，调解程序则根据法

① Seeing Louise Phipps Senft and Cynthia A. Savage , ADR in the Courts：Progress，Problems，and Possibilities, Penn State Law Review, Summer, 2003.

② Irving R. Kaufman, Reform for a System in Crisis：Alternative Dispute Resolution in the Federal Courts, Fordham Law Review, October, 1990.

③ Jacquelina M. Nolan – Haley, Court Mediation and the Search for Justice through Law, Washington University Law Quarterly, Spring, 1996.

④ 范愉主编：《ADR 原理与实务》，厦门大学出版社 2002 年版，第 467 页。

院制定的规则进行。调解员一般由三人构成，当事人双方从调解员名册中各选一名调解员并共同选定第三名中立调解员，共同组成调解委员会。在正式的调解期日到来之前，当事人双方要将己方的争点及与争点有关的主要证据提交调解委员会，并由调解委员会确定调解日期。到了调解期日，调解员首先要听取双方当事人的代表律师对案件的简短陈述及己方的主张，然后调解员可适当地进行询问，初步对案件进行评估。调解员将评估意见与双方律师进行私下的会谈、沟通，而后确定正式的调解方案。调解程序没有诉讼程序那样严格及规范的举证及质证程序，不实行严格的证据规则，同时证人也可不出庭，程序的运作过程较为宽松。

调解方案作出后，调解员会向当事人发出通知，并要求其在确定的期限内给予同意或反对的明确答复。如果当事人双方表示接受调解方案，则经法院审查批准，调解员即可作出正式的决定，该决定因而具有正式的法律效力。如果当事人拒绝，案件就可转入正式的法庭审理。拒绝接受调解方案的当事人，如果在判决中没有得到比调解结果更有利的判决时，将要承担拒绝调解以后对方当事人所支付的诉讼费用。①

与诉讼的强对抗性有可能造成双方的关系断裂相比，法院附设调解因其是双方在友好的基础上进行交流、协商而达致相互可接受的解决方案，因而有助于双方维系彼此关系的链条并促进日后合作持续稳健的发展；较之诉讼结果的一方赢而另一方必定输的僵硬性，以双方圆满的协商为基础并以双方同意为前提的调解则可能形成双赢、双方受益的局面，而且此程序还会使双方发现在诉讼程序中永远也不可能实现的创造性的争议解决方案。② 同时，调解亦增强了双方的自治，在整个程序中当事人发挥着越来

---

① 章武生：《司法 ADR 之研究》，载《法学评论》（双月刊）2003 年第 2 期。
② Mandatory Mediation and Summary Jury Trial: Guidelines for Ensuring Fair and Effective Process. Harvard Law Review, March, 1990.

越大的作用。调解还具有减少冲突、阻止不必要的诉讼等多种优势，并由此而使其成为美国诉讼外纠纷解决方式中运用最为广泛的一种，其作用不可低估。

### 2. 法院附设仲裁

法院附设仲裁与诉讼程序最为接近，所以也有学者称其为非正式的审判，或准司法程序（quasi‑adjudicatory）[1]，此程序由中立第三方主持，为当事人双方提供经删减缩短的事实发现程序，进而解决争议，形成无拘束力的裁决。美国不同的州及联邦法院的法院附设替代性纠纷解决机制不完全相同，但具有的共同特征是仲裁员大都由有经验的律师组成，仲裁听审通常需要几个月的时间。

1978 年，美国国会授权首次在三个联邦地区法院创设法院附设仲裁计划，此项计划要求当事人参加强制性的没有拘束力的法院附设仲裁作为接受审判的先决条件。此计划得到了强烈的支持，那时的律师格里芬·贝尔（Griffin Bell）认为，强制性的法院附设仲裁计划会"拓宽美国人接近司法程序的途径，并且……提供一种机制能够允许迅速、并以合理成本解决争议。"在 1985 年，国会资助 8 个追加的法院附设仲裁实验计划（pilot programs），在 1988 年，它授权强制性法院附设仲裁的继续实验并为 10 个自愿性的法院附设仲裁实验计划提供资金。[2]

仲裁的适用范围很广泛，在美国，起诉到法院的赔偿金钱的案件，根据地区的不同，金额在 50000—150000 美元之间的赔偿请求的案件（不包括联邦宪法诉求或合谋干预民权案件）在要求正式审判之前，必须提交法院附设仲裁程序。同时，对特定种类

---

① Judith Resnik, Many Doors? Closing Doors? Alternative Dispute Resolution and Adjudication, Ohio State Journal on Dispute Resolution, 1995.

② Seeing Lisa Bernstein, Understanding the Limits of Court‑Connected ADR: A Critique of Federal Court‑Annexed Arbitration Programs, University of Pennsylvania Law Review, June, 1993.

的不适合仲裁裁决的案件，当事人或审判法官会采取动议将案件免除仲裁，这些案件包括（1）案件复杂或者涉及新的法律问题；（2）案件涉及的法律问题重要性超越了事实问题；（3）其他的真正的原因。[①]

仲裁的程序规则基本上以联邦证据规则为旨向，但并未要求严格遵循。由三人组成的仲裁员小组听取当事人的证据及证人陈述，审理之后即刻作出裁决。不满裁定的当事人可以拒绝此裁决并在确定的时间内要求正式审判（通常是 30 天），如果在此期间内当事人未提出申请，期满后仲裁裁决就会如同法院判决一样发生效力。仲裁程序中出示的证据不得日后被法庭采纳。

通常质疑仲裁裁决并申请正式审判的一方当事人必须向法官助理交纳与仲裁成本相当的保证金，如果其经审判未得到更满意的判决或者法庭发现正式的审判是其基于不诚信的请求（in bad faith），保证金就会被没收。有些法院要求申请正式审判的当事人必须以一定的比例提高其地位，否则另一方可要求对其进行程度适中的制裁。如果要求正式审判的一方经判决得到的较仲裁裁决更少，对方的律师代理费及花费就会作为惩罚由其承担。

大量的研究表明，当事人、律师、仲裁员和法官大多支持仲裁。许多联邦法官支持法院附设替代性纠纷解决机制的适用范围再进一步扩大到其他法院。据资料显示，在加利福尼亚，仲裁案件所需时间是审判案件时间的一半。法院附设仲裁能快速解决纠纷已由上述证明。

法院附设仲裁能快速解决争议，减少当事人和法院时间及金钱上的耗费。能使律师更多地注意案件，当事人在高度注意的仲裁员面前提出所有的证据和争点，听审程序提供了一个理想的机会评价案件的优势及劣势，为当事人达成双方均可接受的和解协

---

① Seeing Lisa Bernstein, Understanding the Limits of Court - Connected ADR：A Critique of Federal Court - Annexed Arbitration Programs, University of Pennsylvania Law Review, June, 1993.

议奠定了和解的基础。

### 3. 简易陪审团审理

1980 年，俄亥俄州北部法院托马斯·D. 兰布罗斯（Thomas D. Lambros）法官首创简易陪审团审理程序，即在正式的审判程序开始之前，通过顾问式的陪审团预测正式陪审团可能做出的解决方案，为双方当事人提供可信赖并相互可接受的解决方案，促进尽早和解。

作为当事人用来预测正式陪审团裁决的程序，除非当事人双方承诺，否则此程序是没有约束力的。简易陪审团审理程序是在审前阶段的后期，当事人双方的和解谈判已陷入僵局，正式庭审即将启动时开始运作的。应该说此时证据开示程序已经完成，案件已完全作好进入审判程序的准备。简易陪审团审理程序通常由一名法官主持，陪审团则由六人组成，允许双方律师对陪审团人员提出数量有限的质疑。通常主持法官会告知六人陪审团其做出的裁决将促进和帮助当事人解决争议，以此明示正确裁决的重要性。

在简易陪审团审理程序中一般不需证人出席，因此在整个程序中也就没有直接询问或交叉询问（cross examination）。通常双方律师有一小时左右的时间进行开庭陈述和最后的总结陈词，在需要的时候允许提供证据，并应将证据簿分发给陪审团，双方律师力求以简洁的案件陈述使陪审团尽快掌握案件的梗概。在听取双方律师简短的陈述后，陪审团退席商议。如果陪审团成员间不能达成一致意见，将会给出特别的裁决，即匿名列出陪审员关于义务和赔偿金额的不同意见。这些特别的裁决尽管不如一致的判决具有确定性，但却有助于争议的最后解决。审理程序的最后阶段是由法官和双方律师对陪审团的裁决进行询问，透过陪审团的案件评论，当事人往往能更多地了解自身的优势及劣势，形成更为理性的认识。当事人在简要的听证会后常常会达成和解，如在指导性的判决做出后仍没有立即达成和解，则需要召开审前会议以商讨解决方案。如仍没有达成一致的意向，案件在简易陪审团审理程序后的 30—60 日内将进行正式审理。

简易陪审团审理的运作程序较灵活，有相当的柔韧性及延展性。通常一个案件需要几个星期的时间，特殊情况下亦可延长。对关键的证人要求出庭作证，同时也允许言词证据及音像证据的提出。简易陪审团审理程序适用范围也相当广泛，从简单的契约争议到复杂的反垄断和集团诉讼等侵权案件，都可适用此程序实现衡平的解决。据不完全资料显示，估计有 100 名联邦和州法官在超过 1000 个案件中运用了此项程序，并实现了预期目标，即帮助谈判陷入僵局的当事人在正式审判程序开始之前达成和解。兰布罗斯（Lambros）法官超过 6 年的实践显示，在 150 个分配至简易陪审团审理的案件中只有 5 个案件进入了正式的陪审团审理，如此高的和解率是相当惊人的。[①]

简易陪审团审理程序具有极强的案件预测功能，促使当事人双方对案件的结果有合理的预期。此外，与正式的法庭审理能达成争议的解决一样，简易陪审团审理在听证会之前和进行中都能促使当事人双方达成和解，使争议尽早解决，而且能满足双方"一天在庭"的心理预期，形成双方更满意的最终解决方案。简易陪审团审理程序对当事人双方经济上（时间）的节约是显而易见的，复杂案件的开庭审理需要投入大量的时间、金钱及精力，而简易陪审团审理通过简短的程序能快速地解决争议，节省当事人的资源，同时对法院有限的资源来说也不啻为一种节约。

### 4. 早期中立评价

为使当事人在诉讼早期形成案件的积极解决，加利福尼亚州北部法院率先进行改革，采用了早期中立评价程序。与其他法院

---

① See Irving R. Kaufman, Reform for a System in Crisis: Alternative Dispute Resolution in the Federal Courts, Fordham Law Review, October, 1990.

附设替代性纠纷解决机制是在广泛的证据开示程序完成后启动不同的是,早期中立评价程序优先进行,即在主要的证据开示程序之前就进行评价程序。此程序由一位在纠纷解决领域有专长并经验丰富的中立的律师主持。在评价会议召开前,双方律师要准备简要的案件争点及证据的相关书面材料,在正式的评价会议召开时,要求双方当事人要随律师出席,由双方首先简要陈述己方观点并进行辩论,然后评价者根据双方证据的证明力及观点的合理性等进行评价,并提供一个对案件无约束力的评价。在评价做出之后,如果评价人发现双方有寻求和解的意向,他则会通过调解或与双方逐一进行会谈以促进下一步的谈判。如果早期和解没有达成,评价者则会提出证据开示程序的时间表,据此,双方要提出证据,整理争点,进入下一步诉讼程序。然而评价者没有权力作出有约束力的命令。①

通过迫使双方当事人尽早准备早期陈述,早期中立评价程序鼓励双方进行早期的基础准备工作,从而了解关于案件事实及法律问题的相关信息,并可获得关于案件可能的结果的现实评价。早期中立评价程序促使当事人通过较少的花费快速获得关于案件争点的关键信息,节约了诉讼成本,尽早达成和解;该程序通过有威望的中立评价人的评价意见,降低双方当事人的不切实际的心理预期,消除对争议解决的过高期盼;该程序还在诉讼的早期阶段为双方当事人提供了一个交流机会,使双方的争点尽早清晰,进而增加了争议尽早解决的机会,并为下一步可能的证据开示程序奠定了基础。

## (三) 争议

法院附设替代性纠纷解决机制作为一种诉讼外的纠纷解决方

---

① See Irving R. Kaufman, Reform for a System in Crisis: Alternative Dispute Resolution in the Federal Courts, Fordham Law Review, October, 1990.

式，自在美国出现之日起就伴随着争议，赞成者有之，反对者亦有之。不同阵营的争论远未停止，并有一直持续下去的趋势，而法院附设替代性纠纷解决机制也就在这种此起彼伏的争论声中不断发展。赞成者多是从目前诉讼的弊端及缺陷的角度出发，认为此种纠纷解决方式恰好弥补了诉讼的不足，并作为一种附属于诉讼的纠纷解决方式应该大力发展；而反对者多从传统正当性原理等出发，提出诸如公平、正义等一系列问题。

### 1. 反对意见

在美国学界，确有不同意法院附设替代性纠纷解决机制所声称的价值的。1993 年，罗拉·纳德（Laura Nader）教授在施瓦茨演讲（Schwartz lecture）中将 ADR 运动描述为社会试图取缔或隐藏不友好的冲突的副产品；1994 年朱迪恩·瑞思尼克（Judith Resnik）教授在施瓦茨演讲（Schwartz lecture）中指出，ADR 运动已导致了法院程序的遗憾地结束，至少是为提出重新的诉求和进入纠纷解决的对抗程序带来了障碍。这些在此领域杰出的学者提出的反对意见不容忽视。

这些反对意见主要集中于三个基本的问题：第一，此程序不会发生作用，其既不能减少费用也没有减少法院积案。一些案件可能因 ADR 程序而终止，而与此同时，另外一些案件就会即时出现，一些因延迟而没有解决的案件也会进入到审判的行列，由是，不论发生什么，法院审判的数量不会减少。第二，此程序的合宪性问题。基于平等保护和正当程序的宪法保证，接近法院是宪法赋予民众的一项基本权利，而法院附设替代性纠纷解决机制则会在某种程度上限制了接近法院的权利；同样，陪审团审判的权利亦是作为一项基础权利而存在，而法院附设替代性纠纷解决机制则有剥夺此权利之嫌疑。第三，通过此程序产生的结果被指责为缺乏公正，即产生低品质的正义。正义是司法体系追求的最高价值，与司法程序运用法律规则解决纠纷相反，此程序常常是通过谈判解决争议，而这就极易可能产生强势一方给弱势一方压力，从而产生不公正的结果。同时，实力雄厚的一方资源丰富，拥有极强的讨价还价的能力，这也会常常迫使弱者尽快接受其提出的解决方案。而通过上述程序产生的结果的不公正性是显而易见的。

### 2. 支持意见

支持者则多从对对抗制度的持续的批评的角度阐发观点。首席法官布格尔（Burger）在1984年美国仲裁协会年中会议上演讲时说，依赖对抗程序作为解决冲突的首要方式是一个错误，必须调整。对一些纠纷来说，审判是唯一的方式，但对许多争议来说，对抗的审判一定会及时走上古代的战争和血的审判。我们的制度花费太大，太痛苦，是具有破坏性的，对一个真正的文明人来说是效率低、无能的。

第二巡回上诉法院的前法官马文·弗兰克尔（Marvin Frankel），离开法院后在他的书《游击正义》中对美国对抗制度进行了严厉的控诉。他宣称对抗制度在事实发现中发挥着太小的作用并且没有其他的好处，只有一个最大的好处就是胜利。

杰罗德·S. 奥尔巴赫（Jerold S. Auerbach）教授，在他的书《没有法律的正义》中解释了对抗制度的其他的缺点，他描述了人类本性的急剧冷却的图景，它着重强调了不友善，没有信任，自私超过了宽宏大量，真理被掩饰遮挡。一旦对抗程序发生作用时，它就支持了竞争的攻击而排除了互惠和相互理解。

时任美国司法部副部长的第九巡回法院法官雷·费希尔（Ray Fisher）于1999在纽约公共资源中心发表讲话，他说：通过律师解决争议，使当事人投入到发现程序和动议程序的出奇战术中，既不划算也没有实质性的利益。委托人如想保留自己控制纠纷的权利，但一旦进入法院你就不能控制事件的结果。而且，当法官或陪审团决定谁赢谁输的时候，法律规则不能解决致使案件被首先提起诉讼的基础问题。因此，ADR 运动在成长，不是参与者出于慈善的利他主义，而是在许多情况下认识到有解决纠纷的更好的途径。[①]

## 二 英国

以 ADR 方式解决劳动纠纷在英国有着悠久的历史，但长期以来，保守的英国司法界对 ADR 制度的态度一直不积极，官方、民间的机构对 ADR 的支持力度也相当有限，没有形成 ADR 制度兴盛的氛围，因此 ADR 制度发展一直较缓慢。就法律服务阶层而言，长期以来，英国律师对 ADR 不屑一顾，认为它是大洋彼岸美国的特定产物。[②] 因此，自 20 世纪六七十年代起在美国兴起并不断扩展的 ADR 制度在英国的发展一直平平，这与英国一直固守的"司法权不容剥夺"原则密切相关。而在 20 世纪末期，英国的 ADR 制度的发展态势则日渐强劲，而这与英国的民事司法改革不无关联，可以说英国的 ADR 制度的发展是与司法改革如影随形的。

### （一） 英国的司法改革

自 20 世纪 90 年代起，ADR 的境遇在英国有了惊人的转变，受到各界普遍的关注，而这一转变与英国的司法改革息息相关。20 世纪末多数西方国家所遭遇的"司法危机"在英国同样症状明显。英国民事司法制度的弊端，归纳起来主要表现在三个方面：即程序烦琐、诉讼拖延及耗费过大。而这三个方面实际上是互相作用的，在它们的共同作用下，尤其是由于缺乏对个案的司

---

① Judge Dorothy Wright Nelson, ADR in the Federal Courts—One Judge's Perspective: Issues and Challenges Facing Judges, Lawyers, Court Administrators, and the Public, Ohio State Journal on Dispute Resolution, 2001.

② Karl Mackie and others, The ADR Practice Guide: Commercial Dispute Resolution, 2nd Edition, Butterworths, 2000, p. 3.

法管理和对法院整体的行政管理规定明确的责任，滋生了诉讼的放任性。[①] 虽然自20世纪起英国就一直没有中断对民事诉讼的改革，但是成效一直不显著，司法危机没有得到有效缓解，各界对司法的不满有增无减，迫切需要一场司法领域的彻底的大变革，这一愿望在20世纪90年代得到了实现。

1994年，英国司法大臣任命沃尔夫勋爵（Lord Woolf）开启此项改革，沃尔夫勋爵经过广泛调研之后于1995年6月和1996年7月分别发表了关于英格兰和威尔士的民事司法改革的中期报告和最终报告，题为《接近正义》（*Access to Justice*）。报告中具体细致地阐述了司法改革的背景、目的及改革的未来方向，并提出了具体的改革建议。1998年，英国新的《民事诉讼规则》（*Civil Procedure Rules* 1998）出台，并于1999年4月26日生效实施。这一新规则吸收了沃尔夫勋爵报告的核心内容，更新了英国传统的关于正义的哲学理念、颠覆了传统当事人平等对抗的诉讼观念，提出全新的法官职权管理的理念，并有一系列创新的制度建树。有学者评论，《民事诉讼规则》是英国近百年来全面反思民事司法制度、酝酿大变革所取得的跨世纪的成就。[②]

英国民事诉讼改革的基本目标是确保法院公正审理案件。公正审理案件应切实保障当事人平等，节省诉讼费用，采取与案件金额、案件的重要性、系争事项的复杂程度、各方当事人财力相应的方式审理案件，保证便利、公平地审理案件，案件分配与法院资源配置保持平衡，并考虑向其他案件配置资源之需要。[③] 这一目标既反映在沃尔夫勋爵的改革报告中，同时也是《民事诉讼规则》的第1.1条的具体规定。在此目标指引下，英国民事诉讼

---

[①] 齐树洁主编：《英国民事司法改革》，北京大学出版社2004年版，第2—3页。

[②] 徐昕著：《英国民事诉讼与民事司法改革》，中国政法大学出版社2002年版，第469页。

[③] 齐树洁主编：《英国民事司法改革》，北京大学出版社2004年版，第7页。徐昕著：《英国民事诉讼与民事司法改革》，中国政法大学出版社2002年版，第470页。

进行了一系列的制度变革，主要体现在以下几个方面：加强法官对诉讼程序的控制，即加强法官对案件的管理，规则引进了案件管理制度，改变了法官过去消极被动的局面，法官可以对程序实施积极地管理，推进诉讼进程；简化诉讼，统一适用新的诉讼规则，高等法院和郡法院的诉讼规则不再单列，同时证据开示制度受到控制，缩短诉讼时间，提高诉讼效率；鼓励当事人采用 ADR 方式解决纠纷，尽可能避免诉讼，以至减少诉讼，而且在诉讼程序中减少诉讼的对抗性，寻求合作。英国的司法改革从理念到制度都与 ADR 制度息息相关，也正是有了司法改革的契机，司法 ADR 等多种诉讼外的纠纷解决方式蓬勃发展，开启了纠纷解决的新思路、新路径。

### （二）英国法院附设替代性纠纷解决机制相关制度

#### 1. 诉前议定书制度

为避免大量的案件进入诉讼程序，控制进入诉讼的案件数量，减轻法院的案件负担，同时敦促当事人在起诉前使案件得以其他方式化解，进而节省司法资源及当事人的相关投入，沃尔夫勋爵的改革报告引入了诉前议定书制度，同时也被英国民事诉讼规则所吸纳。沃尔夫勋爵在《接近正义》的正式报告中指出："我们需要这样的一种民事诉讼制度，这种制度能够让产生纠纷的当事人在诉讼成为可能后立即进行有意义的磋商，这种制度还应该确保当事人能尽早掌握案件的相关信息以便提出切实可行的和解要约。"① 也即是说，支撑沃尔夫诉前议定书的关键理念是：对于一个案件是非的更早的调查能促进更好的谈判和更早的和更

---

① 《接近司法》正式报告（1996 年 7 月），见 http://www.law.warwick.ac.uk/woolf/report.

令人满意的和解协议的达成。[①]

诉前议定书制度是指当事人在提起诉讼之前，须就双方能否实现诉前和解进行积极的对话、磋商、探讨，交流相关信息，此制度要求原告在起诉前要书面告知被告其将被提起诉讼，而且在此书面通知送达三个月后才有权提起诉讼。如果当事人没有遵守诉前议定书的规定进而导致引发诉讼，则会在后续的诉讼费用和利息等方面受到法院的制裁，如即使是过错方胜诉，也要承担相应的诉讼费用；如果是有过错的原告胜诉，法院还可减少或取消其应得的损害赔偿金的利息；如果是有过错的被告败诉，法院可在基本利率的 10% 幅度内增加原告获得的损害赔偿金的利息。[②]规则规定了多种诉前议定书，包括医疗过失、人身伤害、建筑及工程争端、诽谤、专家责任和司法审查诉前议定书，其他领域的诉前议定书也正处在积极咨询和发展的阶段，扩展的趋势不容忽视。而且，即使纠纷不属于现有诉前议定书的范围，当事人依然可以秉承诉前议定书制度的精神，积极进行诉前合作，寻求案件的诉前解决。

诉前议定书制度拓展了法院的案件管理范围，使诉讼管理不再拘泥于当事人提起诉讼之后的整个审判阶段，而是延伸到诉前阶段。法官通过对潜在当事人的诉前阶段进行积极管理，在某种程度上控制了当事人的诉前行为，确立了诉前合理行为的标准，规范了诉前程序的运作，使诉前这一环节纳入法官管理的视野，敦促当事人遵守相应制度规定，并尽早考虑和解解决纠纷的可能。

诉前议定书制度的关键在于通过规定当事人诉前的信息交流制度，引导当事人在案件准备阶段远离已驾轻就熟的传统的对抗

---

① 保罗·米凯利克：《英格兰和威尔士的司法危机》，载 [英] 阿德里安 A. S. 朱克曼主编，傅郁林等译：《危机中的民事司法——民事诉讼程序的比较视角》，中国政法大学出版社 2005 年版，第 157 页。

② 齐树洁主编：《英国民事司法改革》，北京大学出版社 2004 年版，第 367 页。

的方法，能促使当事人树立正确的诉讼态度，即要充分考虑适用和解等各种恰当可能的替代性纠纷解决方式来解决纠纷，在穷尽所有诉讼外纠纷解决方式的情况下，将诉讼作为解决纠纷的最后一道防线，作为最终的权利救济手段。通过诉前的信息交换与交流，创造一种平等合作的气氛，加强当事人之间的合作，使当事人充分考虑比诉讼更经济、更具效率的纠纷解决方式，尽可能促成彼此的早期诉前和解或者一方提出和解建议，力争尽早解决纠纷，另一方面即使没有达成诉前和解，也能够通过信息的交换使当事人提前明确案件的争点及了解双方证据的强弱，为后续的诉讼程序做了充分准备，加快随后展开的诉讼程序的进行，提高诉讼效率。

　　民事诉讼规则实施后，英国司法大臣办公厅于 2001 年 3 月公布了《英国民事司法改革初期评估报告》，据调查显示，诉前议定书的引入对于塑造新的纠纷解决文化起到相当重要的作用，一项由人身伤害案件律师协会（Association of Personal Injury Lawyers）发起的调查显示，有 48% 的律师认为通过该项制度实现了在诉讼早期进行和解的目的，并且有 33% 的纠纷得以避免通过诉讼解决。[①] 随后，2002 年 8 月的《英国民事司法改革后续评估报告》对诉前议定书制度亦进行了广泛的调查，结果显示由于对双方当事人都有利，诉前议定书已经获得了广泛的支持，并且相信诉前行为亦对诉讼的减少产生影响，表明律师及其当事人现在都以一种更为合作的精神来进行诉讼，诉讼的对抗性减少了。同时，调查结果也表明，被告正在更早地、更好地进行调查取证，这是一种更为合作的行为，议定书为诉前和解提供了更好的机会，并在诉讼不可避免的情况下使得案情更为明确，有的放矢。[②]

---

　　① 《英国民事司法改革初期评估报告》，载齐树洁主编：《英国民事司法改革》，北京大学出版社 2004 年版，第 521 页。

　　② 同上书，第 538—539 页。

### 2. 诉讼和解制度

诉讼和解在英国同样是由来已久，但其发挥的作用长期以来一直相当有限，法院在推进和解方面亦不甚积极。随着 20 世纪末期的司法改革的到来，诉讼外的纠纷解决方式越来越受到关注，并作为解决司法危机的重要方案被广为采用，诉讼和解作为与法院密切相连的一种诉讼外纠纷解决方式，受到重视自是在情理之中。据调查，英国法院的和解率非常高，约有 80% ~ 90% 的民事案件在法院是以和解结案的。这主要是当事人基于风险和成本方面的考虑而做出的选择，同时，法院在促进和解方面的态度也是十分积极的。[①]

为尽快解决纠纷，英国民事诉讼规则试图从多方面促进诉讼和解，规则第 36 章专门规定了和解要约及向法院付款的相关内容。规则规定，当事人可在诉讼的任何阶段提出书面和解要约，当然也可以在上诉程序中提出。和解要约的内容比较灵活，可以是全部的诉讼请求，亦可以是部分的争点，还可以是诉讼程序中的任何事项。和解要约较以前只能由原告提出有了较大变化，即既可以由原告提出，也可以由被告提出，而且除诉讼费用外，要约被视为"不受损害"。和解要约一般不迟于开庭审理前的 21 日提出，受要约人可在自要约人提出要约的 21 日内，承诺接受，无须经法院的批准。如是延期提出和解要约的，非经法院许可不得承诺接受，但关于诉讼费用承担的协议除外。

虽然在诉讼程序的任何阶段，当事人均可以提出和解的请求，但一般认为，和解应该在诉讼的早期阶段进行以避免使案件进入正式的开庭审理。法院有义务向当事人提供关于诉讼外纠纷解决方式及渠道的相关信息，而且法院在当事人进行诉讼和解的过程中有引导、协助的义务，但和解仍旧以当事人合意为前提，

---

① 参见朱景文著：《比较法导论》，中国检察出版社 1992 年版，第 68 页。范愉著：《非诉讼纠纷解决机制研究》，中国人民大学出版社 2000 年版，第 252 页。

不能进行强制。如英国《民事诉讼规则》第 26.4 条规定，当事人在完成案件分配问题表并提交法院时，可通过书面形式请求法院中止诉讼程序的进行，由当事人尝试通过可选择争议解决方式或其他方式解决纠纷，所有当事人皆申请中止诉讼的，法院将责令诉讼中止，法院亦可依职权自行中止诉讼。诉讼中止期间一般不超过 1 个月，法院酌情可延长，甚至可多次延期。①

当事人的诉讼和解最终以合意判决的形式记录，由当事人亲自来法院取得合意判决或者将合意判决记录在法院案卷上，因此具有相应的法律效力。当事人将和解条件体现在法院的裁决上有两种途径，一种是申请法院把和解事项记载在裁决上，这是常用的裁决形式，具有强制执行力；另一种是申请所谓"Tomlin"裁定，这种裁定的内容为："鉴于原告与被告已就附件上载明的条件达成协议，因此本院命令除有关执行这些条件的程序外，进一步的程序一律中止进行"。如果一方当事人不遵守和解条件，执行程序要分两步进行，一是对方当事人要向法院申请裁定，即违反和解条件的当事人应履行和解协议项下义务的裁定；二是如果对方坚持不按照裁定履行的话，才申请法院强制执行。② 当然，在很多情况下，当事人一般会自动履行和解协议，而不会涉及两步的执行程序。

### 3. 诉讼费用制度与法律援助制度

为敦促当事人慎重考虑适用诉讼和解，英国《民事诉讼规则》还将诉讼费用制度作为和解的激励措施，以经济杠杆来调控诉讼和解的适用。法官在作出诉讼费用的判决时会考虑当事人的诉讼行为，即是否为进行诉讼和解而努力过。如《民事诉讼规则》第 36.10 条就规定，如是一方当事人在诉讼程序启动前提出

---

① 徐昕著：《英国民事诉讼与民事司法改革》，中国政法大学出版社 2002 年版，第 143—144 页。

② 参见沈达明编著：《比较民事诉讼法初论》，中国法制出版社 2002 年版，第 498 页。

和解要约的，法院在做出有关诉讼费用的命令时，应考虑有关当事人提出的和解要约。如果法院认为假如当初当事人接受了对案件选择适用 ADR，案件就可能达成和解，那么即使该当事人在判决中胜诉，法院仍可能判令其承担自己的诉讼费用。另外，如果当事人未接受对方的和解要约或付款，则该当事人可能要承担由此带来的不利后果。《民事诉讼规则》第 36.20 条规定，如果原告不接受对方的和解要约或付款，并且在其后的诉讼中没有取得比该要约或付款更好的结果的，原告应补偿对方的任何诉讼费用以及附加利息。这样，当事人在考虑是否进行和解以及如何进行和解时，会充分考虑不同条件下的诉讼成本，从而也使当事人的决策更具理性，使诉讼和解的适用更为广泛和普遍。

同时，为促进当事人考虑适用法院附设替代性纠纷解决机制等多种诉讼外纠纷解决制度，英国《民事诉讼规则》采纳了沃尔夫勋爵的建议，利用经济杠杆激励当事人选择 ADR 制度。如规则规定，法律援助资金同样适用于 ADR 当事人，这与改革前法律援助资金仅适用于诉讼程序的当事人相比有了重要变化，为当事人选择适用 ADR 制度提供了经济方面的保障。

### （三）英国法院附设替代性纠纷解决机制的实践运作与评价

在英国《民事诉讼规则》于 1999 年 4 月开始实施两年后，英国司法大臣办公厅对规则实施的效果进行了广泛调查，并分别于 2001 年 3 月和 2002 年 8 月形成《英国民事司法改革初期评估报告》和《英国民事司法改革后续评估报告》，详细记录了司法改革的成果。在 2001 年 2 月公布的第三次调查结果中，改革得到的总体评价是正面的。80% 的受调查者认为，相对于过去的制度来说，改革取得了一定的成果，"改革促进了和解以及合作精神"，"改革使得整个程序进行得更快了，也不像以前那么具有对抗性了。"

　　规则实施后，英国法院鼓励当事人进行和解，使开庭审理前达成和解的案件数量增多，同时法院鼓励当事人采用 ADR 方式解决纠纷，并在案件管理阶段采取措施便利当事人采用 ADR 方式解决纷争，使 ADR 的运用有所增加。根据争议解决中心（The Center for Dispute Resolution, CEDR）的民事司法审计（Civil Justice Audit），74%的律师认为第 36 章的规定使得案件和解更为容易。有证据显示，就快速程序的案件而言，在开庭审理之前和解或撤诉的案件比例已从 50%（1998 年 7 月－1999 年 6 月）上升至 69%（1999 年 11 月－2001 年 12 月），而同期开庭审理的案件的比例则从 33%下降至 23%。而且引入新规则以来，CEDR 的记录显示商事调解增加了 141%。

　　商事法院自 1993 年以来一直在确认一些被认为适宜采用 ADR 解决的案件类型，而且法官有权直接发出指令要求当事人尝试用 ADR 解决纠纷。从 1996 年 7 月持续至 2000 年 6 月，法官共有 233 件案件签发过 ADR 令状，头 3 年间法院平均每年签发大约 30 个 ADR 令状，而在最后的 6 个月里，法院就签发了 68 个 ADR 令状，显然，自《规则》实施以来，ADR 令状的使用有所增加。

　　利兹联合法院（Leeds Combined Court）于 2000 年 7 月开始了一项调解试点计划，为在有律师代理诉讼的案件中的所有当事人提供调解。大部分接受调解的当事人认为调解为他们节约了解决纠纷潜在的费用。自 2000 年 7 月至 2001 年 8 月间，该法院作出了 15 件调解指令。伯明翰民事司法中心（Birmingham Civil Justice Centre）也随后于 2001 年 12 月开始了另一项调解计划。[①]

　　多数学者认为，与美国相比，英国法院对 ADR 发展的状况可归纳为"大力支持，谨慎介入"模式，认为由于英国法院努力维持其作为裁判机关的纯洁性，不愿意过多地介入 ADR 机制，

────────────

① 参见《英国民事司法改革初期评估报告》，《英国民事司法改革后续评估报告》，载齐树洁主编：《英国民事司法改革》，北京大学出版社 2004 年版，第 516—559 页。

如直接提供 ADR 产品，而主要着意于为 ADR 的自足性与自治性运行提供间接但却有效的支持。[①] 而在笔者看来，似乎此种归纳并不能与英国法院附设替代性纠纷解决机制的实践完全吻合。

诉讼和解作为法院附设替代性纠纷解决机制的重要形式之一，可视为是法院直接提供的 ADR 产品。如前所述，英国《民事诉讼规则》鼓励当事人进行诉讼和解，并以诉讼费用等经济杠杆做出保障，由是诉讼和解制度在司法实践中有了大幅扩展并且成效显著，法院对此的态度可以看做是积极介入的。而且，法院附设替代性纠纷解决机制并不意味着只是由法院直接提供中立人以非诉讼方式解决当事人之间的纷争，还可以是由法院与社会的纠纷解决中心等中立组织进行合作，法院向当事人提供中立者的信息，由社会中立机构等作为中立者，解决当事人之间的纷争并最终中止诉讼，结束纷争。当然与美国相比，美国法院更多的是倾向于由法院直接提供中立人解决当事人之间的争议，英国法院则更多地寻求与中立机构的合作，虽然路径有所不同，但法院对 ADR 的态度与实践均是积极的。事实证明，英国的法院对 ADR 的态度是支持的，而且在行动上亦表现出相当的主动性，因此，将英国法院对 ADR 的态度界定为"谨慎介入"似乎有失偏颇。

# 三　法国

## （一）　法国的司法改革

在世界各国普遍面临的司法危机中，法国也同样未能幸免。法国的司法危机主要表现在三个方面：信任危机、诉讼爆炸危机

---

① 参见范愉主编：《ADR 原理与实务》，厦门大学出版社 2002 年版，第 158 页。

和法官的自我意识危机。[①] 法国民众对司法系统普遍缺乏信任感，1995 年由法国司法部组织的一个民意调查显示，在所有公共服务机构的排名中，法院排在最后一位。[②] 同时，大量的新型纠纷的出现，对法官的要求愈来愈高，加之法国的诉讼量激增而司法投入并没有相应增加，由此也造成了法国的司法系统同样面临着紧张的状态，诉讼改革在所难免。相较其他国家来说，法国的诉讼迟延并不突出，大审法院案件的平均讼程已经由 1991 年的 10 个月减少到 1996 年的 8.8 个月，小审法院案件的平均讼程增加，由 1991 年平均 4.5 个月增加到 1995 年的 5 个月，当然这包括了简易程序审判的案件，实际上通往一审判决的路可能比平均数字要长得多。[③]

法国的司法改革主要集中在两个方面：一是诉讼程序内的不断变革，以提高诉讼效率；二是诉讼外纠纷解决方式不断涌现，以消化大量的纠纷，避免其涌向法院，缓解法院的压力。法国 1806 年的《民事诉讼法典》采用了超自由主义的原则，出当事人完全控制程序的启动及展开。而自 1935 年开始，法国开始对民事诉讼程序进行改革，这一时期的改革仅是零星的个别调整，随后 1958 年进行了程序改革，调整了不同法院的管辖范围，并简化了审级制度，同时出现了简化的诉讼程序及独任制的程序。影响最大的还是 1975 年新的《民事诉讼法典》的公布，新法典的修订目的在于通过扩大法官的权力来推进诉讼的进展，同时新法

---

① F. Terre, "Crise du juge et philosophie du droit: synthese et perspectives", in J. Leadble (ed.) LaCrise du juge (Paris: LGDJ, 1990), 157FF. 转引自 ［英］ 阿德里安 A. S. 朱克曼主编，傅郁林等译：《危机中的民事司法——民事诉讼程序的比较视角》，中国政法大学出版社 2005 年版，第 296 页。

② 洛克·卡迪特：《民事司法改革：接近司法·诉讼成本·诉讼迟延——法国的视角》，［英］ 阿德里安 A. S. 朱克曼主编，傅郁林等译：《危机中的民事司法——民事诉讼程序的比较视角》，中国政法大学出版社 2005 年版，第 296 页。

③ 阿德里安 A. S. 朱克曼：《危机中的司法/正义：民事程序的比较维度》，载 ［英］ 阿德里安 A·S. 朱克曼主编，傅郁林等译：《危机中的民事司法——民事诉讼程序的比较视角》，中国政法大学出版社 2005 年版，第 20 页。

典进行了理论创新，在增大法官的权力的同时增强法官与当事人间的对话，[①] 促进法官与当事人的合作。法官被赋予了重要的权力以引导审判：法官有规定期限与命令各项必要措施的权力；法官得考虑当事人可能未特别加以援述、用以支持其诉讼请求的事实；法官有依职权命令采取法律准许的各项审判预备措施的权力等。新法典还简化了审判程序，并为当事人提供与案件特点相适应的灵活多样的诉讼程序。单纯的诉讼程序内的变革已满足不了日益高涨的诉讼需求，因此在法国，除了在诉讼程序内寻求改革路径之外，作为对诉讼爆炸的回应，力求寻找推迟诉讼甚或避免诉讼的途径，因此替代性纠纷解决机制也在不断发展。而且诉讼程序内的改革也引入了程序外的因素，以致程序内合意的因素不断增加，司法和解的倾向不断加强，法院调解和诉讼和解制度不断完善，谈判型司法或契约型司法也随之而生。新《民事诉讼法典》生效之后，陆陆续续又进行了一些细节上的补充与修改，比较大的变革是在 1998—1999 年间，1998 年的第 98—1231 号法令与 1999 年的第 99—131 号法令着重强调了以下两点：让民事司法更加接近于"受法院管辖的人"，更加具有双方"合意"的性质，更加迅速；使"向最高司法法院的上诉程序"更加具有"非常程序"的性质，此程序运用起来也就更为困难。[②]

## （二）法国法院附设替代性纠纷解决机制概况

在法国诉讼法的发展历程中，1790 年 8 月 16—24 日的法律曾规定设置强制性事先和解的预备程序，对提交县法院受理的案件强制实施和解程序，这一规定得到了旧《民事诉讼法典》的确

---

① 参见［法］让·文森、塞尔日·金沙尔著，罗结珍译：《法国民事诉讼法要义》，中国法制出版社 2001 年版，第 75 页。

② 参见［法］让·文森、塞尔日·金沙尔著，罗结珍译：《法国民事诉讼法要义》，中国法制出版社 2001 年版，第 80 页。

认（旧《民事诉讼法典》第48条至第58条），虽然法典的规定要缓和得多。但长期以来，法国法官在和解方面的态度不是很积极，法官们在尝试当事人进行和解的方法上，主要是采取向当事人表示自己预见的裁判结论。[①] 而且实践表明，事先和解的预备程序也并不很受当事人的欢迎，于是1949年2月9日的法律取消了法院强制和解的规定，但诉讼和解仍未就此淡出人们的视野，随着司法改革压力的增大，加之诉讼外纠纷解决机制的不断扩展，当事人间合意解决纠纷的ADR机制被广泛提及并作为改革的重点方案之一。1995年，司法部委任时任南特尔（Nanterre）大审法院院长的让·玛丽·库伦（Jean‑Marie Coulon）法官就民事诉讼改革提出建议，库伦先生在广泛调研基础上于1996年提出了36项改革建议，他的报告中专门将替代性纠纷解决机制作为改革的一部分，提出了关于ADR的四项改革建议：必须区分撤销法院记录（应待决案件中试图达成和解的当事人的请求）与删除案件，并强化删除案件的惩罚性后果；应该设立在大审法院审判长前的单方命令程序，给当事人就待决诉讼请求之外的事项达成的和解赋予约束力；对于将纠纷实现了诉前和解的法律工作者应该给予法律援助的费用补偿；在审前和解解决纠纷的情形，法律援助的费用应该支付给律师并规定一个最高限额。[②] 库伦的改革报告引起了广泛关注，新的司法改革项目也列入了法国议会日程，而且库伦报告中的一些建议已经得到实施，1998年的两项单项立法都对法国法院组织法和新民事诉讼法进行了修改，规定在小审法院法官可以促成所有案件的和解解决；强制执行和解协议的简易程序由大审法院的审判长主持，他可以通过一个简单的法院声明使之富有约束的强制力等。这些立法的目标是法院工作

---

① 参见张卫平、陈刚著：《法国民事诉讼法导论》，中国政法大学出版社1997年版，第153页。

② 洛克·卡迪特：《民事司法改革：接近司法·诉讼成本·诉讼迟延——法国的视角》附录9.16，载［英］阿德里安 A.S. 朱克曼主编，傅郁林等译：《危机中的民事司法——民事诉讼程序的比较视角》，中国政法大学出版社2005年版，第331页。

的合理化和支持 ADR 的发展。① 而在未来的民事诉讼的改革与发展中，纠纷的和解解决依然是会作为未来的发展方向。

### （三）　法国法院附设替代性纠纷解决机制的种类及运作

法国的法院附设替代性纠纷解决机制主要有诉讼和解与司法调解。诉讼和解是指在诉讼过程中当事人间自行和解或在法官引导下使当事人合意解决纷争，终结诉讼。司法调解是指受理争议的法官，在诉讼进行的任何时候，经双方当事人的同意，指定某个第三人作为调解人，以听取双方的意见并在当事人间寻求冲突的解决办法。司法调解是法国 1996 年 7 月 22 日第 96—652 号法令新增加的规定。

#### 1. 诉讼和解

在法国的新《民事诉讼法典》中，规定为当事人和解，属法官的职责范围。（《法国新民事诉讼法典》第 21 条）诉讼和解与辩论原则、两造审理原则、辩护原则等一样成为民事诉讼的指导原则，贯彻诉讼程序的始终，引领整个程序的进展。在诉讼进行的整个过程中，当事人可以自行和解，或者在法官认为有利的地点与时刻，可以由法官提议和解。和解协议的内容，即使是部分和解，或者是不经法官的当事人间的自行和解，均可以请求法官以笔录进行见证确认，笔录由法官与各方当事人签字，具备法定形式的和解笔录具有执行效力。在法国的法院系统中，初审法院包括普通法院和专门法院，普通法院是指大审法院，专门法院则包括小额审判法院、商事法院、劳资纠纷调解法庭、社会保险事务法庭、农村租赁对等法庭，不同法院的程序规则及案件管辖范围等均不相同，而且很多的专门法院较大审法院诉讼和解程序应

---

① 　洛克·卡迪特：《民事司法改革：接近司法·诉讼成本·诉讼迟延——法国的视角》附录 9.16，载〔英〕阿德里安 A. S. 朱克曼主编，傅郁林等译：《危机中的民事司法——民事诉讼程序的比较视角》，中国政法大学出版社 2005 年版，第 314 页。

用得更为广泛。

法国的诉讼和解的制度规定更多的是指向小额审判法院，重视和解可以看做是小审法院诉讼程序上的特色之一。小额审判法院的前身治安法官制度就一直存有简易、和解解决纷争的传统，至 1958 年法国废除治安法官制度，由小审法院取而代之，重和解的传统并未因治安法官制度的消逝而中断，小审法院依然保有和解解决纠纷的传统。这大概与小额审判法院的管辖案件多是标的较小争议不大的案件存在着密切的关联，而且法国新《民事诉讼法典》第 840 条规定，小额审判法院的法官应努力使当事人实现和解，而对大审法院法官则没有同样的要求，这也更进一步从法律上为小审法院的重视和解提供了制度上的依据。

为促成当事人和解，法国的小额审判法院设置了专门的预先试行和解程序，即当事人在提出传唤状①之前以口头或者以平信向法院书记员提出和解的请求，由法官或法官指定的和解人（司法和解人）进行居中协调，以实现当事人间的诉前和解。预先试行和解可以由法官进行，也可以由法官指定的和解人进行。在由法官本人预先试行和解的情况下，法院书记员要以平信通知请求人进行和解的地点、日期与时间，平信还应当包括有关请求和解的当事人的各项情况的说明，包括请求人的姓名、职业与地址以及请求标的。

如果由法官指定的和解人进行和解，则在法官指定和解人时，要以挂号信将此通知各当事人，寄给被申请人的信件要写明申请人的姓名、职业与地址以及申请的标的等相关情况，并在信中提请当事人在 15 天之内告知其是否同意接受指定和解人，如果当事人不同意指定的和解人，则由法官进行和解或者在当事人各方均同意的情况下不试行和解，径行判决。在各方当事人接受

---

① 法国小额审判法院的起诉方式有三种：一是原告提出传唤状，二是向法院书记室提交共同诉状，三是当事人自愿到法官前提起诉讼。

指定的和解人的情况下，和解人即可以开展工作，在确定的地点、日期与时间召集各当事人，开始试行和解。当然，在和解过程中，经各方当事人同意，并在有关人员同意的前提下，和解人可以听取能够做出有益的说明的人的意见。在和解中，和解人可随时向法官报告其遇到的困难，应一方当事人的请求或者应和解人提议，法官可随时终止和解，而且在和解之正常进展已经受到妨碍的情况下，法官可以依职权终止和解。

在和解程序的最终，和解人应以书面形式告知法官其事先试行和解是成功还是失败，在当事人同意达成和解协议的情况下，要由法官宣告认可该和解协议，而一般情况下，经见证、确认和解的笔录，是具有执行力的，等于执行凭据。在当事人未达成和解协议的情形下，法官应向请求人提交一份"和解未成通知书"，如果各方当事人都同意，法院将按照当事人自愿出庭的方式立即对案件作出判决。[①] 如果案件尚未达到适于判决的状态，则推迟至下一次开庭。

预先试行和解程序是有时间限制的，法国新《民事诉讼法》第 832 条规定，和解人执行任务的第一段时间期限不得超过 1 个月，但是应和解人的请求，其执行任务的期限可以延长一次，延长时间最长为 1 个月。

### 2. 司法调解

在法国，司法调解是指任何法院，其中包括紧急审理法官，均可指定一名调解人，引导当事人找出和解妥协的办法以终止争议。[②] 法国司法调解的主体是受理案件法官以外的第三人，当然可以是自然人，也可以是协会。如果是协会的话，该协会的法定

① 参见［法］让·文森、塞尔日·金沙尔著，罗结珍译：《法国民事诉讼法要义》，中国法制出版社 2001 年版，第 856 页。

② 参见［法］让·文森、塞尔日·金沙尔著，罗结珍译：《法国民事诉讼法要义》，中国法制出版社 2001 年版，第 731 页。

代表人将在其协会内可以以其名义承担调解工作的一名或数名自然人的姓名报送法官认可。当调解的主体是自然人时，应当要具备以下条件：（1）在其犯罪记录第 2 号登记表上没有记载受到有罪判决、无能力处分与丧失权利；（2）不曾因违反荣誉、廉洁与善良风俗而受到撤职、除名、撤销许可或撤销认可的纪律或行政处罚；（3）因正在从事或过去从事的某种活动而具备由所调解的争议的性质而要求的资格；（4）视具体情况，能证明接受过适于从事调解工作的培训或者有相应的经验；（5）具有从事调解活动所必要的独立性。

一般情况下，受理争议的法官会在征求双方当事人的同意后作出命令进行调解的决定，指定调解人以及调解延续的期间，并且指明开庭调解的具体日期，由此启动调解程序。调解人指定后，法院书记员会以平信的方式将该决定的副本通知当事人以及调解人，调解人也应当立即告知法院其接受作为调解人。法院在作出命令进行调解的决定的同时，也要按照尽量接近于预计给付调解人的报酬数额确定当事人应先交纳的款项，并确定哪方当事人在规定的期限内交纳该预付款项。如果是各方当事人均有交纳义务的话，还需确定各自应承担的交纳比例。调解人一经得到法院书记室有关交纳预付款的通知后，应召集当事人，开展相应的调解工作。

调解人在听取双方当事人的意见后，与当事人进行广泛、充分的协商，弥合彼此的冲突，试图找出双方均满意的解决方案。在调解的过程中，调解人不得同时受委派执行本案的审前预备措施，调解人也没有对案件进行事前准备的权力，但是在经当事人同意并为调解所必需的前提下，调解人可以听取第三人的说明，当然是在得到该第三人同意的条件下。在执行调解任务的过程中，如果调解人遇到困难的话，应当随时告知法官。调解程序的延续期间不得超过 3 个月，应调解人的请求，调解的时间可以延长一次，延期最长为 3 个月。

调解可针对双方争议的全部或一部分进行，而且在整个调解程序中，在任何情况下，均不得剥夺法官的管辖权，法官可以监控整个程序的运行，法官有权在任何时候采取其看来属于必要的其他措施。在进行调解的过程中，应一方当事人的请求或者由调解人主动提议，法官可以随时终止调解，而且如在调解不可能正常开展的情况下，法官也可依职权终止调解。终止调解的程序均应事先开庭，各方当事人均应到庭，法官如在此次开庭时终止调解人的任命，则可以当庭继续进行诉讼。在调解程序正常终结时，调解人应以书面形式通知法官和当事人其是否达成了调解协议，而且在指定的期日，案件将返回由法官处理。如果达成了调解协议，法官应对调解协议进行认可，认可协议具有执行效力；如果没有达成调解协议的话，则会继续进行诉讼。在调解程序中法官作出的命令进行调解的决定、延长调解期限或者终止调解的决定，不准许向上诉法院提出上诉。

在调解程序结束时，法官得确定调解人的报酬。调解人可以在其应得数额之内请求从当事人预先交至法院书记室的款项中支付其报酬，按照多退少补的原则，法官得依职权命令当事人依承担份额补充支付不足的款项或命令退回存交的多余款额。应调解人的请求，可以向其提交执行凭证。

在法国，调解程序独立于诉讼程序运作，与诉讼程序前后衔接。未经当事人的同意，调解人所做的任何认定及其收到的各项说明，均不得在随后进行的诉讼程序中提交或加以援用，在另外的诉讼程序中的任何诉讼阶段，也不得提出或援用。[①] 调解程序如没有达成一致的调解协议，则由此启动或继续原来的诉讼程序。

---

① 参见罗结珍译：《法国新民事诉讼法典》第 131—1 条至 131—15 条，中国法制出版社 2000 年版，第 30—32 页。

# 四 德国

## （一）德国的诉讼文化与司法改革

### 1. 德国的诉讼文化

德国人作为一个好斗的民族著称于世，按照比率而言，德国的法院比世界任何地方法院的利用程度都要高。[①] 对清楚关系的渴望、能够洗刷一切的诉讼风暴、借助于国家的帮助来实现法律权利的成功经历以及通过法院的诉讼可以减少攻击性，所有这一切都促使公民通常情况下会利用国家法院的帮助。[②] 德国人较为好讼，又比较倾向于由专家来解决问题，这似乎已成为一个不争的事实。德国法律文化与其他欧洲文化相比，仍然强调遵循"法制下的和谐"的思想观念，比之党派辩论更强调法官的作用。[③] 根据德国法律的规定，当事人如欲实现被侵害的权利除在特定有限的条件下允许私力救济外，其他的情形当事人都应申请国家来帮助实现权利，而且作为"禁止私力救济"的平衡，国家对个体在实现个体权利上存在着帮助义务。[④] 当事人也因此享有着司法保障请求权，这一权利已获得宪法保护，而且通过诉讼费用救助、法律援助等制度来保障当事人此权利的实现。

在德国的法律文化中，法院一直是公众心中正义的化身，作为精英阶层的法官备受民众敬重和瞩目。德国职业法官的选任、

---

[①] 皮特·高特沃德：《民事司法改革：接近司法·成本·效率——德国的视角》，载［英］阿德里安 A. S. 朱克曼主编，傅郁林等译：《危机中的民事司法——民事诉讼程序的比较视角》，中国政法大学出版社 2005 年版，第 213 页。

[②] 汉斯·普吕汀：《改革压力下的民事诉讼建构和欧洲的趋同》，载［德］米夏埃尔·施蒂尔纳编，赵秀举等译《德国民事诉讼法学文萃》，中国政法大学出版社 2005 年版，第 626 页。

[③] ［意］莫诺·卡佩莱蒂编，刘俊祥等译：《福利国家与接近正义》，法律出版社 2000 年版，第 219 页。

[④] 参见［德］汉斯–约阿希姆·穆泽拉克著，周翠译：《德国民事诉讼法基础教程》，中国政法大学出版社 2005 年版，第 8 页。

晋升及评估均实行精英式的管理，因此也激励了法官竭尽所能地投入工作，从而更增加了法官职业的荣耀和光环。在德国，法官是受青睐的职业，其职业的影响力、个人的兴趣、职业的安稳和（与律师相比）职业的威望以及不菲的报酬，[①] 使得多年来只有那些成绩最好的毕业生才有机会进入法官这一群体。与美国的州法官不同的是，全部德国的法官都被宪法性的法律赋予保持独立的终生的职业化的民事服务者的身份。[②] 民众对法官有着天然的尊重和亲近感，而且法官的独立性和工作能力也使其受到当事人的信任，法院在民众中的威信极高，因而当纠纷出现时，当事人往往会首选进入法院解决争议。在德国现存的众多纠纷解决方式中，民事诉讼占据着最重要和最基本的地位。正如麦里曼（Merryman）所说，"其他的程序法都倾向于追随民事诉讼法学家们的思想而被定型和发展。民事程序是占中心地位的、基本的以及特殊的程序制度，甚至刑事程序也不过是民事程序模式的变种"[③]。德国诉讼制度本身也随着社会发展而不断改革、调整以满足不断变化的社会需求，力求在制度内为当事人提供多种选择。

### 2. 德国的司法改革

相比较英美等国普遍面临的司法危机而言，德国的司法系统更加平稳和稳健，相对来说整个司法系统并非运转不良。在德国，司法是真正的增长行业，人们对司法的信任程度一直在增长，而且尽管存在对个案的批评，司法依然运转良好。[④] 在诉讼

---

① 约翰·H. 朗本：《德国民事诉讼程序的优越性》，载 [德] 米夏埃尔·施蒂尔纳编，赵秀举译：《德国民事诉讼法学文萃》，中国政法大学出版社 2005 年版，第 689 页。

② 米彻尔·亚当斯：《司法冲突——对美国和德国的审前证据开示程序、证据收集和调查以及诉费支付规则的经济学分析》，载同上注《德国民事诉讼法学文萃》，第 768 页。

③ John Merryman, The Civil Law Tradition – An Introduction to the Legal Systems of Western Europe and Latin America (1969), at 120. 转引自宋冰编：《读本：美国与德国的司法制度及司法程序》，中国政法大学出版社 1998 年版，第 261 页。

④ 汉斯·普昌汀：《改革压力下的民事诉讼建构和欧洲的趋同》，载 [德] 米夏埃尔·施蒂尔纳编，赵秀举译：《德国民事诉讼法学文萃》，中国政法大学出版社 2005 年版，第 626 页。

进程方面，程序的展开由法官依职权引导，没有广泛费时的证据开示程序，证据的调查和收集权由法官掌控，因此德国所有法院的诉讼一般都能在合理的时间内结案。据统计，1996 年德国所有地区法院审理的案件的平均审理时间——从立案到最终和解或判决——为 6.5 个月，① 因此各国司法普遍存在的诉讼迟延的问题在德国并不存在。一方面，德国法院是如此的高效，以致（有法律经验的）当事人缺乏避讼的动因；另一方面，德国法院因此吸引了大批微不足道的轻微案件。② 而且德国的诉讼费也远远低于英美法系国家，在德国，出具遗产证明、进行土地登记以及进行商事登记所收取的费用都支付了所有成本，但诉讼案件中诉讼费所负担的司法系统运行成本还不足 50%。③ 另外，与美国律师的胜诉取酬制不同，德国的法院收费和律师代理费用（实行定额制）均是由法律明确规定，虽然律师可以与当事人约定比法定报酬高的报酬，但约定的形式和内容应符合特定的要求。而且德国《联邦律师报酬规则》第 49b 条第 2 款明确规定，律师只在胜诉情况才应为他的活动获得报酬的约定（所谓的胜诉酬金）或者律师得到一部分胜诉额作为酬金的约定，是不合法的。④ 况且德国的诉讼费用只占诉讼标的额的小部分，总体上来看诉讼费用较低廉。德国还可为当事人提供咨询救助、诉讼费用救助和权利保护保险，使贫穷当事人可获得免费律师咨询（律师费由国库承担）及免予偿付法院费用和律师费用，同时也使任何人都不必因缺少

---

① 参见皮特·高特沃德：《民事司法改革：接近司法·成本·效率——德国的视角》，载［英］阿德里安 A. S. 朱克曼主编，傅郁林等译：《危机中的民事司法——民事诉讼程序的比较视角》，中国政法大学出版社 2005 年版，第 204 页。

② 埃哈德·布兰肯伯格著，袁开宇译：《作为法律文化指标的民事诉讼率》，载［意］D. 奈尔肯编，高鸿钧、沈明等译：《比较法律文化论》，清华大学出版社 2003 年版，第 93 页。

③ H. - B. Schäfer, Kein Geld für die Justiz: was ist uns der Rechtsfrieden wert? inBRAK - Mitt. , vol. 27, pp. 2, 5 (1996). 转引自［英］阿德里安 A. S. 朱克曼主编，傅郁林等译：《危机中的民事司法——民事诉讼程序的比较视角》，中国政法大学出版社 2005 年版，第 215 页。

④ ［德］汉斯 - 约阿希姆·穆泽拉克著，周翠译：《德国民事诉讼法基础教程》，中国政法大学出版社 2005 年版，第 16—17 页。

资金与财力而放弃律师咨询与诉讼。司法系统的正常运转更增强了当事人对法院的信任与尊重，法院亦不存在深刻的内在生存危机。

然而，随着工业化时代及高度组织化的信息社会的来临，自19世纪上半叶开始自由主义的价值体系已不适应高度发展的工业社会的理念需求，社会分工的扩展使成员间的依赖感增强，社会也日益成为一个紧密联系的整体，个体已然成为社会网络中的一部分而无法摆脱其控制。由此，国家也开始积极主动地干预经济制度和社会制度，自由主义时代自由放任的被动的管理理念已发生转变，以此来切实保护弱者，实质性地减少社会不公平和不平等，真正实现人类自由和社会正义。这一理念体现在诉讼领域，1895年通过的《奥地利民事诉讼法》首次采纳了社会诉讼的观念，即自由主义的民事诉讼开始向社会的民事诉讼转变，也即是从竞争、从在诉讼中自由进行力量角逐转变为在法官的指挥和照顾下进行诉讼上的合作。[①] 诉讼并非纯粹是纠纷当事人的私人事务，而是一种政府的社会责任。[②] 在社会诉讼理念的指引下，代表国家的法院的积极主动性增强，强化了法官在诉讼中的权力，取代了之前完全由当事人主导的当事人主义的诉讼模式，而且这一特征不仅体现在程序运转过程中，在程序的起始阶段同样强调国家的福利与救助，国家有义务使贫穷当事人拥有与富人同样的诉讼机会，即社会中的所有阶层都能够使用诉讼，真正体现平等的内涵。

诉讼理念的转变，自然也同时带来了法院案件的拥堵，而且这一现象有愈演愈烈之势，同时其他的程序缺陷如当事人拖延等问题也逐步开始显现，立法者已开始为此寻找对策，力求加快诉

---

① 鲁道夫·瓦塞尔曼：《从辩论主义到合作主义》，载［德］米夏埃尔·施蒂尔纳编，赵秀举译：《德国民事诉讼法学文萃》，中国政法大学出版社2005年版，第361页。

② 参见 R. Wassermann：Der soziale Zivilprozeβ，1978，pp. 27，49. 转引自［英］阿德里安 A. S. 朱克曼主编，傅郁林等译：《危机中的民事司法——民事诉讼程序的比较视角》，中国政法大学出版社2005年版，第199页。

讼进程以缓解案件压力，实现诉讼程序的良性运转，司法改革也随之提上工作日程。《德国民事诉讼法》于 1877 年颁布以来的发展历史上，历经了多次改革，重心即在于解决法院的案件负担，尝试减负和寻找减负措施。1924 年颁布了一个紧急法令——爱明格尔命令（Emminger order），法院可以依职权指定口头听审期日，结束了当事人对于最后期限和口头听审的控制，这一改革被认为是德国由自由主义的民事诉讼向社会的民事诉讼转变的具有实质意义的一步，当然实践中法官基于过去行为惯式的影响并不敢尝试积极主动行使职权，使这一命令仅具有一定的理想色彩。在德国众多的改革尝试中，1976 年的《法院程序简化和加速法》（《简化修订法》）具有里程碑的意义，它引入了一种简化诉讼程序的新模式，此模式以斯图加特式为基础，追求民事案件中程序的集中紧凑。① 具体体现在：通过法院实施充足的准备措施（通过书面的准备程序和言词辩论的早期首次期日来实施）以使程序尽可能向唯一的辩论期日集中，言词辩论、证据调查及判决的宣示等程序力求在此期日内完成，实现预期加速的目标。同时，要求当事人适时提交其支撑证据并规定了驳回迟延提交的可能性，当然是在迟延缺少理由的条件下。改革强化了当事人的诉讼促进义务和法官的责任，强化了对双方当事人集中实施诉讼的要求，并且法官驾驭当事人和领导诉讼的权限明显加强。② 1976 年的《简化修订法》在运行初期取得了较为显著的成效，诉讼程序明显加速和简化，但随着时间的推移，其效率有所减弱，法院的积案有增无减，案件负担依然超负荷。

为从整体上实现程序加速和减负，1990 年的《司法简化法》

---

① 皮特·高特沃德：《民事司法改革：接近司法·成本·效率——德国的视角》，载［英］阿雷里安 A. S. 朱克曼主编，傅郁林等译：《危机中的民事司法——民事诉讼程序的比较视角》，中国政法大学出版社 2005 年版，第 221 页。

② ［德］奥特马·尧厄尼希著，周翠译：《民事诉讼法》，法律出版社 2003 年版，第 148 页。

规定了 1200 德国马克以下的案件为小额案件，适用特殊的程序。该程序形式灵活，排除了各种声明不服的可能性，被称为仲裁判决程序。① 《司法简化法》将控诉数额提高到 1200 德国马克，上告数额被提高到 60000 德国马克；将证据保全程序规定为独立的证据程序；引入了律师和解程序等。随后 1993 年的《司法减负法》和 2001 年的《民事诉讼改革法》，扩大了独任法官的适用范围，变更了不同的价额界限（控诉数额提高到 1500 德国马克，州法院的受案范围界定为 10000 德国马克），引入强制性的法院外的和解制度（起诉前强制调解制度），并更进一步充实、强化了诉讼上和解制度。自 1990 年以后的改革进一步加大当事人的程序推进义务，限制上诉及简化上诉制度，这一系列着眼于细节修补的很多变革法案的实践效果并不明显抑或没有很好地实施，但其加速案件审理、减轻法院负担的努力不容忽视。

### （二）德国 ADR 制度概况

为缓解司法系统的压力和紧张，除了上述司法体系内的诉讼制度改革之外，立法者在美国、日本等国诉讼外纠纷解决制度迅猛发展的影响下，也试图在司法系统外寻求快速纠纷解决的路径——庭外和解，同时在诉讼系统内也着力发展合意的纠纷解决机制，为当事人提供纠纷解决的多种选择，型构多元的纠纷解决样式。

德国 ADR 的发展状态总体来说较为迟缓，远不如美国、日本等国突出。德国惯有的诉讼文化增强了民众对法院的信任，同时诉讼制度本身的良性运转及内部不断改革，司法危机不突出，寻求诉讼外纠纷解决机制的压力就会减小。而且法院也并不鼓励当事人通过法院外纠纷解决机制寻求救济，诉讼程序本身很好地

---

① 参见汉斯·普吕汀：《改革压力下的民事诉讼建构和欧洲的趋同》，载［德］米夏埃尔·施蒂尔纳编，赵秀举译：《德国民事诉讼法学文萃》，中国政法大学出版社 2005 年版，第 629 页。

吸收了诉讼外纠纷解决方式，具体体现就是诉讼和解制度的不断扩大和发展，这样就满足了多元的纠纷解决需求，因此法院外纠纷解决机制的发展没有紧迫性和必要性，发展动力严重不足。不过，在商事、工业、建筑业以及医学界等领域也存在着相当多的ADR机构，并且也都具有较为悠久的历史，而且工商事协会的和解委员会和调解雇员与劳资委员会之间纠纷的和解委员会还发挥着不小的作用。而且在德国当事人在提起诉讼前，一般会向职业上的咨询人——律师进行法律咨询，透过咨询可以促进权利的实现，当然更多的是通过咨询在诉讼之前以和解的方式解决争议来避免诉讼。根据联邦司法部的调查，德国律师在法院外解决了70%的案子，这是一个巨大的贡献并且极为显著地减轻了法院的负担。①

自20世纪70年代开始，受美国、日本ADR制度发展的影响，德国分别于1977年、1981年和1982年，连续举行了三次有关ADR的大型研讨会，试图以此激发ADR发展的热潮，来试图缓解司法系统的紧张与压力，虽然也取得了一定的成效，但法院外ADR的发展仍然遭遇尴尬，各种调解机构的利用率相当低，所起的作用也非常有限。

20世纪90年代以后，统一后的德国法院面临的案件压力逐渐增大，为提高诉讼效率，缓解法院压力，加速案件审理，立法开始寻求代替性纠纷解决方式。1990年《司法简化法》新创设了律师和解制度，规定双方代理律师可以以其所代理的当事人的名义并在其授权下达成解决纠纷的合意，此合意为强制执行奠定了基础，② 即律师和解债权的实现，无须再以诉讼的形式，而可以

---

① 参见［德］奥特马·尧厄尼希著，周翠译：《民事诉讼法》，法律出版社2003年版，第113页。

② 《德国民事诉讼法》第796a条第1款：律师以他代理的当事人的名义并在其授权下达成的和解，如果债务人在和解中表示屈服于立刻强制执行和解并注明了成立日期并且被当事人达成和解之时普通审判籍所在的初级法院记录，则该和解将依当事人的申请被宣告为可执行。

以简易的执行裁定取得执行名义。经由律师和解而实现债权的程序，主要可大致分成五个阶段：①由两造律师于诉讼外作为当事人之代理人签名成立和解；②和解文书送法院或公证人备查；③向法院或公证人声请执行许可裁定；④执行书之赋予；⑤执行程序之开始。[①] 为鼓励律师积极促成当事人和解，立法提高了律师的法定和解收费，德国《联邦律师收费规则》第 23 条规定，律师和解的法定收费由收取全部费用提高到收取全部费用的 150%，鼓励律师利用此制度，使当事人在向法院寻求救济之前达成和解，同时提高律师的责任感。当然，律师和解也可以在诉讼开始之后缔结。

2001 年的《民事诉讼改革法》规定了强制和解制度，对特定种类的案件在提起诉讼之前必须先进行调解，只有在调解失败的前提下法院才会受理，否则诉讼即会被驳回。德国《民事诉讼法施行法》第 15a 条授权联邦州可以以法律的形式规定：争议额在 750 欧元以下的初级法院诉前的财产权争议、涉及相邻关系争议以及非通过印刷和广播而侵害人身名誉权的诉讼，只有事先在州司法行政管理部门设置的或者承认的调解所尝试了和好解决争议而无效之后，起诉才合法。实践中，原告在提起诉讼时应一并递交调解所出具的关于"和好努力失败"的证明，如果没有提交此证明的话，该诉即会被驳回。这一制度授权州立法者可以使用，并非强制所有的州适用，而且其效力仅及于州民，实践中一些州使用了该授权，但不是所有的州。这样，使相当多的案件在法院外得到调停的机会并于诉前得到解决，减少了涌入法院的案件数量，缓解了法院的案件负担。当然，减负只在和解程序成功的情况下产生效果，此外，这还使通向法院的入口变难和变贵了。[②]

---

① 沈冠伶：《"律师之和解"作为裁决外纷分处理制度——从德国经验论引进我国之可能性》，载《政大法学评论》第 88 期。

② ［德］奥特马·尧厄尼希著，周翠译：《民事诉讼法》，法律出版社 2003 年版，第 7 页。

### （三） 德国诉讼和解制度

德国典型的法院附设替代性纠纷解决机制是诉讼和解，双方当事人在诉讼程序内在法官面前友好地以合意的方式解决纠纷，从而避免了法院的对席判决。此制度在德国古已有之，并历经了几个发展阶段，1877 年制定的德国《民事诉讼法典》规定了任意和解制度，1924 年德国民事诉讼法修改时，任意和解制度被取消，取而代之的是强制和解制度，到了 1950 年，强制和解制度被废除，1976 年之后的德国民事诉讼法规定了促进和解制度，即不论诉讼进行到何种程度，法官均应注意使诉讼或各个争点得到和好的解决。近年来随着各国 ADR 的发展和德国诉讼制度的改革的需要，法院积极将诉讼外制度因素引入诉讼程序，实现诉讼内外的良好结合，将大量的案件在制度内以和解的方式解决，成功地实现了诉讼程序的替代。加之民众对法院的尊重和信任，更扩展了诉讼和解制度的发展空间。于此，德国的替代诉讼的法院外 ADR 制度发展平平，远不如日美等国的如火如荼。但德国的诉讼和解制度因吸收了诉讼外制度的因素而备受关注和重视，在很多案件中，通过诉讼和解和好的平息一项争议更适切，并因此比起以判决方式结束争讼来更受偏爱；因为判决对原告的申请只能以"是"或者"不是"来裁判，相反，和解的内容不在此意义上预先决定。[①] 开普兰（Kaplan）和他的合作者认为，"调解（和解）有时被授予司法功能体现者的王冠，因为这是一个良好的法律体系所一直努力的目标……确实只有在很少的案件里才不会采用调解，而且通常是由法官来提出是否调解的讨论"[②]。

---

① ［德］奥特马·尧厄尼希著，周翠译：《民事诉讼法》，法律出版社 2003 年版，第 7 页。
② 约翰·H. 朗本：《德国民事诉讼程序的优越性》注［25］，载［德］米夏埃尔·施蒂尔纳编，赵秀举译：《德国民事诉讼法学文萃》，中国政法大学出版社 2005 年版，第 673 页。

## 1. 诉讼和解的优势

一般来说，当事人或者法院选择和解来结案存在着诸多有利的因素，尤其对当事人来说可以节约时间、精力和耗费，相较于诉讼来说这一优势尤为突出；当事人间可进行充分地交流、沟通与合作，严格的对抗与对立情绪淡化，维系并发展双方既成的友好和睦关系，这对商业合作伙伴或者是邻里之间的当事人来说就显得更为重要，甚至可以型塑和创造当事人间未来的友好关系；而且，可以超越双方当事人的诉讼标的的范围来确立彼此之间的关系或将案外第三人考虑在内，进而通盘考虑、全面彻底地解决纠纷。而在支持和解的法官的眼里，其好处主要表现在：它加速了案件的审理；败诉方也不会提出申诉；法官也免除了制作判决的负担，这在一个严格考虑判决内容的法律环境里制作判决是需要付出很多精力的。[①] 当然，在诉讼程序展开过程中，法院在任何情况下都不能强制当事人进行和解，和解应在当事人有和解意愿的前提下由法官提出和解建议并最终在当事人合意的条件下达成，当然在司法实践中不排除法官向当事人施压而迫使当事人接受和解建议形成和解的情形。

## 2. 诉讼和解的程序

在大量的法院受理的案件中，程序的最终是以和解而不是以判决来结束的，而且法律规定在诉讼程序的任何阶段法官均应尽一切可能致力于促成当事人友好解决争议，实现和解。为在诉讼程序的初始阶段尽早促进当事人和解，以节省当事人及法院的资源及时间，《德国民事诉讼法》第 278 条第 2 款规定，原则上对席的言词辩论必须前置一个和解辩论程序，立法者试图以此程序来提高一审的和解率，并加快诉讼程序。法律上也规定了强制和解辩论的例外情况：即只有在已在法院外的和解所进行过和好努

---

① 约翰·H. 朗本:《德国民事诉讼程序的优越性》注［25］，载［德］米夏埃尔·施蒂尔纳编，赵秀举译:《德国民事诉讼法学文萃》，中国政法大学出版社 2005 年版，第 673 页。

力的情况或者显示和解辩论明显无前景的情况，才不进行和解辩论（《德国民事诉讼法》第278条第2款）。和解辩论的任务是法院与双方当事人一起对案件的实体状态和争讼状态进行探讨，期间并不进行搜集证据的工作，只是就已知情形进行商讨，测试和预测彼此的和解意向和可能。和解辩论程序应命令双方当事人亲自出席，如果当事人没有遵从亲自出席的命令并且也没有派送可阐明待裁决事实关系和有权缔结和解的代理人，则可以如同针对未在讯问期日到场的证人一样针对他处罚秩序金（《德国民事诉讼法》第278条第3款）。当然，也有学者认为此规定不尽合理，因为出席的当事人可能什么也不说，或者如果双方当事人因秩序罚款的威吓而被迫参加和解辩论的话，则极有可能无法创造出和解的友好气氛而意义不大。① 和解辩论程序作为一个独立的程序阶段是独立于言词辩论程序的，如果和解辩论没有达成最终的和解，则应当无迟延地指定言词辩论期日，直接与言词辩论相衔接。

诉讼和解程序并未详细规定在德国法律中，但通常情况下，诉讼程序在展开的过程中，每个期日的启动通常以法官点呼案件而开始，法官首先要做的就是向当事人及其代理人介绍案件的实体状态和争讼状态，并在前期诉讼准备的基础上对案件作出中立的总体评价，而且往往法官也会与当事人进行交流，商议和解的可能性。当然，如果之前已经进行了和解辩论程序，则此时法官不会再次提出和解问题。随着言词辩论及证据调查的展开及案情的进一步明朗化，当事人双方与法院均对案件有了更深入地了解，当事人双方对彼此的优势、地位和情势也有了充分的估计，法官亦会适时提出和解建议，有和解意愿的当事人此时通过相互沟通、相互让步进而达成和解，和解的内容不能超出双方当事人

---

① 参见［德］奥特马·尧厄尼希著，周翠译：《民事诉讼法》，法律出版社2003年版，第408页。

的处分权限，否则当事人无权和解。和解的达成应在言词辩论中进行声明并且在庭审笔录或者附卷中记录，笔录必须向当事人宣读、或者在录音设备暂时记录的情况应向当事人播放以征求其同意，而且笔录应由审判长签名以及在书记处的书记官记录的情况也可由该书记官签字（参见《德国民事诉讼法》第160条、162条、163条）。违反上述形式规定的诉讼和解不产生法律效力。

另外，在德国还存在着书面和解程序。当事人在提起诉讼之后，法官在确定言词辩论的主期日之前需要做相当的准备工作，如确认原告是否交纳了费用或是否申请了诉讼费用救助，是否实施了州法所规定的调解程序等，但更为重要的是法官要选择合适的程序为主期日进行准备。法律所提供的程序有两种：指定一个早期首次言词辩论期日或者书面准备程序，法官通常会根据诉讼的具体特点来选择适用的程序，一般来说，简单的和紧急的案件以及和解努力有望取得成效的案件，适合于早期首次期日；相反，因诉讼材料疑难和广泛有必要进行全面准备的诉讼，更适合于书面准备程序。① 在书面准备程序中，《德国民事诉讼改革法》的第278条第六款新增了在书面程序中达成和解的可能。法院会向双方当事人书面提出和解建议，如果此建议双方当事人以书状的形式表示接受，则法院会以裁定的形式确立和解的成立和内容，法院的裁定限定于法院建议的内容，如果双方当事人有更多的和解建议，则需向法院提出，由法院再次向双方当事人提出新的和解建议。

一般情况下，诉讼和解可发生于诉讼程序运行的任何阶段，包括和解辩论、早期准备期日、言词辩论等诉讼系属内的所有阶段，但也不完全尽然，在诉讼程序之外，如在批准诉讼费用救助程序和独立证据程序中也有和解的可能，并赋予其与诉讼和解具

---

① ［德］汉斯－约阿希姆·穆泽拉克著，周翠译：《德国民事诉讼法基础教程》，中国政法大学出版社2005年版，第47页。

有相同的效力。德国允许经济给付能力欠缺并对权利追诉或权利防卫具有充分的胜诉前景的当事人申请诉讼费用救助，在批准诉讼费用救助程序的过程中，法院要对申请进行某种审查程序，通常也会听审对方当事人，如果存在当事人双方和解的前提，法院则会传唤他们到审判长面前或审判长命令的法官面前或司法辅助官面前进行商议，如达成和解则会形成记录（《德国民事诉讼法》第117条、第118条）。德国1990年的《司法简化法》将诉讼程序之外的单独的证据保全程序规定为独立的证据程序，一方面扩大了起诉前证据调查的范围，另一方面也规定当事人可在独立证据程序中达成和解，并赋予其执行名义。在独立证据程序中，如果双方有望通过和解达成一致，法院可以以口头探讨为目的传唤双方当事人，使当事人在此程序中达成和解，避免了可能的诉讼。独立的证据程序的结果与在诉讼法院前进行的证据调查的结果具有同等地位（参见《德国民事诉讼法》第492条、第493条）。①

### 3. 和解程序中法官的作用

在德国和解程序中，法官的角色通常比较积极，较之诉讼程序中的法官角色更为主动，即法官可以积极主动地促进当事人和解，法官更多的是扮演调停人的角色，而且在程序的任何阶段，法官都有这样的权力。德国的诉讼和解通常在诉讼法官面前进行，但也可以在受命法官或受托法官面前进行。② 当然任何法官均不具有强迫当事人进行和解的权力，和解的最终达成依赖当事人间的合意，只有在合意的前提下达成的和解才有可能得到更好地执行。法官参与和解的方式主要有两种，即提出附理由的和解

---

① 参见［德］汉斯－约阿希姆·穆泽拉克著，周翠译：《德国民事诉讼法基础教程》，中国政法大学出版社2005年版，第280页。
② 受命法官即报告法官，系合议庭的一名成员，主要负责对由审判组织发布的裁判作鉴定式的准备，并且向其他法官陈述裁判建议，并与合议庭的表决结果相一致草拟裁判文本。受托法官是指在司法协助的范围内委托给其他法院的法官。

方案和对案件进行"心证开示"与和解劝告。[①]法官提出附理由的和解方案，是指法官在书面和解方案或建议书中对案件争议的实体和法律问题进行分析，表明法官对案件的判断，提出案件的和解建议并向当事人进行合理的阐释，当事人在参考法官的意见后可进行充分的商讨，以决定是否和解。

法官主动参与和解的另一种方式是在案件审理的过程中"开示心证"，即随着案件的逐步深入，证据调查的广泛展开，法官会对案件的事实和法律争议问题进行客观地评析，以表明法官对案件可能的结果的暂时性观点与看法。而且法官常常会和当事人进行讨论，如果一个案件对一方当事人来说其请求是很脆弱或没有希望的，法官就会积极鼓励这个当事人放弃诉讼或者建议和解。[②]法官往往通过向当事人分析案件、预示可能的结果等积极的引导行为向当事人提供了关于案件的全面信息，当事人也可借此通盘考虑彼此的形势与地位，对案件逐步有趋于准确、客观的评价，这利于当事人正确地作出决定，督促当事人通过和解等其他方式尽早地解决纠纷，结束诉讼程序，避免程序的进一步支出。实践中法官也常常通过此种方式在当事人间寻求和解，实现纠纷的全面解决。

### 4. 和解的效力及无效

德国诉讼和解的诉讼效力在于诉讼程序通过和解而结束，它消除了诉讼系属（《德国民事诉讼法》第 81 条、第 83 条）。具有可执行内容的诉讼和解是执行名义（《德国民事诉讼法》第 794 条），即诉讼和解与确定判决具有相同的效力。当事人间的纠纷因诉讼而起，因合意达成和解而结束，从而也由此结束了诉讼程

---

① 参见谭兵主编，王志胜、邓和军副主编：《外国民事诉讼制度研究》，法律出版社 2003 年版，第 304 页。

② 约翰·H. 朗本：《德国民事诉讼程序的优越性》，载［德］米夏埃尔·施蒂尔纳编，赵秀举译：《德国民事诉讼法学文萃》，中国政法大学出版社 2005 年版，第 673 页。

序，而且具有法律所规定形式的和解的可执行的内容是执行名义，债权人可以强制实现他的请求权。

诉讼和解可能因程序性原因或实体的原因而无效，程序上的原因包括未依法记录和解、缺乏诉讼行为要件等，实体上的原因包括和解违反公序良俗、违反法律禁令、因为错误、恶意欺诈或者违法的胁迫而作出了撤销、解除条件已发生、或者推迟的条件未发生等。对无效和解的确认是在原程序中进行还是另行开启新的程序要根据不同情况作出不同的处理。如果因为和解无效双方当事人间还未被裁判的争议继续存在，则必须继续实施旧程序，相反，如果和解的有效性仅仅是关于其他的诉讼标的的裁判的先决问题，例如涉及因和解而新产生的请求权之履行的问题，则必须在新的诉讼中对之审理。① 如果法院认为诉讼和解无效，则可对之通过中间判决或者在对诉讼作出的终局判决的理由中作出裁判。如果法院认为诉讼和解有效，则应通过终局判决（诉讼判决）确认权利争议已通过诉讼和解终结。②

# 五　日本

日本的纠纷解决制度相对来说比较系统和完善，在诉讼作为主要的纠纷解决方式之外，存在着大量的审判外的纠纷解决形式。主要包括：法院的民事调停；污染纠纷调解委员会；交通事故纠纷处理中心；消费者中心和产品责任中心；律师协会仲裁中

---

① BGHZ 28, 171 = NJW 1958, 1970（关于原始无效和关于撤销）；BGH NJW 1972, 159（关于解除条件的产生）；BGH NJW 1999, 2903 = JZ 2000, 421 附随 Münzberg 的评论（在确认和解无效的情况产生的回偿请求权应在继续实施的旧程序中主张）；也参看 BGHZ 86, 184, 187f. = NJW 1983, 996；BGHZ 87, 277 = NJW 1983, 2034, 又见更多证明；Rosenberg/Schwab/Gottwald § 131 IV 1b；BGHZ 97, 227；MünchKomm/Pecher（脚注 69）Rn. 90, 各有更多证明。转引自〔德〕汉斯－约阿希姆·穆泽拉克著，周翠译：《德国民事诉讼法基础教程》，中国政法大学出版社 2005 年版，第 177 页。

② 〔德〕奥特马·克厄尼希著，周翠译：《民事诉讼法》，法律出版社 2003 年版，第 256 页。

心；国际商事仲裁协会。调停一般是指"第三人进行居中调停或协助以达到自主解决当事人之间纠纷（或达成纠纷解决的合意）的目的"。[①] 在日本，调停主要是由法院负责运作的诉讼外纠纷解决制度，属于非诉程序的一种，是典型的法院附设替代性纠纷解决机制。诉讼和解虽发生于诉讼程序之内但是以合意解决纠纷，也可被看作是附设于法院的诉讼外纠纷解决形式。因此，日本的法院附设替代性纠纷解决机制主要是指日本的法院调解（日语一般称为"调停"）制度和诉讼和解制度。目前调停制度得到了日本民众的高度认可和广泛采用，成为民众解决纠纷的主要手段之一。每年日本利用调停制度处理的案件大约有 15 万件，纠纷解决率位居审判外处理纠纷的榜首。[②] 而由民间或行政机构运作的调解分散在特定的领域（环境污染领域、交通事故的处理、消费领域等），但其在规模和制度化程度方面是非常有限的，与法院调解不可同日而语。

## （一）　日本的法律文化

日本自 1868 年明治维新之后开启了现代化进程，如今已成为唯一的完成了现代化的非西方国家。日本历史上有两次划时代的法律变革，成就了日本法律发展的特色。一次是 7 世纪左右全面承袭中国唐时的法律，正式形成了当时的国家法律体系；一次是第二次世界大战后以西方为范例，全面移植美国法。由此，日本的法文化、日本人的法律态度也因其独特性而受到各界的广泛关注。

曾有学者将传统日本人对待法律的态度概括为：对法律和法律程序的反感，对司法外和解而不是司法程序的强调，未从道德

---

① 石川明、尾村太市编：《注解民事调停法》《民事调停规则》，1993 年修订版，第 50 页。转引自［日］小岛武司、伊藤真编，丁婕译、向宇校：《诉讼外纠纷解决法》，中国大学出版社 2005 年版，第 29 页。

② 冷罗生著：《日本现代审判制度》，中国政法大学出版社 2003 年版，第 199 页。

观（比如情义）中分化出来的法律概念，对权利和契约的不确定观念，如此等等，所有这些都建立在一种尊崇和谐的国民性或者一种情绪的而不是逻辑的精神之上。[①] 日本人的法律传统，或许与全面承袭中国唐朝时的律令及法律观念有关联，日本家永三郎教授指出："毫无疑问，作为日本大化革新以及律令制度的理念支柱，新传来的中国大陆思想——儒教的政治哲学在其观念上发挥了主要作用，另外，由于朝廷热衷于佛教信仰，结果使佛教人道主义的道德精神渗透到为政者思想中的事实也难以否认"，认为儒教和佛教同时对律令产生了重大影响。[②] 同时日本与我国传统社会一样没有生成出权利至上、法律至上的理念，法律在日常生活中的作用同样不是举足轻重。日本虽是自 1868 年明治维新开始就将其法律予以极其彻底地西方化，在此过程中，它已经就法国法、德国法以及后来的英美法加以选择和坦然折中。但是在进行审判和解决个人间冲突的实际程序中，具有两千年历史的儒家思想模式常常要胜过西方模式。[③] 而且，日本的天皇制度和家族制度将本土因素完全融入继受法，而在这样的制度下是强调特权等级与身份的，对义务的强调远胜于对个人权利的重视，在很大程度上这与强调固定、一般与同等对等的法律制度是水火不相容的。在日本有法律是"家传宝刀"的说法，所谓"家传宝刀"意味着家中代代相传的宝物不是杀人工具，而仅仅是"家"的装饰或权势的象征。把法律当作"家传宝刀"来考虑，意味着不认为法律是为了

---

① 参见，Kawashima, 1963, 1967；Noda, 1976. 转引自 [日] 千叶正士著，强世功、王宇洁、范愉、董炯、彭冰、赵晓力译：《法律多元——从日本法律文化迈向一般理论》，中国政法大学出版社 1997 年版，第 96—97 页。

② [日] 家永三郎：《日本道德思想史》，1977 修订版，第 29 页。转引自 [日] 大木雅夫著，华夏、战宪斌译：《东西方的法观念比较》，北京大学出版社 2004 年版，第 102—103 页。

③ [美] H. W. 埃尔曼著，贺卫方、高鸿钧译：《比较法律文化》，清华大学出版社 2002 年版，第 29 页。

控制社会生活而动用政治权力的手段，仅仅是装饰物而已。①

日本传统社会没有形成近代市民社会的构造，也就没有形成内化于市民社会的平等、权利等精神。在德川时代，构成社会的是一些小集团："家庭"、亲属、部落，或各种辈分性集团。它们在广阔的生活范围内彼此联系与协作，形成一种稳固的"协同体"的关系，而内中的成员均以维系和稳定整个协同体的关系为上，而以破坏这样的关系为耻。在这样的体系内，确定的权利与义务的关系没有存在的空间。自然日本人的权利观念也就与西方社会迥异，有着"概念的不确定性"的独特特征。千叶正士曾指出，人们的个人权利意识和法律意识就其附着于追求家庭和睦的传统感情来看，很可能是薄弱的、不确定的甚或是不存在的……尽管如此，在某些领域仍可以清晰地发现个人权利意识的存在。②川岛武宜（Kawashima）则以西方的概念分析了日本人个人权利观念，他认为，日本人的观念具有个人权利的不确定性和弥散性的特点，由于采用了义务本位而非权利本位的方式，该观念的具体内容因事而异，其结果往往导致当事人之间形成不平等的关系。同时，他指出日本人的一个传统倾向是优先考虑调和当事人冲突的方法，他认为他们"不仅对诉诸法律诉讼十分犹豫，而且非常乐意用和解的方式来解决已提起的诉讼"，而且日本法院也"倾向于接受既成的事实，且试图通过司法外的调停使当事人和解"③。川岛武宜指出，传统的日本人的法意识中，认为权利、义务是"若有若无的东西"，不愿让它明确化为确定的东西。而以诉讼——所有或者一无所有的形式来作出判断、解决纠纷——的形式来解决，本来不仅与日本的人际关系及随之而来的意识难以

---

① 〔日〕川岛武宜著，王志安、渠涛、申政武、李旺译：《现代化与法》，中国政法大学出版社1994年版，第158页。

② 〔日〕千叶正士著，强世功、王宇洁、范愉、董炯、彭冰、赵晓力译：《法律多元——从日本法律文化迈向一般理论》，中国政法大学出版社1997年版，第154—155页。

③ 同上书，第158页。

调和，乃异质之物，而且，通过这种裁判，迄今不明确、不确定之权利义务，也转化为明确、确定的事物。由于权利义务关系不明确、不确定能形成并维持当事人间友好或"协同体"式的关系，而上述的诉讼则因"黑白分明"破坏了这种友好的"协同体"式关系的基础。① 但在日本学者中也有不同意见者，大木雅夫从另一视角出发，认为日本社会各个时代都存在权利意识，但这种权利意识却始终没有表现在法律意识的表层上，或者是"未发而终"，究其原因是具体实现权利意识的装置不完善所致。他认为日本目前的司法制度的虚弱状况正是日本传统的延续，同时也是人们对法院产生不信任感的根本原因所在，由此造成了人们回避诉讼的主要原因。②

　　日本传统社会中强调和的观念，这或许与宇宙和谐的观念不无关系。而且和的精神就促使以调停的手段来解决纠纷，实现"圆满收场"的目的。日本商事调停法案委员会高木益太郎曾说："日本宪法（古代）的起草人圣德太子，在宪法第 17 条中写人和为贵，这表明，日本与讲权利义务的其他国相异，个人间的事件应折中妥协地解决并当以此为宗旨；日本不应当像西方一样，一切据照法律而行，必须以人情道德为主。因此，总的来说调停主义是日本所固有之主义……"③ 日本野田良之教授则从性格学的角度认为："日本人不能满足一方胜诉则另一方必然败诉的审判逻辑，日本人总是要寻求更为灵活与暧昧的结果。日本人的情动性要求更为和谐地和解全部当事人的利害关系，即日本人的所谓'圆满解决'。西洋意义上的法不能带来这种解决结果，因此，与

---

① ［日］川岛武宜著，王志安、渠涛、申政武、李旺译：《现代化与法》，中国政法大学出版社 1994 年版，第 172 页。

② ［日］大木雅夫著，华夏、战宪斌译：《东西方的法观念比较》，北京大学出版社 2004 年版，第 157—162 页。

③ 日本《第 51 届帝国议会众议院委员会录》，五类十八号三四二页。转引自［日］川岛武宜著，王志安、渠涛、申政武、李旺译：《现代化与法》，中国政法大学出版社 1994 年版，第 190—191 页。

诉讼相比，日本的诉讼当事人更喜欢调停。"① 日本传统社会中为政者一方面以谦让、融和之类的道德说教来教化民众，另一方面国家的司法审判组织有限，为应对日益激增的案件而鼓励民众进行私了，这种私下解决的方式可由原告单方提出，也可在诉讼的任何阶段采用，甚至在判决之后也可进行。而且这种私下解决一般都有调停人居间进行调解，一旦调解成立，当事人之间互换"私下解决交换证文"，"私下解决交换证文"提交给法院，得到法院的承认后，则与判决具有同等效力。② 宽政元年（1789 年）对评定所的官员提出"只靠私了解决公事事件为本"，甚至可以说："在近世的一切民事审判中，私下解决是一贯的原则。"③ 由于纠纷的私下解决已广泛使用。在江户中期，日本社会出现了帮助百姓进行诉讼的公事师，他们或者担任诉讼代理人，或者作为私了的调解人。封建社会的统治者一面容忍了公事师的存在，一面给予了民间社会广泛的自治权，将纠纷处理权赋予了社会的自治团体。而且，在日本中世纪时期，即自镰仓时代始，领地诉讼不一定非以判决来结案，也经常通过"和与"（和解）来结案，和与（和解）是镰仓幕府尤其鼓励的方法。④ 实际上，当时近半数的领家与地头之间的纠纷都是通过和解解决的。日本的法意识与调停的发展密切相关，正是因有着如上的权利意识、法律意识及相关的道德理念意识，或许能为日本历史上以至如今出现的调停制度兴盛及制度化的景象作一注解。

---

① ［日］野田良之：Introduction，p. 181。转引自 ［日］大木雅夫著，华夏、战宪斌译：《东西方的法观念比较》，北京大学出版社 2004 年版，第 16 页。

② ［日］藤原明久著：《幕藩法》。大禾秀男，牧英正编：《日本法制史》，1975 年版，第 231 页。转引自 ［日］大木雅夫著，华夏、战宪斌译：《东西方的法观念比较》，北京大学出版社 2004 年版，第 133－134 页。

③ ［日］小早川著：《近世民事诉讼制度的研究》，1957 年版。转引自 ［日］大木雅夫著，华夏、战宪斌译：《东西方的法观念比较》，北京大学出版社 2004 年版，第 134 页。

④ ［日］石井良助：《法制史》，《体系日本史丛书 4》，1980 年版，第 136 页。转引自 ［日］大木雅夫著，华夏、战宪斌译：《东西方的法观念比较》，北京大学出版社 2004 年版，第 108 页。

### （二） 调停的沿革及制度规定

#### 1. 调停的沿革

日本在封建幕府统治的江户时代就曾出现过称为"内济"的调解制度，即由担任管理镇、村或征收地租等代表人的士绅或村吏助理作为处理人，让当事人调停，调停如果成立，就由当事人写下私下了结的证明文字呈交奏行。[①] 这一时期的调停强调当事人之间以人情、情义及家族间的良好风俗等私下解决，以国家作为主体的调停基本上不需要。到了第一次世界大战之后，世界范围内的权利意识、法律意识风起云涌，日本也不可避免地被卷入世界化的浪潮之中。以往的协作式的社会关系开始解体，加之国外的民主思想的影响，日本权利意识随之产生并逐渐发展，人们出现纠纷也经常去法院寻求解决。

国家为应对如此的危机情势，试图建立调停制度以扼制市民权利意识的膨胀及对传统人情、道德等理念的弘扬。随之政府自1922 年始先后制定了租地租房调停法、佃耕调停法（1924 年）、金钱债务临时调停法（1932 年）及人事调停法（1939 年）等一系列单行调停法，以规范调停制度。这一阶段的调停法已不再是通过农村中的长者、头面人物或地方权贵来进行的私下调停，而是由代表国家的裁判所选任的调停委员以法律的程序进行调停。调停人进行调停时并不是依据法律来判断当事人间的权利义务关系，而是试图用产生于当事人间的情谊、道德等来解决问题，法律不是解决当事人间争议的首选。裁判所内部的主导思想是"调停（尤其是家事调停）不应考虑法律，而应本着门外汉之圆满主义常识来处理"。人事调停法的制定理由中提到"对于亲族之间的纠纷、及其他有关家庭的事件，从我国自古以来的淳风美俗和

---

[①] ［日］小岛武司、伊藤真编，丁婕译、向宇校：《诉讼外纠纷解决法》，中国政法大学出版社 2005 年版，第 3 页。

特有的家族制度上看，以道义为本用温情来解决是最理想的……"（议会上盒野法相所做的人事调停法提案理由说明）。①人事调停法的目的在于利用传统的"协和精神"②来排斥法律的运用，这一系列的调停制度面对以往的社会结合解体和市民中权利意识的增长，是企图通过对纠纷做非权利性的处理来阻止和消除市民中权利意识的增长。在这些制度意图的背后，存在着对市民的权利意识的排斥和对"义理人情"等非权利性纠纷处理的执著这种传统的价值观。③

在日本军国主义时期，出于发动对外侵略战争的特殊需要，民众的诉讼请求被认为不利于前方战事而被大大压制，为追求"后方人心安定"，实现纠纷的"圆满收场"，以调停为主的纠纷解决方式占据了主流，并制定了战时民事特别调解规定。而且调停的适用范围也扩大到所有的民事纠纷，而不再是限于以前的单行法规定的调停的特定适用范围。而且在有关金钱债务纠纷等领域也开始出现强制调解的制度，所谓强制调解，是指对于当事人就 1000 日元以下的债务提起的诉讼，法院可以依职权将其转化为以调解程序处理，如果调解因当事人未能达成合意而不成立的话，则法院听取民间的调解委员意见后，有权在衡量"一切事

---

① ［日］川岛武宜著，王志安、渠涛、申政武、李旺译：《现代化与法》，中国政法大学出版社 1994 年版，第 64—65 页。

② 日本《国家体制之本义》（1937 年）一书中有关于"协和精神"的解释："即使能够在个人主义里找到调整缓和该矛盾对立所需的协同、妥协、牺牲，其结果也非真正的协和。……我国的思想、学术与西方诸国的思想、学术之间，之所以存在着根本性差异，其原因其实就在这里。我国之协和，不是出于理性、相互独立、平等的个人机械式协调，而是本着协和精神存在于全体之中，由此而保全一体，这样一种高度的协和。……即家族里父子关系之纵向的协和，与夫妇兄弟之横向的协和相互结、发扬光大浑然如一体之协和。进一步在任何集团生活里都必须实现这样协和。……不论身份的高与低、富或贫、当政或在野、公与私、其他农工商等，不应固持私利互为对抗，而因上下一致以和为本。"《国家体制之本义》，1937 年文部省，第 50—51 页、第 55—57 页。转引自［日］川岛武宜著，王志安、渠涛、申政武、李旺译：《现代化与法》，中国政法大学出版社 1994 年版，第 192—193 页。

③ ［日］川岛武宜著，王志安、渠涛、申政武、李旺译：《现代化与法》，中国政法大学出版社 1994 年版，第 65 页。

情"的基础上，就包括"债务关系的变更"在内的任何权利义务关系做出"代替调解"的命令。当事人只能对法官的决定提出简易的上诉（"即时抗告"），而这种决定一旦确定就发生与判决相同的效力。① 之后强制调解的适用范围逐渐扩大，在房屋租赁、租佃以及商事关系等领域广泛使用，基本涵盖了所有的民商事纠纷，成为当时裁判所依职权将诉讼转化为调解的基本依据。

"二战"结束后，日本的政治形势发生了显著的变化。旧式政治权力已经崩溃，日本开始了一系列的民主化政策的进程。以保障个人的自由与独立、保障民主主义的新宪法的制定为代表，大量的法令开始制定。虽然此阶段西方法律的理念与制度日渐渗入，对日本原有的法律理念造成了相当的冲击，日本事实上已建立了现代化的法律体系并已发展成现代化国家。但"实际上，即使在接受西洋近代法律体系之后，以更为合理且与义理观念相悖的各种原则为基础的国家法也并没有能够简单地支配日本民族的社会生活"②。日本大部分社会纠纷仍在国家法之外得到处理，与其说是法院作为审判机关在发挥作用，不如说是作为调停机关在发挥作用。③ 日本 1947 年依新的家属法制定了家事审判法，同时废除了以前的人事调停法，之后，又于 1951 年制定了民事调停法，作为适用所有民事纠纷的解决手段。与此同时，废除了之前的各种调停法规，战后初期在房地产领域仍适用的"代替调解"的命令也因其违宪而被废止。同时该法制定了有关调停的通则，就住宅地建筑物调停、农事调停、商事调停、交通事故调停以及

---

① 王亚新：《日本民事诉讼中的宪法性保障和民事审判权》，载王亚新：《社会变革中的民事诉讼》，中国法制出版社 2001 年版，第 242—243 页。

② ［日］野田良之：Introduction，p. 196 ets. 转引自［日］大木雅夫著，华夏、战宪斌译：《东西方的法观念比较》，北京大学出版社 2004 年版，第 17 页。

③ ［日］大木雅夫著，华夏、战宪斌译：《东西方的法观念比较》，北京大学出版社 2004 年版，第 17 页。

矿业公害调停等设置了特则。① 这一时期的调停理念虽不曾与之前以情理的圆满解决的理念有根本的断裂，但也确实发生了显著的变化。将调停委员定位为特邀的法院工作人员；重用有资质和见识的专家来作为调停委员，以此提高调停人员的质量；明确调停必须基于当事人的意思，其核心必须是当事人的合意；重视对事实的调查，活用专业知识，密切与法官的合作，确立合理的实践经验（民事调停案件处理纲要等）。② 调停委员需具备相应的法律知识，调停的法律导向开始得到重视，调停制度作为与诉讼制度并列的一项纠纷解决的重要制度，尽管在发展的初期曾遭遇曲折，但目前在纠纷解决领域发挥着重要作用。

**2. 调停的制度规定**

日本的调解程序，是指经设置于法院里的调解委员会的斡旋、调停，使当事人达成解决纠纷合意的程序，在广义上讲属于非诉事件。③ 目前的调停制度，依管辖的法院和处理案件范围的不同可以分为《民事调解法》（昭和 26 法 222 号）规定的民事调停和由《家事审判法》（昭和 22 法 152 号）规定的家事调停两大类。民事调停由地方裁判所和简易裁判所管辖，处理一般的民事纠纷和商事纠纷；家事调停则由家事法院管辖，处理有关婚姻家庭方面的纠纷。

日本的《家事审判法》规定了家事调停的适用范围及调停机构、调停效力及程序等内容。其第 17 条规定："家事法院对于与人事相关的诉讼案件及其他与家庭相关的一般性案件进行调停。"根据案件性质的不同，家事审判案件明确分为两大类（《日本家

---

① 〔日〕小岛武司、伊藤真编，丁婕译、向宇校：《诉讼外纠纷解决法》，中国政法大学出版社 2005 年版，第 4 页。

② 〔日〕小岛武司、伊藤真编，丁婕译、向宇校：《诉讼外纠纷解决法》，中国政法大学出版社 2005 年版，第 4 页。

③ 〔日〕中村英郎著，陈刚、林剑锋、郭美松译，常怡审校：《新民事诉讼法讲义》，法律出版社 2001 年版，第 14 页。

事审判法》第 9 条）：一类是不适合用调解程序加以解决的"甲类案件"（非讼性质比较明显的禁治产及失踪的宣告、监护人的指定、遗嘱的确认等），此类案件适用非讼程序处理。另一类是可以适用调解的"乙类案件"（有关离婚或解除收养关系后的财产分配、遗产分割、亲权监护等争议性很强或涉及较多财产关系的案件），对于此类案件，家事法院无论在适用家事审判程序进行审理之前还是在审理过程中的任何阶段，都可以依职权交付调解（《日本家事审判法》第 11 条）。此外，普通裁判所仍管辖离婚及解除收养关系等少数几种关于婚姻家庭继承方面的财产和身份关系的纠纷，并对这些案件实行调解前置主义，当事人在向地方裁判所提起诉讼之前必须首先向家事法院提出调解申请（《日本家事审判法》第 18 条），只有当调解不成时，当事人方可向普通裁判所提起诉讼。

《民事调停法》对民事调停的作用、适用范围、运作程序及效力等各方面均有明确的规定。其第 1 条即开宗明义地规定民事调停是指对于有关民事的纠纷，调停机构进行斡旋、居中调解，以通过当事人互相让步达成既合乎情理又符合实际情况的解决方案为目的。民事调停与民事诉讼的适用范围基本相同，除了行政性、刑事性的案件不能申请调停外，大多的民商事纠纷均可通过调停程序来解决。当然，涉及家庭婚姻方面的纠纷则会由家事法院来管辖，由家事法院适用家事调停或家事审判程序，不过民事调停与家事调停二者之间也存在着一定的重合。如果只能采取民事调停或家事调停其中一种方式的案件，错误地要求了另一种调停方式，法律对这种情况下的相互移送程序也作了规定（《民事调停法》第 4 条第 1 项，《家事审判规则》第 129 条之 2 第 1 项）。近年来日本因经济不景气导致破产的企业增多，为及时处理与破产有关的纠纷，日本于 1989 年 12 月颁布了与破产程序相类似的民事调停法规——《特定调停法》，以对此类案件加强规范处理。

战后调停制度的发展也不是一帆风顺，曾一度被指责为"前近代性的产物"，任用此程序解决纠纷被视为权利意识低下、与时代潮流不符，调停等诸多 ADR 形式并未被正式接受。但是随着社会的进步，经济的迅猛发展，诉讼的成本高、时耗长等诸多弊端日益显现，民众对诉讼的期望不断下降，作为诉讼制度的补充，民众对调停等诉讼外纠纷解决方式开始逐渐重视。作为一种介于自主对话解决和通过诉讼解决中间位置的纠纷解决制度，①民事调停因之方便、迅捷、灵活及解决妥当等诸多属性而在日本得到广泛运用。虽然也存在着相当的质疑之声，但根据日本全国性的统计，民事调停案件新受理的件数在平成二年度为 32424 件，占 203506 件诉讼新受理案件数的 15.9%，但到了平成七年度就有 129136 件，占该年度 389344 件诉讼新受理案件数的 33.1%，大约三分之一。从案件的增长比率来看，从平成二年度到平成七年度，诉讼新受理案件数的增长率是 191.3%，不到二倍，而民事调停案件的增长率竟达到了 398.2%，约为四倍。② 调停的发展速度是惊人的，有着良好的发展前景和广阔的发展空间。越来越多的日本国民一旦发生纠纷，首选的方式是诉讼外处理方式，只有当这一方式难以达到解决纠纷的目的时，国民才不得不通过提起诉讼来予以解决。③

家事调停除在案件的受案范围方面与民事调停有所区别外，在调停的程序、运作及效力等各方面都与民事调停如出一辙，没有更多的不同之处。下面的介绍中更多的是以民事调停作为讨论的范本。

---

① ［日］小岛武司、伊藤真编，丁婕译、向宇校：《诉讼外纠纷解决法》，中国政法大学出版社 2005 年版，第 60 页。

② 同上书，第 61 页。

③ ［日］田中成明：《现代社会和审判》，弘文堂 1996 年版，第 46 页。转引自冷罗生：《日本现代审判制度》，中国政法大学出版社 2003 年版，第 198 页。

### （三）调停的运作及特色

日本的民事调停是从自己独特的传统和历史沿革中产生出来，发展至今几经变革俨然形成独具特色的民事调停制度。调解在日本的民事司法中是一种尽管制度上与诉讼审判相分离，但在功能及实际运用上却是与诉讼的运作交织在一起的纠纷解决方法①，很有特色。

### 1. 调停机构

同诉讼程序的展开需由法院作为主持机构一样，调停的运作也离不开作为中介的主持机构。日本民事调停原则上由调停委员会来进行，调停委员会是在处理具体的案件时才成立的合议组织，由一名法官和两名以上（通常为两名）的民事调停委员组成，法官担任调停主任，调停委员则从民间事先选任的调停委员名单中指定。当然也有例外规定，即只允许法官进行调停。调停法官一般是地方裁判所和简易裁判所从所属的法官中指定若干名来专门负责处理本年度的调停案件，与审判法官分开。民事调停委员是国家法律规定的法院中的非专职法院工作人员，可以享受法定的补助（工资），属于特别职务的国家公务员。民事调停委员的地位是根据最高法院的任命获得，一般任期为两年，连任不受限制，可因死亡、任期届满、同意辞职、免职等原因而丧失。根据日本 1998 年公布的统计数据，全日本法院已经选任的民事调停委员和家事调停委员分别为 12000 名。②

在调停程序的启动及展开过程中，除当事人发挥着相当的决定作用外，调停法官和调停委员的作用显得尤为关键而重要，其

---

① 王亚新：《对抗与判定——日本民事诉讼的基本结构》，清华大学出版社 2002 年版，第 235 页。

② ［日］高日伟知郎：《审判焦点》，有斐阁 2000 年版，第 54 页。转引自冷罗生：《日本现代审判制度》，中国政法大学出版社 2003 年版，第 306 页。

引导程序的展开并决定着程序的进展、合意的最终达成及纠纷的妥善解决，而且获取当事人的信赖和信任也是不可或缺的。由是，对调停委员所应具备的素质及品质就提出了较高的要求。日本《民事调停委员及家事调停委员规则》中第 1 条就明确规定了调停委员的条件：具有律师资格；拥有丰富的处理民事纠纷的专业知识或社会生活上的经验知识丰富；有较高的个人品格见识；年龄在 40 周岁以上 70 周岁以下。从实践中来看，调停委员大都来自各行各业，他们的职业多是律师、大学教授、退休法官、房地产鉴定师、建筑师、医生、税务代理人、注册会计师，以及在社会各界各层中常年活跃的人士等。

调停法官或调停委员在整个调停程序中运用自己所掌握的专业的法律知识、各行业的专门知识、丰富的社会经验、人生阅历及相当的人格魅力，在认真听取纠纷当事人双方的意见及建议的基础上，在纠纷当事人之间进行斡旋、居中调停，试图以自己专业的学识来影响双方当事人，并在需要时对当事人及与案件有关的案外人进行广泛调查、细致询问，还可适时依职权主动进行实地勘验、检查，对案件的争点及相关的证据资料进行全面深入地分析、探讨，形成对案件的最终调停意见和方案，进而说服当事人，力求在当事人之间达成解决的合意，实现纠纷的圆满解决。

2. 调停的运作

与诉讼制度具有当事人严格的对抗及当事人不能撼动的极强的决定性相比，日本的调停制度是当事人意思自治体现更为明显的领域，调停程序的启动与展开及最终调停协议的达成，都与当事人的合意密切相关，合意应该说是调停的最本质的特征。但在调停的启动程序方面，日本法院的强制性因素有时也体现得较为明显。

一般情况下，调停程序的启动是由当事人提出调停的申请，原则上一方当事人通常会向简易法院提出这样的调停申请，当然也不排除向地方法院提出申请的例外。法院的调停法官会对当事人的调停申请进行形式的审查，进而决定是否受理。当事人提出的调停申请有两种情况，一种是提出调停申请是当事人的合意，即双方在向法院提出申请前已就此事项达成提起调停的合意。另一种情况是提起调停是一方当事人的主张，并未与对方当事人就此事项进行商议。在此种情况下还存在两种可能，一是另一方当事人对此表示默示接受，出席调停会议，属于默示同意。另外一种则有可能对方当事人明确表示不予接受调停申请，在日本，只要法院接受了一方当事人的调停申请，则意味另一方当事人没有选择的余地，必须进入调停程序。与诉讼程序一样，调停程序也采用"不告不理"原则。《日本民事调停法》第 34 条规定，受到召唤的调解案件当事人如果没有正当理由却拒不接受调解，法院可处以 5 万日元以下的罚款。而如果当事人经一两次召唤或者甚至经罚款后仍拒不出面接受调解的话，调解委员会往往也只能按"调解没有达成合意之可能"这一要件做出调解不成立的决定以终结调解程序（《日本民事调解法》第 14 条）。在调停程序的启动方面，日本调停制度有着相当的强制性特征。但在实践中，调解程序因一方当事人申请而开始主要仍靠对方当事人接受召唤后自愿出面，规定上所体现的强制性在实际上的作用却是十分有限的。①

除由当事人为主启动调停程序外，法院对特定案件也可以依职权主动将案件交付调停。《日本民事调停法》第 20 条规定：受理了民事诉讼案件的法院认为适当的话，就可以依职权将诉讼案件交付调解程序处理。只是在争点和证据的整理已经完毕的阶段，如果双方当事人不同意交付调解才能阻止法院采取这项决定。地方法院基本上都是交付调停的案件，实际上调停专门部门

---

① ［日］石川明、尾村太市编：《注解民事调解法》，第 437—438 页。转引自王亚新：《对抗与判定——日本民事诉讼的基本结构》，清华大学出版社 2002 年版，第 244 页。

（民事 22 部）所在的东京地方法院在平成八年度新受理的 671 件案件中，交付调停的案件约占 95%。① 交付调停一般是在诉讼程序已启动，即在整个诉讼程序运行过程中，包括诉讼程序的任何阶段，如果受理诉讼的法院认为将案件交付调停比较妥当，即适用调停程序比诉讼程序更能达成妥善解决，则可在征得当事人同意的前提下依职权中止已经进行的诉讼程序，启动调停程序，将诉讼转入调停。在此过程中即使当事人不是十分情愿，法院也可依职权进行。在以合意作为本质的调停程序中，法院依职权交付调停的行为某种程度上已背离了当事人的合意，而此处不顾当事人的选择权采取调停优先的根本理念在于调停程序与诉讼程序在理念及运作上存在着截然的不同，在某些案件中，以非黑即白的诉讼的方式并不能妥善解决争议，而程序灵活、追求圆满解决的调停程序反而更为适合，诉讼程序的继续进行明显已不合时宜，因此转由调停程序进行。当然，交付调停的案件一般也是一些特定的案件，否则会面临着更多的风险。这些特定的案件主要包括：权利义务关系明确而只需对利益进行微调的案件；缺乏明确的实体法律规定或者虽有可能通过现有法律规范的解释进行调整但达到纠纷妥善解决难度极大的案件；个性或情节特殊，严格依法审判反而有悖于妥善解决纠纷的案件；现行法律规定没有包容的一些涉及新问题的案件；还有就是因调停程序本身的灵活性及适应性而使一些案件以调停的方式更易得到解决。②

调停程序一般在裁判所内进行，简易裁判所和地方裁判所都专门设有负责调停的调停室，其布置及格局不同于法庭而类似于会议室。当然，根据实际案情的需要，有时调停也走出法院而在

---

① ［日］小岛武司、伊藤真编，丁婕译、向宇校：《诉讼外纠纷解决法》，中国政法大学出版社 2005 年版，第 62—63 页。

② 参见王亚新：《对抗与判定——日本民事诉讼的基本结构》，清华大学出版社 2002 年版，第 253—262 页。

纠纷发生的现场进行，称为现场调停，而在时间的安排上，调停也不限于正常工作日，为方便当事人的需要根据当事人的时间安排也可常常在夜间进行，称为夜间调停。调停程序一般在指定的调解期日，在调停法官及调停委员的主持下，在当事人本人均出席的情况下进行，除了因疾病原因确实无法出席而由调停委员会特别许可的以外，当事人不能由代理律师或其他代理人代为出席。调停程序并不必然要求当事人实行对席原则，即调停委员会根据案件的需要，可灵活选择实行当事人在调停期日同时出席或轮流出席，一切以有利于纠纷的顺利妥善解决为根本。

调停程序没有严格的程序规定，一般先由当事人进行案情陈述并提出相关的证据和主张，之后调停委员对当事人及相关人员进行对席的或轮流的事实及证据调查，与诉讼中法官的被动消极中立不同，调停程序不受辩论主义原则限制，实行职权探知主义，调停法官及调停委员可不限于当事人的主张和请求，而是根据纠纷的解决需要主动依职权广泛进行调查，也可调查当事人未提交的证据。调查对象是除了向当事人本人了解案情外，还可向案外人进行调查。即调停委员会可要求与案件有利害关系的第三人出席，或者要求与纠纷及当事人有其他关系，通知其出席利于纠纷的圆满解决的人参加到调停程序中，通过广泛细致的调查以明朗案情，尽早查明事实真相。如果调停委员会认为有必要，还可派调停法官或调停委员进行现场调查、勘验。例如在以有无建筑瑕疵为争论焦点的建筑承包案件、土地建筑物的租金变更案件中，建筑师和房地产鉴定师等专家调停委员在整理了争论点后迅速进行实地调查（现场调查），并根据结果代表调停委员会制作、提出调停方案和说服当事人，以此取得巨大的成果。① 作为与纠纷有关的某一领域的专家调停委员，灵活运用其专门的知识及技

---

① 〔日〕小岛武司、伊藤真编，丁婕译、向宇校：《诉讼外纠纷解决法》，中国政法大学出版社 2005 年版，第 63 页。

艺进行现场勘查或鉴定，实际上起到了诉讼中正式专家鉴定的作用，因而也就省却了专门鉴定程序所需的时间及相当的费用支出，利于纠纷的快速解决，这是调停优于诉讼的所在。调停程序中对证人的规定比较宽松，对出席证人的审查不实行严格的交叉询问的方式，而采取灵活随意的调查方式。

调停委员会在进行了充分的调查之后，当事人间的争点及争议也已相当明显，调停委员会与当事人反复地进行沟通、交流、磋商，尽量协调双方当事人的意见，并依照相关法律、法规阐述自己对案件的意见和看法，最后根据所掌握的案件情况和证据资料等形成对应事实并合乎情理的调停方案以供当事人选择，并在当事人对调停方案有抵触时尽全力说服当事人接受调停方案，达成纠纷的圆满解决。调停方案尽量在当事人间进行综合平衡，会令双方均感到此方案会为自己带来某种形式的利益，形成一种双方均受益的双赢的格局，这样调停方案被接受的可能性就会大大增加。根据相关规则，调停方案的内容可并非严格依据法律，而是遵照条理。关于什么是条理，一位学者指出这个概念可以用"道德、自然法、衡平、事物的法则、健全的常识、道义、法的精神、社会生活上一般的规范意识、习惯、公序良俗、信义诚实"等语词来替换。[①] 当然，这个界定在实际操作中仍显泛泛，边界模糊，总之，在具体的案件调解过程中强调能够根据案情的个性和实际情况在法律的基本框架内灵活机动地进行处理，以求达到妥善解决纠纷的目的。

调停程序的最终根据制度的规定会形成不同的终结样式，进而伴随不同的法律效力。基本的终结方式有两种，即调停成立和不成立。如果在调停程序的最终当事人间达成了解决的合意，经调停委员会认可后会将合意的内容记载在调停笔录中，调停即告

---

① 参见［日］小山升：《民事调解法》（新版），第 105 页。转引自王亚新：《对抗与判定——日本民事诉讼的基本结构》，清华大学出版社 2002 年版，第 272 页。

成立。调停书与审判上的和解具有相同的法律效力（《日本民事调停法》第 16 条），也即是与确定的判决有相同的法律效力，如果一方当事人事后拒绝履行调停协议的内容，另一方有权向法院申请强制执行，即调停书具有执行力。如果是交付调停的案件，调停的成立会被看作是撤销诉讼。如果当事人之间最终没有达成纠纷解决的合意，或虽达成了合意但违背了调停所应遵循的实体规范的内容，或调停委员会没有作出代替调停的决定，此时案件会以调停不成立而告终结。如果是交付调停的案件，案件可自动取消中止程序而恢复诉讼程序的进行；当事人也可通过诉讼程序来寻求纠纷的解决。

除了上述两种终结方式之外，还存在着两种法院职权色彩较浓的调停终结样式，即代替调停的决定和裁定。《日本民事调停法》第 17 条规定，"在调解委员会的调解不能奏效时，裁判所听取调解委员的意见后，如果认为适当，可依职权斟酌衡量当事人双方的一切实际情况，在双方的请求内容限度内做出解决纠纷的裁决"。这即是代替调停的决定。代替调停的决定一般是在双方当事人对争议的解决没有根本的分歧而只是存在着细微的差异而无法达成合意的情况时，或者是在案情争点已明了，权利义务关系已相当明确，一方当事人仍固执地坚持己见而不愿达成和解的情况时，由裁判所作出代替调停的决定，形成最终解决方案。但是，此决定的作出虽然有强制性的特征，却并未冲击调停的根本属性，即合意性。法律赋予了当事人最终的决定权，即是否接受此代替调停的决定。自决定宣告之日起的两周内，如果当事人没有对此表示异议，则此决定发生与诉讼上的和解相同的法律效力；如果当事人在此期间内提出异议的话，则此决定将自动丧失效力，此程序会以调停不成立而告终结。

所谓裁定，是指在调停过程中当事人双方可以事先形成书面的合意，承诺对调解委员会提出的一定解决方案（调解条款）无条件接受，调委会根据当事人的申请和这一合意做出有关纠纷解决方案的决定并宣告所决定的调解条款后，该条款即发生与诉讼上和解同一的效力，调解程序也就此终结。[①] 此种终结方式与仲裁程序有相似之处，将仲裁的合意与强制因素纳入调停程序中，但其有着严格的适用范围，适用于特定种类的案件，即土地、房屋租金增减的调停案件、商事调停案件和矿害调停案件。调停委员会的裁决与确定的判决有着相同的法律效力，可申请强制执行。

在调停程序中，与诉讼程序一样，也可因权利物的特殊形态或事先当事人已对与纠纷有关的物和权利进行了处分而导致最终的调停方案无法落到实处，使调停结果化为乌有。而以合意为基础的调停与民事保全处分在某种程度上存在着背离，为妥善解决此种情况，日本《民事调停法》（第 12 条）和《家事审判规则》（第 133 条）规定了调停前（临时）措施的制度。即调停委员会认为确有必要时，可以因当事人的申请而命令当事人或案外的相关人员禁止改变现状或对物进行先期处分，以确保之后的调停方案能切实得到执行。一般情况下法院不主动依职权采取此调停前的措施，但在家事调停中，因家事案件的特殊性，可考虑依职权采取此措施。相关人员没有正当的事由如不遵守作为调停前的措施被命令的事项，可被处以 10 万日元的罚款（《民事调停法》第 35 条），尽管此强制措施没有确切的执行力，但是此项规定在某种程度上起到了间接强制的作用。在调停程序中也存在着与民事执行程序冲突的情况，如果民事执行程序的执行对象与调停程序中的物或权利相关，则为确保调停的成立和最终得到执行，法院可依据当事人的申请，成立担保，命令停止此民事执行程序的进行（《民事调停规则》第 6 条）。

---

① 王亚新：《对抗与判定——日本民事诉讼的基本结构》，清华大学出版社 2002 年版，第 247 页。

### 3. 调停制度的特色

日本的民事调停制度是与诉讼截然不同的一种纠纷解决方式，制度上采取了与诉讼程序分离的设计。调停本质上是通过法院调停机构的居中斡旋、调解，使纠纷当事人互相让步以达成解决的合意，合理妥善解决纠纷，但其与诉讼程序又有着相当程度的关联，可以认为调停程序是被"嵌入"诉讼程序中间，甚至不妨说调停是纠纷在进入诉讼程序后可以展开的另一种处理进路。[①]一方面日本法院实行调审分离，审判法官不担任调停工作，调停程序由专门的机构和专职人员进行，并有专门的程序法律规定。调停程序与诉讼程序各自有着相对独立的运作空间和程序规范。另一方面一些涉及亲属家庭财产纠纷案件适用调停前置主义，即这类案件在进入诉讼程序之前先要在家事法院进行调停，是诉讼程序的前置阶段。而且诉讼程序与调停程序也存在着相当的竞合，在诉讼程序进行的任何阶段，只要当事人申请调停或法官认为有确切必要则可依职权将案件交付调停，由此自动中止诉讼程序，待调停结束后视调停是否成立而决定诉讼程序是否继续进行。在诉讼程序与调停程序竞合的情况下，民事纠纷最好能根据当事人的合意解决，优先适用调停程序。

日本民事调停程序糅合了合意 ADR 与审判的因素，应该说其位于纠纷解决的由合意到决定过程的中间位置，是处于通过当事人之间私下对话解决和通过诉讼程序以判决的形式利用公权力解决中间地位的解决方法。[②] 一方面，整个调停程序的运作及调停方案的最终形成与执行均依赖于当事人的自主交涉、沟通与自愿主动执行，当事人自主选择、自主决定、合意解决纠纷均很好

---

① 王亚新：《对抗与判定——日本民事诉讼的基本结构》，清华大学出版社 2002 年版，第 240 页。

② ［日］小岛武司、伊藤真编，丁婕译、向宇校：《诉讼外纠纷解决法》，中国政法大学出版社 2005 年版，第 64 页。

地体现了 ADR 的合意特征。另一方面，以合意为基础的调停程序较其他 ADR 程序则内含了更多的决定色彩，在具体的运作过程中调停程序有着较诉讼更强的职权色彩，在特定情况下国家的管理职能发挥得更为突出和明显，人们对"审判式调解"的期待以及调解委员会的权威化倾向更突出了这一特征，一方面国家在尽量接近于审判的基础上使调解制度化的司法政策，另一方面则是国民对调解达到的解决尽量与审判一致的期待。[①] 调停委员要具备相应的法律素质并在需要时提供给当事人关于纠纷的法律意见以及可能的法院判决，吸收审判程序的公正、有序等理念完善调停程序，如果运作得当调停程序则会成为集诉讼与合意程序的优势于一身的别具风格的纠纷解决制度。当然在功能上，调停程序更多的是扮演纠纷的屏风功能或区分功能，利于当事人选择真正适合通过诉讼解决的纠纷，为诉讼制度的合理、迅速的运作做出贡献。[②]

　　作为附属于法院的纠纷解决方式，日本的民事调停制度化、程序化倾向比较突出，相应的程序化规范比较完善，整个调停程序的运作有健全的制度作为保障。关于调停的法律规定有《民事调停法》和《民事调停规则》，除规定了调停通则性的内容之外，还对有关宅地建筑物调停、农事调停、商事调停、矿害调停、交通调停、公害调停等作了特别规定，并进而有关于处罚的规定。一系列的制度性规定使调停程序运作更为规范，摆脱了一般 ADR 所担心的更为恣意的交涉空间，建立了相当的程序保障。当然，调停制度的核心是在当事人间以合意的形式寻求纠纷的恰当解决，所有有关调停的法律规定及相关的解释理论都应把重点放在

---

① ［日］棚濑孝雄著，王亚新译：《纠纷的解决与审判制度》，中国政法大学出版社 1994 年版，第 50 页。

② ［日］小岛武司、伊藤真编，丁婕译、向宇校：《诉讼外纠纷解决法》，中国政法大学出版社 2005 年版，第 61 页。

对当事人合意协调的保护上，以此突出调停的基本特征和其区别于诉讼的特性。

日本调停制度的特色有时也会成为一柄双刃剑，正是因为民事调停是处于中间状态的纠纷解决制度，当事人的自主合意在审判的背景下也会有可能使合意不再纯化，当事人的自主控制、自主决定等相关权利在调停委员的威权下可能会受到侵蚀，使合意面临着内在强制的风险，也可能动摇调停制度合意的根基。这就意味着一面追求合意的纠纷解决方式，一面又要求权威的强力介入和客观妥善的解决，这种调解的内在矛盾在日本社会普遍存在。① 有时调停程序中出现过剩的法律法规和法律解释会产生扼杀调停的不幸后果，近年来调停委员中退休的法院工作人员激增，而这有可能使调停有越来越向墨守法律的方向发展的风险，这与调停的反映民间健全的判断力及国民参与司法的理念形成某种程度的背离。另外，调停的程序性法律规定不尽完善，调停委员在任命过程中缺乏透明性和可视性，日本虽然有关于调停委员任命的规定②，但其实际发挥的作用相当有限，这在某种程度上也是对当事人对调停委员选择权的剥夺，从而也有可能降低当事人对调停委员及调停方案的信赖及接受的程度。

不过，近年来随着经济的发展、社会的变化，传统诉讼程序的迟延、耗时、成本高昂等诸多内在弊端日渐显现，相应的世界范围的 ADR 大潮迅猛发展，日本的调停制度在经历过曲折之后也开始出现蒸蒸日上之势。相较欧美而言，日本审判的纠纷解决能力偏小，审判的资源配置及民众对审判的利用率也较其他国家要弱很多，而诉讼外纠纷解决机制有着很大发展空间，调停制度

---

① ［日］棚濑孝雄著，王亚新译：《纠纷的解决与审判制度》，中国政法大学出版社 1994 年版，第 50 页。

② 根据民事调停委员和家事调停委员任命的规定，在选考候选人时，必须要求公私团体推荐合适的候选人，应该从社会各界选择适任者。

就发展得尤为突出，已成为世界上许多国家关注和研究的对象。日本调停制度注重纠纷的合意解决，在重视当事人的自主决定与互谅互让的基础上辅以职权探知与管理；调停委员的专业化及专家性质使调停远离恣意与混乱，注重纠纷的全面圆满解决；调停委员的民众因素等更进一步方便了民众参与司法，拓宽了接近正义的路径。作为与法院联系紧密的制度，它当然也同时存在着优点和缺点。不过，在新的时代背景下，调停制度与其他诉讼外纠纷解决机制一样，在不断充实、完善的基础上会有新的飞跃与发展。

## （四）日本诉讼和解

在日本，在法院面前进行的和解一般称为裁判上的和解，以与其他裁判外和解相区分。而裁判上的和解又分为两类，一类是诉讼上的和解，一类是起诉前的和解。日本的诉讼上和解是指在诉讼程序进行过程中，当事人对作为诉讼对象的权利或法律关系互相作出让步，并在法院的主持下达成妥善解决纠纷的合意，实现纠纷的全面解决。起诉前的和解则是指在当事人提起诉讼前，诉讼未处于系属的状态下，双方当事人在简易法院的出庭中达成和解，并将和解内容记载于和解笔录的情形。[①] 起诉前和解的目的是在案件进入简易法院或地方法院启动诉讼程序之前先行于简易程序法院提交和解要求，力争在审前实现和解，进而以避免通过诉讼程序解决民事纠纷，起诉前的和解因是在法院进行，因此赋予其与诉讼上的和解相同的法律效力。一般情况下，双方当事人在前往法院时会事先形成和解条款写成即日调解书，简易法院更多的是公证当事人间已成立的和解条款，而并未实质上起到斡旋与调停的作用。诉讼上的和解是在诉讼的审理过程中进行，而

---

[①]　[日] 高桥宏志著，林剑锋译：《民事诉讼法——制度与理论的深层分析》，法律出版社2003 年版，第 628 页。

起诉前的和解则是在诉讼程序启动前为避免诉讼而进行，这是二者的不同之处。除此之外，在法律性质、要件、方式、效果等方面二者均没有本质上的区别，遵循着相同的法律原理，因此，文中后面的论述基本上围绕诉讼上的和解而展开。

根据日本司法统计年报，地方法院一般民事诉讼一审终结的案件中以和解结束的案件比率超过30%，而起诉前和解在简易程序法院新受理案件数中所占的比率历年都在1%左右，由此可见诉讼上的和解在纠纷解决中所占的地位以及法院在和解程序中的重要性。而在之前的很长时间里，日本法院的法官曾流行"不要当和解判事"这样的说法，认为主持和解是法官逃避制作裁判文书并且是能力低下的体现，对诉讼上和解的抵触已不证自明，而近期随着世界性纠纷解决机制的发展，认为"和解能超越实定法的界限来作出与纠纷实际相对应的处理"的积极性评价已日呈强势，对和解的重视和利用明显增强，发展的大趋势不可逆转。

就和解的运作而言，不能否认，诉讼上的和解是在诉讼程序中展开的，也即是在诉讼程序的运行过程中的某一环节可能会转向和解程序。日本《民事诉讼法》第89条规定，无论程序进行到哪个阶段，只要诉讼还在继续，法院就可以尝试进行和解。和解程序是在诉讼的期日中来进行，当然不仅限于口头辩论期日，在口头辩论期日的准备期日、特设的和解期日及保全程序中均可进行。另外，即使是在口头辩论终结后，或法院作出终局判决后的上诉审程序中也可申请诉讼上的和解。但学者们认为，劝告当事人和解的时机原则上应该在争点整理结束后或经开庭进行证据调查之后，诉讼实务中许多法官也是这样做的。[①] 在此阶段虽没有形成最后的决断，但当事人间的权利义务关系基本清楚，当事人对各自的地位及形势有了较透彻了解，此时达成和解可以省却

---

① 参见［日］石川明：《当事人主导的和解与法官主导的和解》，载《判例时代》472号，1981年。转引自王亚新著：《社会变革中的民事诉讼》，中国法制出版社2001年版，第110页。

进入正式审判程序所需要的时间及金钱成本,尽早实现纠纷的圆满解决。诉讼上的和解既可以在法院受诉法官,也可以在合议庭、受命法官、受托法官及准备程序法官的面前进行,而实务中由接受命令的法官引领和解程序的情况比较多。至于何种类型的案件适合和解程序,法律上并未明确规定,在实务的运作中一般来说合理的主张被当事人双方接受的案件、诉讼如此进行下去会无法承受费用的案件、双方当事人的关系是存续性(亲属关系、邻里关系等)的案件、在诉讼终了后关系仍要继续的案件等是适合和解的。[①] 而一些具有改变判例性质的政策形成型案件则不适合和解。

为了更好地促使当事人达成和解,日本 1996 年修改后的新民事诉讼法新设了"书面应诺和解条款"与"法院制定和解条款"的制度。[②] 书面应诺和解条款是指因当事人居住地离法院较远等原因导致当事人出庭有困难的情况下,当事人可以提交书面承诺,同意法院作出的和解条款方案,如果他方当事人在期限内出庭接受此和解条款方案时,则视为当事人间的和解已达成。此制度可以解决当事人难以出庭的困难,方便了当事人利用和解程序。法院制定和解条款是指双方当事人以书状的形式共同请求法院来制定和解条款,并在书状上写明服从法院和解条款的旨意,法院在制定出和解条款之后于口头辩论期日或以其他适当方法明确告知双方当事人,则由此可视为诉讼上的和解已成立。应该说法院制定和解条款以当事人事前的合意同意法院作出的和解条款视为和解达成,明显具有仲裁性和解的性质。

在诉讼上的和解程序中,法官的作用是正确认识案件的法律

---

① [日]小岛武司等:《民事实务读本Ⅱ》[1990],第 194 页 [加藤新太郎],贺集唱:《民事审判中的诉讼指挥》,载《法曹时报》第 24 卷第 4 号,第 24 页。转引自 [日]小岛武司、伊藤真编,丁婕译、向宇校:《诉讼外纠纷解决法》,中国政法大学出版社 2005 年版,第 37 页。

② 参见常怡主编:《比较民事诉讼法》,中国政法大学出版社 2002 年版,第 578—579 页。

问题之所在，充分掌握当事人主张和证据之间的关系，而且留意案件的背景情况、当事人的个性，在向和解引导、谈判和说服、合意协调、条款确定等各阶段进行以自由运用程序裁量为目的的和解运作是很重要的。[①] 应该说法官基本上是调停人的作用，可以向当事人提出和解的建议，并引导整个和解程序，只是其职权性特征没有在民事调停程序中那样突出。和解程序当事人的出席方式有两种，即当事人及其代理人对席的方式和轮流出席的方式。和解程序一般是基于当事人的同意而展开的，一般情况下当事人不会缺席而会同时出席和解程序。在程序展开的过程中，诸多法官会采取让当事人轮流出席的方式，由法官分别与当事人进行私下沟通、交流，并适当地进行说服和劝服，最终形成彼此可接受的方案，结束时双方当事人会同时出席。中间程序的轮流出席可避免双方当事人对立的尴尬情绪，法院与一方当事人进行私下交流时，当事人的顾虑会大大减小，法官也很容易获得当事人的真实想法与意见，由法官灵活地在轮流双方当事人间进行协调、沟通，对最终和解方案的达成很有裨益。

在和解程序进行的最终，当和解笔录制作完成后，其即具有与确定判决相同的效力（《日本民事诉讼法》第 267 条），和解的内容具有执行的效力，诉讼程序也由此终结。

## （五）调停与和解的异同

在目前纠纷解决多元化的国际化背景下，ADR 程序受到广泛关注并不断扩展，日本的调停程序和裁判上的和解程序也在经历了漠视之后转而受到重视，发展前景广阔。调停程序与诉讼上的和解程序是同在法院的背景下展开的 ADR 程序，具有众多的相

---

① 关于程序裁量参照加藤新太郎：《程序裁量论》［1996］，第 67 页以下。转引自［日］小岛武司、伊藤真编，丁婕译、向宇校：《诉讼外纠纷解决法》，中国政法大学出版社 2005 年版，第 42 页。

同之处，二者均以当事人的合意作为解决纠纷的基础，注重纠纷解决过程的灵活与方便，程序的展开没有严格繁杂的程序规定，法化倾向不是特别明显，调停及和解方案的作出不是严格遵循法律，可以适当越出实定法的界限而寻求妥善的解决，追求纠纷的全面、彻底及一次性的圆满解决。同为法院 ADR 程序，但二者的不同之处也是相当的明显。

调停程序的启动可以由法院依职权进行，而在诉讼上的和解程序中法院只能是向当事人提出和解的建议，虽然其中也隐含着法院的影响力，但其职权性特征没有在调停程序中那样明显。调停程序有时会在诉讼程序展开前进行，作为诉讼程序的前置程序，而和解程序除了诉讼前的和解外，均在诉讼程序内进行。调停程序独立于诉讼程序，由一名主持法官与民事调停委员共同主持，原审法官不能主持调停程序，而诉讼上的和解纯粹由法官来主持，完全没有民间的参与。在调停程序中法官可以依职权交付调停，并在调停程序的最终可以作出代替调停的决定，法院的职权探知发挥得比较明显，而在诉讼上的和解程序中法官虽然也引导着程序，但更多地是由当事人来主导。两程序虽然都较诉讼程序灵活，但调停程序较和解程序更加自由，程序规范没有和解程序正式、严谨。

案件进入法院后，除遵循程序正义理念，铺陈严格的程序规范及一系列诉讼规则并最终在对抗的基础上以判决的形式作出决定结束纠纷外，还存在当事人间以合意的形式妥善解决纠纷，实现纠纷的圆满解决的路径。而在以当事人合意解决的形态中，还存在着两种不同的进路：一种是当事人选择民事调停，另一种是选择诉讼上的和解。究竟法院或当事人要作何选择，或许与两程序的内在特征不无关联。严格说来，调停程序是 ADR 程序中与法院关联最密切的程序，也是 ADR 程序中法化倾向最明显的代表，诉讼上的和解程序广义上讲也是一种 ADR 程序，追求纠纷解决的合意性及具体妥当性，但因其发生于诉讼程序内并与诉讼程序紧密相连，所以不会违反实体法及其他法律规范，其程序的规范化特征就更为明显。究竟案件是采调停程序或是和解程序，可能与案件的性质、特点及各程序自身的特征等都存在着密切的联系，总之多元的纠纷解决方式的存在也就为当事人提供了更多的选择，使当事人能够在综合考虑各种因素之外寻求最适合的解决方式，实现纠纷的彻底圆满解决。

## 六　总结

前文透过对美国、英国、法国、德国和日本的法院附设替代性纠纷解决机制所进行的细致考察，各国此机制产生的背景、具体法律规定及相关制度运作的异同等情形已一目了然，但从整体上来看，民事纠纷解决方式可分为以下几类：一是裁判中心主义，即强调以裁判为中心的司法体系，对裁判外纠纷解决方式（ADR）则实行消极的法政策，其代表是德国和意大利（意大利自古以来重视仲裁）。二是裁判与 ADR 并行的协动主义，即重视裁判与 ADR 共同协作的法政策，这其中又以日本、韩国为代表（需要指出，日韩两国的"法院调停"有所不同）。三是介于两者之间的方式，如普通法系的英国和美国。[①]

但近年来，各国关注 ADR 的倾向普遍加强，最典型的是以英国、美国为代表的英美法系国家，由之前奉行裁判中心主义的法政策转而在法院内积极引入 ADR 制度，开辟新型的纠纷解决机制。即使在奉行保守主义的德国，裁判中心主义的传统也在悄然改变，对 ADR 的重视程度愈发明显，这集中体现在义务性调

---

① ［日］小岛武司：《纠纷解决体系的再认识》，载陈刚主编，陈刚、林剑锋、段文波等译：《自律型社会与正义的综合体系——小岛武司先生七十华诞纪念文集》，中国法制出版社 2006 年版，第 12 页。

停制度的设置上，抑或将裁判外调停当作诉前必经的一项程序义务。[①] 有着调停传统的日本近年来民事调停与诉讼和解的发展更是有增无减，由是，各国由法院提供多元的纠纷解决方式已成大势所趋。

当然，对法院附设替代性纠纷解决机制进行国别考察的目的并不仅仅在于把握各国此机制的发展脉络与具体制度，更重要的在于通过比较考察，对法院附设替代性纠纷解决机制的基本情况进行探寻，这就包括其特征、分类、功能及与诉讼的关系等多方面的内容，下文则一一进行分解。

### （一）法院附设替代性纠纷解决机制的特征

法院附设替代性纠纷解决机制作为一种诉讼外纠纷解决程序，不可避免地要具有 ADR 程序的本质特征，同时因之发生于法院的系属之内，与诉讼程序紧密相连，其又别于其他的 ADR 形式而具有一定的司法性，应该说此程序特征糅合了 ADR 的本质特征与相当的司法特征，具体特征阐述如下：

**1. 从纠纷解决的主体上看，法院附设替代性纠纷解决机制是由法院提供的一种诉讼外纠纷解决方式**

与其他 ADR 形式的主持机构不同，法院附设 ADR 程序内设于法院，是由法院提供的非诉讼的程序，而且与诉讼程序关系紧密，由是法院附设替代性纠纷解决机制兼具着一定的司法性。作为法院案件管理运动极力推荐的一种纠纷解决形式，法院附设替代性纠纷解决机制是在法院的背景下展开，程序的启动、展开及最后的结论都与法院存在着内在的关联：法院向当事人介绍 ADR

---

① 日本最高法院事务总局：《外国司法制度（德国）之德国的律师及其业务现状：以诉讼外纠纷解决制度和法咨询制度为中心》，载《判例时报》第 1546 号，1999 年，第 38 页。转引自陈刚主编，陈刚、林剑锋、段文波等译：《自律型社会与正义的综合体系——小岛武司先生七十华诞纪念文集》，中国法制出版社 2006 年版，第 13 页。

程序并推荐其使用，美国法院有案件甄选会议，为纠纷选配适合
的解决方式，日本法院认为恰当时甚至可以依职权将案件交付调
停；程序展开过程中，由法院提供中立者主持此程序的展开（当
然也可能是法院推荐社会中立者主持程序或由当事人自主选择），
日本的民事调停更是由法官与调停委员组成调停委员会来主持调
停程序，诉讼上的和解更是由法官来主持和解程序；当事人达成
的纠纷解决的合意可由法院予以确认并赋予正式的法律效力，等
等。同时，此程序也常常作为诉讼程序的前置程序，如当事人对
案件结果不满意、不认同则可申请要求正式审判，由此可进入正
式的诉讼程序，美国的法院附设调解、法院附设仲裁、简易陪审
团审理和早期中立评估等法院附设替代性纠纷解决机制与日本的
民事调停程序等程序均是诉讼程序的前置程序，在此程序用尽而
没有形成解决纠纷的合意的情况下则会开启正式的诉讼程序，以
形成判决的方式解决纠纷。

　　法院附设替代性纠纷解决机制作为距离诉讼程序最近的 ADR
程序，也不可避免地较其他 ADR 形式更具规范性和法律性。法
院附设替代性纠纷解决机制已有相当的法化倾向，程序的设置与
运作均以诉讼程序的理论作为参照，当事人的出席和听审的程序
权利、公平的参与原则、中立者的资质要求、程序运作的规范化
倾向等都与诉讼程序如出一辙，而且形成了一系列的制度化规
定，如美国的《ADR 法案》，日本的《民事调停法》和《家事调
停法》等，本是自由随意的程序开始出现程式化和规范化，而且
争议多数情况下也是在法律的阴影下得到解决。法院附设替代性
纠纷解决机制强调程序的规范化，其目的是为了既能充分发挥
ADR 功能和优势，又不致造成对司法乃至法治的破坏和威胁；既
能最大限度地减轻法院压力又不至于失去司法权的权威；既能有
效地促进当事人通过自治和自律达成和解，又不致造成某些当事

人对 ADR 程序的滥用等。[①]

**2. 从纠纷解决的过程看，法院附设替代性纠纷解决机制的合意性特征突出，同时也存在着一定的内在强制性**

在以"对抗·判定"为特征的诉讼程序中，虽然当事人被赋予了相当的程序选择权及处分权，在程序的最终是以中立的法官作出权威的不容置疑的判决作为终结的，程序的决定性及强制性色彩相当浓烈。判定不仅表现在"判定者"经一方当事者请求就可以强制性地介入和能够以裁决强行地终结纠纷，也在纠纷处理过程中其特殊的位置和功能上体现出来，在高度专门化、制度化的审判程序中，判定者基本上只是一个消极的位置，判定者一般也不形成自己的解决方案，而只是在双方提出的方案中作最后的选择。[②] 与诉讼程序的对抗与判定的特征相比，法院附设替代性纠纷解决程序中充斥着合意的信息。以法院附设调解为例，一般情况下调解程序是在双方当事人合意的前提下启动的，一方当事人不能强制另一方当事人进入此程序。在程序展开的进程中当事人有更多的自主控制、自我管理及程序的自主推进等权利，当事人间对话合意的本质尽显。主持纠纷的中立者一般情况下是在双方当事人同意的前提下介入纠纷的，而且作为当事人之间对话交流的媒介在引导和促进着程序的进展。调解者处理纠纷的功能可分为三个方面，即在当事者之间搭桥以方便他们对话；对各方当事人的主张进行判断，作出并提示解决方案；为达成合意而动员自己直接或间接掌握的资源使当事人接受解决方案。[③] 中立者在当事人间牵线搭桥，畅通对话渠道，为双方提示信息，对当事人的主张形成自己的判断并以各种手段引导、说服当事人形成解决

---

① 范愉：《非诉讼纠纷解决机制研究》，中国人民大学出版社 2000 年版，第 420 页。

② 王亚新：《社会变革中的民事诉讼》，中国法制出版社 2001 年版，第 223 页。

③ 参见［日］棚濑孝雄著，王亚新译：《纠纷的解决与审判制度》，中国政法大学出版社 1994 年版，第 85—98 页。作者将调解者的功能分别称为"中介"、"判断"和"强制"。

纠纷的合意，并最终促成合意的达成，当事人与中立者之间更多的是积极主动地展开沟通、交流与互动，诉讼程序中被动消极的中立者在法院附设替代性纠纷解决程序中早已消失得无影踪。在程序的最终，中立者提示的解决方案须以当事人的同意才能最终生效，如果欠缺当事人的认可，则程序会以失败告终进入正式的庭审程序或恢复之前的诉讼程序。

在法院附设替代性纠纷解决程序中，较其他 ADR 形式也存在着内在的强制因素。日本的民事调停程序的启动过程中，存在着交付调停的现象，即在诉讼审理过程中，如果受理诉讼的法院认为适当时，可以依职权将案件交付调停（日本《民事调停法》第 20 条第 1 项），由此开启调停程序。在程序的最终，也存在着代替调停的决定，即法院在调停无法成立的情况下认为恰当时，可以依据职权在不违反双方当事人提出申请的宗旨的限度内，对案件的解决作出必要的决定（日本《民事调停法》第 17 条）。在美国的法院附设 ADR 项目中也存在着强制参与的情形，在某些农业信用调解以及医疗过失案件的甄选小组会议中，强制参与有时候被规定为提起诉讼的前提条件；在某些情况下，某些类型的诉讼案件被整体输送至强制性的程序中，例如某些家庭关系调解项目以及附属于法院的、无约束力的仲裁项目：所有存在争议的监护案件必须进行调解，除了明文规定的例外情形，所有讼争金额在 15 万美元以下的诉讼必须进行附属于法院的仲裁；而在另一些情况下，法院被授权选择案件进行强制转介或在一方当事人提出请求的时候要求另一方也参加……①英国的诉前议定书制度规定通过诉前的文书交换和协商，使当事人通过早期的信息交流尽早实现合作，达成和解。而且通过引起一种对于诉前合作的期

---

① ［美］斯蒂芬·B. 戈尔德堡、弗兰克 E. A. 桑德、南茜·H. 罗杰斯、塞拉·伦道夫·科尔著，蔡彦敏、曾宇、刘晶晶译：《纠纷解决——谈判、调解和其他机制》，中国政法大学出版社 2005 年版，第 396 页。

待，以司法权力对于不遵守相关议定书的诉讼当事人施加制裁为后盾，[①] 促进案件的准备工作。德国 1998 年 7 月的简化民事诉讼程序法案授权德国各州对于小额纠纷、邻里间的财产纠纷以及私人侮辱诽谤案件引入强制性调解程序（法院附设仲裁）（court - annexed arbitration）（修订后的《民事诉讼法施行法》EGZPO 第 15 条 a 项）。西班牙《1881 年法案》专门规定了法院调解制度，即在起诉前潜在的原告可以向法官申请传唤对方当事人，以促成调解从而避免诉讼，直至 1984 年改革之前，这一审前调解一直是强制性的，当事人不经调解程序就不能提起民事诉讼。当然上述的强制只是当事人参与的强制，强制当事人进入程序，而最终解决方案的作出并未强制当事人接受，仍强调合意形成解决方案，这样也更易于方案得到彻底执行，而且当事人依然享有达不成合意进入诉讼程序的权利。

### 3. 从程序的运作上看，简易灵活的特征明显

与其他 ADR 形式一样，法院附设替代性纠纷解决机制充满了自由灵活的成分，与诉讼程序秉承严格的规范性、僵硬呆板地执行程序规则形成鲜明对照。在传统的诉讼程序中，基于正当程序及公正、正义等理念，一系列的程序规则是要严格遵循的，如公开原则、直接原则、言词原则、辩论原则及要求公平程序的请求权等，而且对诉讼的地点、时间等均有详细而严密的法律规定，当事人自主选择的可能受到限制。在法院附设替代性纠纷解决程序中，当事人可以灵活地选择是否适用 ADR 程序以及选择何种 ADR 程序，当事人可以自由选择居中调停人或裁断人，程序的起始和终结时间及程序的延续时间当事人均可灵活决定，而且在程序的运作过程中，诉讼领域内的程序规则并未得到严格遵循，而是可以灵活适用相应的规则。因为程序并不公开，所以有

---

① ［英］阿德里安 A. S. 朱克曼主编，傅郁林等译：《危机中的民事司法——民事诉讼程序的比较视角》，中国政法大学出版社 2005 年版，第 157 页。

关隐私及经营、技术秘密的纠纷也能够通过非公开的程序得到解决。① 在纠纷处理的方式上，开庭的时间与地点可以由当事人根据客观实际情况以方便当事人的原则来确定，开庭的方式、举证、质证的方式及辩论的方式上当事人均有灵活选择的空间，而不受法律的强制性规定，如在当事人之间感情上强烈对立的案件中，可以不通过双方同时出席的方式，而是用轮流见面的方法来推动程序的进行。② 程序在适用规范时也与诉讼程序有着明显的区别，司法程序的普遍特征是所有判决均基于规范，"诉讼外"对冲突的解决则可以基于所谓"平等"或"有益"之类的考虑，或仅仅基于便利的考虑，或基于自由裁断。③ 当事人可自由选择法律规范或者是双方均接受的习俗、惯例及其他参考依据，当事人可以在广阔的法外空间寻求合意的可能并进而解决了纠纷、维系了关系。

4. 从程序的地位上看，法院附设替代性纠纷解决机制具有替代和附属的特征

法院附设替代性纠纷解决程序与诉讼程序有着不同的运作机理，各自有着不同的适用范围，彼此互不系属。虽有学者将称其为适合的纠纷解决，但法院附设替代性纠纷解决机制的替代诉讼程序的特征已不容置疑。现代意义上的法院附设替代性纠纷解决机制是在特定的历史背景下产生的，是在司法改革的浪潮中为应对法院繁重的案件负担而出现的力求替代诉讼的纠纷解决方式，

---

① ［日］小林秀之：《知识产权纠纷与仲裁（上）》，载 NBL 第 558 号，第 8 页、第 10 页。转引自［日］小岛武司、伊藤真编，丁婕译，向宇校：《诉讼外纠纷解决法》，中国政法大学出版社 2005 年版，第 9 页。

② ［日］小岛武司：《诉讼外纠纷解决机构》，载《判例时代》第 932 号，第 52、55 页，林道晴：《民事调停的推进方法》，载《判例时代》第 932 号，第 90、92 页。转引自［日］小岛武司、伊藤真编，丁婕译，向宇校：《诉讼外纠纷解决法》，中国政法大学出版社 2005 年版，第 9 页。

③ ［美］H. W. 埃尔曼著，贺卫方、高鸿钧译：《比较法律文化》，清华大学出版社 2002 年版，第 139 页。

是作为诉讼程序缺陷的弥补及修正程序出现的，是与诉讼程序截然不同的另外一种纠纷解决的程序，是将已进入法院的特定案件舍诉讼程序而求其替代的解决方式。法院附设替代性纠纷解决机制使法院提供的程序具有多样化的色彩，而不再是以前的只要案件进了法院就一成不变地呆板地沿着既定的诉讼程序费时费力地进行，直至最后一个冷冰冰的不容置疑的裁决的作出。法院附设替代性纠纷解决机制为进入法院的当事人提供了一个多元的选择，"事实上，即使在一个很正式的法律制度中，例如盎格鲁——美国的对抗制中，仍会存在并且实际存在可以容纳那些较不正式的平息纠纷的方法的空间，而且事实上需要存在那些较不正式的平息纠纷的方法。"[①] 当事人可以在诉讼与替代方式之间进行恰当的选择，由是当事人可以在诉讼程序之外发现另外一片天空，而此也许更适合既已出现的纠纷。

当然，在当前的诉讼制度及司法背景下，诉讼程序是理论基础深厚并经历史和实践验证的解决纠纷的主流正当程序，其基础性和核心地位不容动摇。正如有学者指出，民事诉讼程序是一种"真正的诉讼组织技术"，它在确保人们自由、平等、博爱地"诉诸司法"的同时，也是对我们基本权利的最佳保护。[②] "美国的行为主义者，或许是天真地但肯定是乐观地，将联邦法院看作是个人权利的最终保护者，并且，在适当的情形下，是社会变迁的裁决者。"[③] 诉讼程序的内在价值及重要意义已是社会各界的共识，我们很难想象现代社会如果没有诉讼程序，社会将如何运转。因此，在解决社会冲突的诸种手段中，诉讼是一种最为常规、最为

---

① ［美］史蒂文·苏本、玛格瑞特（绮剑）·伍著，蔡彦敏、徐卉译：《美国民事诉讼的真谛》，法律出版社 2002 年版，第 205 页。

② ［法］让·文森、塞尔日·金沙尔著，罗结珍译：《法国民事诉讼法要义》，中国法制出版社 2001 年版，第 3 页。

③ Martha F. Davis, Brutal Need：Lawyers and the Welfare Rights Movement, 1960—1973（New Haven，Ct：Yale University Press, 1993）1. 转引自［美］史蒂文·苏本、玛格瑞特（绮剑）·伍著，蔡彦敏、徐卉译：《美国民事诉讼的真谛》，法律出版社 2002 年版，第 44 页。

规范、形式效力最为明显的手段。而且，诉讼审判手段的存在，现实地提高了其他冲突解决手段的适用几率和适用效果，没有诉讼审判，其他手段将会是苍白乏力的。① 然而诉讼程序的重要地位并不排除其他纠纷解决方式的存在，而且是普遍的存在，法院附设替代性纠纷解决机制就是其中一例。法院附设替代性纠纷解决机制虽有着诉讼程序所不具有的关于纠纷解决的众多优势，但其地位仍只是作为诉讼程序的附属，不能撼动诉讼程序纠纷解决的中心地位，更不能完全取而代之。法院附设替代性纠纷解决机制作为一种合意解决纠纷的样式，没有国家公权力作为强制力的保障，有时甚至不能得到有效的执行。而且在法院附设替代性纠纷解决程序中，如果当事人间关于纠纷解决的合意没有达成，诉讼程序仍旧是当事人最后的选择，当事人可以启动诉讼程序以求得国家公权力的裁决。因此，致力于分流集中于法院纠纷的 ADR 的价值取向与不少意在提高诉讼效率的改革措施一致，都是在承认既有审判制度作为解决纠纷最高或最重要方式的前提下对其进行"补台"。②

## （二）法院附设替代性纠纷解决机制的分类

法院附设替代性纠纷解决机制按照不同的分类标准可以得出不同的类别。从内涵的界定上来看，法院附设替代性纠纷解决机制有广义与狭义之分，狭义上的法院附设替代性纠纷解决机制包括法院附设调解、法院附设仲裁、简易陪审团审理和早期中立评估及日本的民事调停等程序。广义的法院附设替代性纠纷解决机制还包括诉讼和解程序。

关于诉讼和解的定义，学者们的界定基本一致。日本学者认

---

① 参见顾培东：《社会冲突与诉讼机制》，法律出版社 2004 年版，第 39—42 页。
② 王亚新：《纠纷，秩序，法治——探寻研究纠纷处理与规范形成的理念框架》，载王亚新：《社会变革中的民事诉讼》，中国法制出版社 2001 年版，第 207 页。

为，通常意义上的诉讼上和解是指在诉讼系属中，当事人双方于诉讼的期日，在法官的参与下经协商和让步而达成的以终结诉讼为目的的合意。① 我国有学者认为，诉讼和解，是指民事诉讼当事人在诉讼过程中自主协商，达成协议，解决纠纷，终结诉讼的行为。② 一般来讲，诉讼和解是指在诉讼程序运行中，由当事人私下和解或在法官的主持与斡旋下实现当事人间的和解，进而实现纠纷的合意解决。关于诉讼和解的性质，学界一直以来争议颇多，日本、德国学界较成型的有四种观点：私法行为说、诉讼行为说、两行为并存说和一行为两性质说。③ 两国的通说认为，诉讼上和解兼具私法行为与诉讼行为两个方面的性质。④ 不过也有学者认为关于诉讼上和解性质的种种学说是一种均为无谓的论争，即仅仅是一种"旨在进行理论上说明"的技巧性论争。⑤

而随着 ADR 程序的出现和广泛运用，学者们也多从诉讼和解程序的运作过程即合意解决纠纷的程序特征来界定其本质特征，认为诉讼和解是广义上的法院附设替代性纠纷解决程序。日本学者伊藤真认为，审判上的和解是作为民事诉讼程序的一个环节来进行的，这一点使其很难与诉讼外纠纷解决方式相联系，但从不通过审判或判决来处理纠纷这一点来看，可以将其作为诉讼外纠纷解决方式的一种类型。⑥ 日本学者加藤新太郎指出，诉讼上的和解在根源于民事纠纷解决现有状况本质的当事人之间合意

---

① 参见［日］青山善充、伊藤真：《民事诉讼法的争点》，有斐阁1998年版，第260页。转引自熊跃敏：《诉讼上和解的比较研究》，载《比较法研究》2003年第2期。

② 章武生、吴泽勇：《论诉讼和解》，载《法学研究》1998年第2期。

③ ［日］兼子一、竹下守夫著，白绿铉译：《民事诉讼法》，法律出版社1995年版，第141页。

④ 陈计男：《论诉讼上和解》，载台北《法令月刊》第27卷，(7)。参见［德］汉斯-约阿希姆·穆泽拉克著，周翠译：《德国民事诉讼法基础教程》，中国政法大学出版社2005年版，第173页。［德］奥特马·尧厄尼希著，周翠译：《民事诉讼法》，法律出版社2003年版，第252页。

⑤ 参见［日］高桥宏志著，林剑锋译：《民事诉讼法——制度与理论的深层分析》，法律出版社2003年版，第630—632页。

⑥ ［日］伊藤真：《诉讼外纠纷解决制度》，载［日］小岛武司、伊藤真编，丁婕译，向宇校：《诉讼外纠纷解决法》，中国政法大学出版社2005年版，第10页。

基础上的纠纷解决方式这个方面，与审判外各种合意型的纠纷解决方式有着共同的基础，诉讼上和解在广义上也可以说是 ADR，而且，劝说的方法、谈判的技术等左右和解成功与否的因素也是合意型纠纷解决方式，因此也理所当然属于 ADR。① 学者埃哈德·布兰肯伯格亦认为，大陆法程序可行的替代程序是庭内和解，从这个层面来理解，避免诉讼不仅是在庭外处理纠纷，也包括在司法程序中可以选择一个较早的出口。② 由于诉讼中和解是在法院的诉讼程序中进行的，从这一角度出发，我们也可以将其理解为一种通过法院进行的"另类"的民事纠纷解决方法。③

法院附设替代性纠纷解决机制根据中立者在程序运作的过程中所起的作用可分为合意型法院附设替代性纠纷解决机制、裁断型法院附设替代性纠纷解决机制和顾问式法院附设替代性纠纷解决机制。合意型法院附设替代性纠纷解决机制的典型形式是法院附设调解，裁断型法院附设替代性纠纷解决机制的典型形式是法院附设仲裁，顾问式法院附设替代性纠纷解决机制包括早期中立评估（Early Neutral Evaluation）、简易陪审团审理（Summary Jury Trials）和混合型程序（Hybrids）（如法院附设调解—仲裁）等。

法院附设替代性纠纷解决机制根据程序启动的条件可分为合意性法院附设替代性纠纷解决机制与强制性法院附设替代性纠纷解决机制。合意性法院附设替代性纠纷解决程序是指程序的启动是以双方当事人的合意为前提的，一般情况下不能以一方当事人的申请而启动程序。强制性法院附设替代性纠纷解决程序是指法

---

① ［日］加藤新太郎：《诉讼外纠纷解决方式和程序法》，载［日］小岛武司、伊藤真编，丁婕译，向宇校：《诉讼外纠纷解决法》，中国政法大学出版社 2005 年版，第 40 页。

② 埃哈德·布兰肯伯格著，袁开宇译：《作为法律文化指标的民事诉讼率》，载［意］D. 奈尔肯，高鸿钧、沈明等译：《比较法律文化论》，清华大学出版社 2003 年版，第 72 页。

③ 参见谭兵主编：《外国民事诉讼制度研究》，法律出版社 2003 年版，第 286 页。

院依职权将纠纷转入 ADR 程序，程序的启动不容当事人选择，强调一点的是，此处所说的强制只是参与的强制，最终合意的达成与纠纷的解决仍依赖当事人的同意。

法院附设替代性纠纷解决机制根据其起源和发展还可分为传统型法院附设替代性纠纷解决机制和现代型法院附设替代性纠纷解决机制，传统型法院附设替代性纠纷解决机制是指自传统发展而来，包括日本的民事调停和家事调停，各国的诉讼和解等。现代型法院附设替代性纠纷解决机制则是指在 20 世纪六七十年代自美国起始的为应对诉讼程序的缺陷和不足以及法院日益繁重的案件压力而出现的法院附设仲裁、法院附设调解等多种形式的法院附设替代性纠纷解决机制。

事实上不同的分类标准就会形成不同的分类，不同的分类间也常常会有交叉与重合之处，而多种分类的目的是从多元的视角对法院附设替代性纠纷解决机制进行广泛考察，力求获得客观全面的分析和认识。

### （三）　法院附设替代性纠纷解决机制的功能

#### 1. 全面地解决纠纷

与诉讼程序的基本功能一样，法院附设替代性纠纷解决机制的首要功能即是解决当事人之间的纠纷，而且是快速、高效、全面地解决纠纷。法院纠纷解决的功能体现在很多方面：被动消极的解决纠纷；能够做出适当处理的请求的种类有限；请求必须建立在与社会行为有关的标准的基础上等。[①] 法院附设替代性纠纷解决机制的纠纷解决功能与诉讼程序的相应功能相比，存在着众多的不同。作为对诉讼程序进行补偏救弊的替代程序，法院附设替代性纠纷解决机制弥补了诉讼程序的缺陷，追求简洁、迅速与

---

① 参见［美］迈尔文·艾隆·艾森伯格著，张曙光、张小平、张含光等译：《普通法的本质》，法律出版社 2004 年版，第 5 页。

低成本地解决纠纷。同时，诉讼程序一刀切式的不含任何主观色彩的客观的裁断功能确实对已发生的纠纷起到了解决的作用，但很多情况下诉讼程序的解决纠纷并未能解决发生在纠纷双方之间的隐性冲突，因而不排除再次发生纷争的可能，从而未能真正有效彻底地解决纠纷。法院附设替代性纠纷解决机制因之以当事人间的合意作为基础，当事人平等地交流、协商，根据案情的需要灵活地适用程序，形成的解决方案也是在双方合意的前提下做出，进而会实现纠纷的彻底解决，包括潜在的冲突和纷争。而且，在民事诉讼中，审判的对象限于当事人之间的权利义务关系，因此权利义务主体之外的第三人很难参与到纠纷解决中去，而审判外纠纷解决方式则不存在这个限制，它允许利害关系者参与，以期纠纷的全盘解决。[①] 所有与纷争有关的案外人的加入，更能够深入透彻地剖析现有纠纷、预防潜在的纠纷，进而全面彻底地解决纠纷。

另外，诉讼程序存在着当事人的日常生活逻辑与法律家的专门技术逻辑之间的矛盾，这些矛盾在过分的技术性、形式性等方面妨碍了实体正义的实现，而且当事人也会在高度专门化的程序中产生被排除的感觉。[②] 在法院附设替代性纠纷解决程序中，中立者已不再是诉讼程序中的"完美的、毫无感情的镇静和无动于衷——即便看到了寻求法律救济者的渴望救助的目光——的法官"，而是"像日常生活中的普通人一样在日常事务中探询、研究、发现真实并且作出判决的'法官'"，[③] 中立者已不局限于高

---

[①] 参照小岛武司：《适合调停的案件的选择基准》，载寄喜助先生六十大寿纪念《纠纷处理与正义》[1988]，第385、第393页。转引自［日］小岛武司、伊藤真编，丁婕译，向宇校：《诉讼外纠纷解决法》，中国政法大学出版社2005年版，第9页。

[②] 参见王亚新：《纠纷，秩序，法治》，载王亚新著：《社会变革中的民事诉讼》，中国法制出版社2001年版，第225页。

[③] 参见鲁道夫·瓦瑟尔曼：《社会的民事诉讼——社会法治国家的民事诉讼理论与实践》，载［德］米夏埃尔·施蒂尔纳编，赵秀举译：《德国民事诉讼法学文萃》，中国政法大学出版社2005年版，第92页。

度专门化、职业化的法官，而大量的掌握专业知识及日常生活技艺的人们加入到中立者行列中，从而使纠纷的解决摆脱了职业法律家的垄断。而且纠纷解决的程序也不再是漠然、高高在上和远离我们所熟悉的生活的，而是触手可及的日常生活的一部分，由此形成的解决方案当事人接受和执行起来的难度大大减小。而且在纠纷解决的过程中，法院附设替代性纠纷解决机制并不拘泥于严格适用实体法，而会考虑到常识化运作规范，并充分考虑到历史背景、心理因素、经济条件、文化传统、习惯、情理、道德等法外因素，并能够综合考虑执行的可能性、损害填补的方式、双方利益最大化的途径等问题，尽量争取纠纷解决获得较好社会效果和双赢的结局。[①]

**2. 分流法院案件，　优化司法资源**

正如前文所述，目前各国普遍面临着司法危机，诉讼程序的成本高昂、诉讼迟延、程序复杂因素使各国的诉讼程序越来越多地呈现出拥堵现象，司法资源的有限性更加剧了问题的严重性，在诉讼案件的绝对数量不减少或者说司法资源不能持续增加的前提下，如何加速诉讼进程，使法院摆脱日益严重的案件负担，缓解法院的压力，合理地配置和利用司法资源已成各国立法及司法界普遍关心的问题。在各国司法机关没有充分的资源可资利用的情况下，最好的改革莫过于限制法院资源的利用，拓展诉讼外纠纷解决的路径，将有限的诉讼资源用于更需要和适合的案件中。目前各国的很多法院都鼓励将替代性纠纷解决作为一种减少法院拥挤的方法而使用，而且普遍接受的信念是现有的司法资源不能向所有在法院起诉的民事案件提供审判。[②] 法院附设替代性纠纷解决机制其实是一种案件过滤装置，能够使一部分进入法院的案

---

① 范愉编著：《集团诉讼问题研究》，北京大学出版社 2005 年版，第 86 页。

② 参见［美］史蒂文·苏本、玛格瑞特（绮剑）·伍著，蔡彦敏、徐卉译：《美国民事诉讼的真谛》，法律出版社 2002 年版，第 218 页。

件通过由法院提供的诉讼外的程序得到解决，从而有效地避免了一些潜在的诉讼，降低了民事纠纷进入诉讼程序的频率，缓解了法院繁重的案件负担，实现了法院案件的分流，同时也为审前纠纷解决提供了易于获得的途径。①

现代法院对纷纷涌入法院的种类繁多、形式各样的案件实行分类管理，法院根据各类案件的性质和特点为其选配适合的个性化的程序，大量的案件免于诉讼程序的烦琐和冗长而通过法院附设替代性纠纷解决机制得到了很好的解决，进而也使通过法庭审理的方式结案的案件得到控制，诉讼程序得到谨慎利用，使有限的司法资源得到合理的利用，使法官们能集中精力在那些需要他们作为权威解决方案的案件上。② 法院附设替代性纠纷解决机制在与诉讼的关系上，具有选择真正适合通过诉讼解决的纠纷的所谓纠纷屏风功能或区分功能，进而为诉讼制度的合理、迅速的运作做出贡献。③ 实际上，为更好地体现诉讼的价值，诉讼程序更愿意承担一些疑难、关系重大、复杂及具有重要法律意义的案件，以对未来的纠纷解决创设先例和参考，抑或形成可以指引未来的法律原则。而法院附设替代性纠纷解决机制这种灵活简易的程序则可以将案情相对简单、关系不复杂的频繁出现的常规案件或者是那些当事人间存在着复杂的相互依赖关系，有相对平等的谈判权力，并且在努力寻找解决途径方面基本不依赖于其他人的案件④收入囊中，实现司法资源的合理配置。

---

① 埃哈德·布兰肯伯格著，袁开宇译：《作为法律文化指标的民事诉讼率》，载［意］D. 奈尔肯编，高鸿钧、沈明等译：《比较法律文化论》，清华大学出版社 2003 年版，第 93 页。

② S. Roberts，"替代性纠纷解决方式和民事审判：未解决的关系"，Modern Law Review，56 (1993)，452ff. 转引自［英］阿德里安 A. S. 朱克曼主编，傅郁林等译：《危机中的民事司法——民事诉讼程序的比较视角》，中国政法大学出版社 2005 年版，第 278—279 页。

③ 横山匡辉：《法院中的 ADR》，载［日］小岛武司、伊藤真编，丁婕译，向宇校：《诉讼外纠纷解决法》，中国政法大学出版社 2005 年版，第 61 页。

④ ［美］史蒂文·苏本、玛格瑞特（绮剑）·伍著，蔡彦敏、徐卉译：《美国民事诉讼的真谛》，法律出版社 2002 年版，第 217 页。

### 3. 提供解决纠纷的多元选择

诉讼程序是法院提供的解决纠纷的正统的、公开的、最符合形式合理性的程序，这种程序要求一系列专门化的操作规程，要求借助职业法律家——律师的中介，同时，也要求诉讼所做出的判决具有严格的规范性。① 诉讼程序一度作为法院提供的仅有程序满足着社会对于正义的要求，即便存在着其他程序而利用率也相对较低，况且这样的程序屈指可数。而在社会关系日益复杂和多样的今天，社会成员间利益冲突不可避免，纠纷的出现是层出不穷，纠纷的种类亦呈多元发展的态势，过去未曾出现的一些新型、现代型纠纷也已大量涌现，单一的纠纷解决形式已不适应纠纷的多元需求。人们的价值观念和诉讼文化理念亦呈多元化发展，不同的国家可能拥有完全不同的诉讼文化。同为欧洲国家，法国和德国为好讼型法律文化，而荷兰和意大利则为避讼型诉讼文化。避讼型的文化往往更倾向于提供更多的纠纷解决的替代制度和诉前解决纠纷的机制，德国人较为好讼，也更可能比近邻荷兰人更倾向于寻求在更高审级法院发动诉讼；后者通常避讼，一旦进入诉讼也更倾向于选择出口。② 即使在好讼的国家，诉讼程序本身固有的内在缺陷也往往使人们对诉讼程序之前的绝对地位发生了质疑，阻碍了人们寻求诉讼的脚步，而且诉讼程序的解纷能力并不如其程序重要性那样突出，诉讼程序只解决了所受理的纠纷的很少部分，并且也是所有纠纷中的很少部分。提起诉讼的案件是一个选择过程的结果，绝大多数潜在的可能交由法院法官来决定的冲突，都由当事人在法院之外解决：或者通过一方威吓，或者通过单方行动，或者通过将冲突交付可替代法院的机构协商、调

① 范愉：《非诉讼纠纷解决机制研究》，中国人民大学出版社 2000 年版，第 27 页。
② 参见埃哈德·布兰肯伯格著，袁开宇译：《作为法律文化指标的民事诉讼率》，载［意］D. 奈尔肯编，高鸿钧、沈明等译：《比较法律文化论》，清华大学出版社 2003 年版，第 71—73 页。

解或解决，或者由一方"容忍"，（与对方）完全脱离社会关系，并可能避免同类的冲突境况。[①] 而在纽黑文所进行的研究表明，因故和契约关系引起的争议，其中 80% 未经审判而获解决。[②]

　　诉讼作为法院唯一提供的纠纷解决方式已远不能适应形势的万变需要，而需要法院针对瞬息万变的形势敏锐地做出调整和改革，而且目前关于权利的平等保护的理念已深入人心，法院为保证所有的社会成员均有实现法律正义的路径，于是在常规的诉讼程序之外，还提供法院附设调解、法院附设仲裁等诸多 ADR 产品，甚或加强诉讼程序内出口的选择（诉讼和解），促使当事人选择与纠纷类型相适应的解决程序，以此探求多元的纠纷解决方式，也由此使法院摆脱了单一、僵硬的诉讼程序提供者的身份，法院因此也成了多元、多样的纠纷解决中心，为当事人接近正义提供着多种路径选择。在法院提供 ADR 产品的过程中，"法院"应该被理解为各种各样救济机构的一种形式，而且"人们将不平诉诸法院"也应该理解为包括了不平者为有效地利用有关机构，而在专家的帮助下进行活动。[③]

　　4. 节约成本，提高效率

　　从经济的角度进行分析，根据成本构成法，不论是诉讼程序还是法院附设替代性纠纷解决程序均由两部分成本构成：一是利用者方面产生的成本，另一是制度方面产生的成本。[④] 或言之当

---

　　① 参见费尔斯廷与丹兹格及洛伊之间的讨论。William Felstiner, "Avoidance as Dispute Processing: and Elaboration", Law and Society Review, 9, 1974/1975, pp. 695—706. Richard Danzig and Michael Lowy, "Every Day Disputes and Mediation in the United States: A Reply to Prof. Felstiner", Law and Society Review, 9, 1975, pp. 675—694. 转引自 ［意］ D. 奈尔肯编，高鸿钧、沈明等译：《比较法律文化论》，清华大学出版社 2003 年版，第 64 页。

　　② ［美］ H. W. 埃尔曼著，贺卫方、高鸿钧译：《比较法律文化》，清华大学出版社 2002 年版，第 204 页。

　　③ M. 盖朗塔：《不同情况下的正义》，载 ［意］ 莫诺·卡佩莱蒂编，刘俊祥等译：《福利国家与接近正义》，法律出版社 2000 年版，第 127 页。

　　④ 太田胜造：《诉讼外纠纷解决的成本》，载 ［日］ 小岛武司、伊藤真编，丁婕译，向宇校：《诉讼外纠纷解决法》，中国政法大学出版社 2005 年版，第 162 页。

事人支出的成本和法院的成本。具体就诉讼程序而言，当事人的成本支出主要包括律师费、诉讼费、程序进展过程中的勘验、鉴定等费用及当事人的误工、劳神等机会成本和精神上的成本。法院的成本包括法院建筑物等固定资产投入及法院工作人员（包括法官及辅助人员）的工资支出等。当然，在各国现存的诉讼制度中，制度成本往往不是由当事人来支付，而是由政府在税收中支付。法院作为正义的最后防线，代表国家通过一系列的正当程序和规则来保护私权是不容置疑的，但随之也会产生一个问题，国家能否不计成本地提供民众所要求的保护其权利的最大可能的程序？答案应该很显然。正如德沃金（Dworkin）所说，我们有权期待努力提供保护权利的合理措施的程序，这种程序与国家能够提供的一般资源相匹配，并与国家需要提供的其他公共设施相联系。① 由是，国家提供的司法资源不是能够无限度扩张的，而是有合理的边界。

诉讼程序的成本高昂问题已毫无疑问地成为目前各国普遍面临的司法危机，严重阻碍着民众对司法的接近。在英国，据哈扎尔·甘（Hazel Genn）教授的研究报告，在大部分的小额诉讼中，总计的诉讼成本超过了总争议标的额，在大部分达到 12500 英镑的诉讼中，仅仅收取成本（也就是胜诉一方费用的约 2/3）就已经超过了争议标的总额，而英国所有个体纳税者的 42％ 年收入在 1 万英镑以下。② 在澳大利亚，据 1988 年由维多利亚郡法院主持的调查显示，胜诉一方根据判决所获得的成本是判决给予的赔偿

---

① R. Dworkin, A Matter of Principle (1985), ch. 3. For a purely economic approach see: R. Posner, "An Economic Approach to Legal Procedure and Judicial Administration" (1973) 2 Journal of Legal Studies 399, and Posner, Economic Analysis of the Law (3rd edn. , 1986). 转引自阿德里安 A.S. 朱克曼：《危机中的司法/正义：民事程序的比较维度》，载［英］阿德里安 A.S. 朱克曼主编，傅郁林等译：《危机中的民事司法——民事诉讼程序的比较视角》，中国政法大学出版社 2005 年版，第 7 页。

② 参见保罗·米凯利克：《英格兰和威尔士的司法危机》，载［英］阿德里安 A.S. 朱克曼主编，傅郁林等译：《危机中的民事司法——民事诉讼程序的比较视角》，中国政法大学出版社 2005 年版，第 141 页。

金的 58%，如果再加上败诉一方的诉讼成本，败诉方所支付的所有费用通常会超过判决所确定的数额。① 法国诉讼程序中的国家成本领域，投资增长缓慢而开支增长迅速，根据 1991—1997 年统计数据，法国司法部的投资从 18.17 亿法国法郎增加到 23.90 亿法国法郎，增长幅度约为 31%，而同期民事和商事案件的总成本额从 2.5649 亿法国法郎增加到 4.8409 亿法国法郎，增长幅度为 89%。就当事人的成本而言，一个简单的离婚诉讼，没有任何其他特别请求或上诉，它的成本也大约相当于当事人每个月的最低收入，大约是 7000 法国法郎。② 在葡萄牙，诉讼成本对当事人来说，如果只考虑支付给法院的费用，葡萄牙的民事司法不能说是贵的，但如果考虑全部的诉讼成本（包括当事人支付的律师费及其他诸如提交和复印文书材料费、交通费和通讯费等），则寻求司法救济确实是昂贵的。③

相较诉讼程序而言，法院附设替代性纠纷解决机制的运作成本显然要低得多，当事人舍弃成本高昂的诉讼程序而选择低成本运作的法院附设替代性纠纷解决程序不失为一种理性选择。在交易成本很低的情况下，如果能达成对双方都有益的交易，那么双方当事人就应该进行交易。实际上，大量的法律争议并没有诉诸法庭而是以和解处理的。④ 在法院附设替代性纠纷解决程序中，主持程序的中立者很多是退休的法官、法院的雇员、非营利性组

---

① M. Sargent：“维多利亚诉讼费用体制：赔偿或者败诉？”，载《法律协会评论》1988 年第 62 期，第 379 页。转引自 G. L. 戴维斯：《澳大利亚的民事司法改革》，载［英］阿德里安 A. S. 朱克曼主编，傅郁林等译：《危机中的民事司法——民事诉讼程序的比较视角》，中国政法大学出版社 2005 年版，第 165 页。

② 参见洛克·卡迪特：《民事司法改革：接近司法·诉讼成本·诉讼迟延－法国的视角》，载［英］阿德里安 A. S. 朱克曼主编，傅郁林等译：《危机中的民事司法——民事诉讼程序的比较视角》，中国政法大学出版社 2005 年版，第 299—301 页。

③ 参见马里亚·曼努埃·莱语·马克斯、孔塞桑·戈梅斯、若昂·佩德罗家：《葡萄牙的民事诉讼制度》，载［英］阿德里安 A. S. 朱克曼主编，傅郁林等译：《危机中的民事司法——民事诉讼程序的比较视角》，中国政法大学出版社 2005 年版，第 406 页。

④ ［美］理查德·A. 波斯纳著，蒋兆康译、林毅夫校：《法律的经济分析（下）》，中国大百科全书出版社 1997 年版，第 723 页。

织成员甚或有提供无偿服务者，支付中立者的费用较支付给法官的费用肯定是大大减少。程序本身的运作相对自由灵活，不受证据开示、交叉辩论等正式程序规则和法律制度的制约，程序的运转费用自然就大大降低。程序以当事人的合意为基础，程序中贯穿着双方的交流与合作，不再有无谓的情绪的激烈对抗和对峙，当事人双方基于彼此的利益考量常常会争取尽早妥当解决争议，不存在无故拖延和迟延的可能，自然成本就会降低，而且基于合意达成的解决方案，当事人在接受和认可的前提下自动履行的可能要大得多，省却了诉讼程序中因不主动执行判决而引起的后续程序的支出。美国法学教授昂纳德·瑞斯金认为，调解之所以具备经济、快捷等优势的一个原因是调解较少受制于那些支配对抗性纠纷解决方法的程序规则、实体法律和某些假定。在调解中，最终的权威握在争议的当事人手中。当事人之间的冲突被看作是独一无二的，因此较少受到适用某些普遍规则的解决方案的支配。争议的案件既不用遵循某一先例，亦无须树立某一先例。所以……凡是当事人认为相关的内容就具有相关性。[①] 程序的非正式化、常识化运作方式更接近民众所熟知的日常生活，也常常使当事人更易理解程序的运作，不必需专业的职业法律家的强制介入，由此可省却大量代理律师费的支出，而律师费往往是诉讼程序中当事人支出的重要组成部分。而且，即使法院附设替代性纠纷解决机制在作为诉前程序时并未达到预期效果，而重又开启诉讼程序的话，成本并未有实质增加。在美国，大多数参与州民事法院调解的当事人和律师认为调解要么对他们的诉讼开支不产生影响，要么减少了这些开支。C. 麦克埃文（C. McEwen）通过对多种场景下的调解所做的实证研究表明在

---

① ［美］斯蒂芬·B. 戈尔德堡、弗兰克 E. A. 桑德、南茜·H. 罗杰斯、塞拉·伦道夫·科尔著，蔡彦敏、曾宇、刘晶晶译：《纠纷解决——谈判、调解和其他机制》，中国政法大学出版社2005 年版，第 160—161 页。

诉讼当事人通过调解解决纠纷时，他们常常节约了开支，当调解是诉讼程序中的另一个步骤时，它也并没有实质性地增大开支。①

　　法院附设替代性纠纷解决机制能缓解诉讼程序迟延的不足，提高纠纷解决的效率。迟延问题同样是目前各国诉讼程序不容回避的现象，而各国也都不同程度地存在着程序迟延的问题。美国洛杉矶上级法院有时将准备审判的案件推迟长达 5 年之久，这种情形甚至促使洛杉矶律师协会在联邦法院起诉加利福尼亚州，认为法院的资金不足导致了诉讼迟延并剥夺了当事人的宪法权利。② 当然 5 年的等待不是普遍现象，但程序的迟延是普遍存在的，美国律师协会 1984 年采纳了减少民事诉讼延迟的目标——90% 的案件应该被和解、审判或在起诉后的 12 个月内被审结；98% 的案件在 18 个月内审结；剩余的案件在 24 个月内审结，除非法院认为存在例外情形的个别案件和进行持续性审查的案件。③ 在英国，自诉讼程序开始至高等法院作出判决的平均时间，在伦敦是 161 周，在伦敦以外是 195 周，县法院的可比数据分别为 70 周至 90 周。④ 意大利在 1940 年时，下级法院的初审程序平均花费 176 天，上级法院的诉讼时间为 215 天，"二战"后

---

　　① ［美］斯蒂芬·B·戈尔德堡、弗兰克 E. A. 桑德、南茜·H. 罗杰斯、塞拉·伦道夫·科尔著，蔡彦敏、曾宇、刘晶晶译：《纠纷解决——谈判、调解和其他机制》，中国政法大学出版社 2005 年版，第 168—169 页。

　　② Kakalik, Selvin, and Pace, Averting Gridlock, at 12. Los Angeles County Bar Ass'n v. Eu, 979 F. 2nd 697（9th Gir. 1992）（赞成对于被告授予即时判决，理由是高级法院法官的法定数目从宪法上剥夺了当事人接近法院获得救济的权利）。转引自理查德 L. 马库斯：《诉讼超级大国的恐慌》，载［英］阿德里安 A. S. 朱克曼主编，傅郁林等译：《危机中的民事司法——民事诉讼程序的比较视角》，中国政法大学出版社 2005 年版，第 85 页。

　　③ 参见理查德 L. 马库斯：《诉讼超级大国的恐慌》，载［英］阿德里安 A. S. 朱克曼主编，傅郁林等译：《危机中的民事司法——民事诉讼程序的比较视角》，中国政法大学出版社 2005 年版，第 83 页。

　　④ 阿德里安 A. S. 朱克曼：《危机中的司法/正义：民事程序的比较维度》，载［英］阿德里安 A. S. 朱克曼主编，傅郁林等译：《危机中的民事司法——民事诉讼程序的比较视角》，中国政法大学出版社 2005 年版，第 15 页。

根据 1942 年的新法典，普通程序的时间显著变长，而到了1994 年，一审民事案件的平均时间约为 1204 天。[①] 法国的司法统计数据表明，一审法院从就案件争点进行的全面听审到作出判决所经历的平均时间在延长，上诉审法院和最高法院同样存在着迟延的现象。西班牙在多数普通民事程序里，在一审兼治安法院平均时间正好少于 1 年，但是在上级法院上诉审理的时间却是超期的，比如在最高法院的上诉审，平均时间几乎是 3年，如果再不进行司法改革，那么每隔 4 个月这一时间就要增长 1 年。[②]

正如成本高昂可能会阻却人们接近正义一样，诉讼迟延、效率低下同样也是对正义的拒绝。法谚"对正义的迟延即为对正义的拒绝"，权利实现的遥遥无期甚或几年十几年之后当事人将精力消失殆尽后即便实现了权利也不再有任何意义，徒有虚名而已，时间的拖延有可能使司法救济毫无价值，即使诉讼程序正确地将法律适用于事实。当事人对司法救济的信任度会大大下降，司法威信的削弱也在所难免，间接地阻碍了人们对司法的接近。法院附设替代性纠纷解决程序作为诉讼程序的对应程序，着力在于减少诉讼的迟延，力争以简易、明快的程序追求快捷、迅速的审理，使当事人的权利能够得到即时实现。每个 ADR 方法把案件从诉讼程序中拿走，并且因其相对简略和非正式的程序而节省了时间与费用。[③] 美国在大量的法院附设和检察官附设的项目中，调解通常在 30 分钟以内完成，而有关环境问题的调解则可能长

---

[①] 参见塞吉奥·卡罗尼：《民事审判及其悖论——意大利的视角》，载［英］阿德里安 A. S. 朱克曼主编，傅郁林等译：《危机中的民事司法——民事诉讼程序的比较视角》，中国政法大学出版社 2005 年版，第 260 页。

[②] 伊格纳西奥·迭斯——毕加索·希门尼斯：《西班牙的民事司法：现在与未来》，载［英］阿德里安 A. S. 朱克曼主编，傅郁林等译：《危机中的民事司法——民事诉讼程序的比较视角》，中国政法大学出版社 2005 年版，第 375 页。

[③] ［美］史蒂文·苏本、玛格瑞特（绮剑）·伍著，蔡彦敏、徐卉译：《美国民事诉讼的真谛》，法律出版社 2002 年版，第 218 页。

达数月……①法院附设替代性纠纷解决机制一般限于一天或两天以提高效率和阻止过度侵害当事人的审判权利，当然在例外情况下，中立的决策者认为解决纠纷需要较长的时间或案件复杂需要更广泛的程序，立法机构应允许中立者将程序延长至一星期或服从当事人的协议。② 法院附设替代性纠纷解决机制不但作为独立的纠纷解决程序可以快速解决争议，而且即使作为诉讼程序的前置程序，当事人又重新进入诉讼程序的情况下，当事人因在之前的程序中进行过沟通、交涉，对彼此的优势和劣势均有相当的了解和把握，当然在诉讼程序的推进过程中就可省去大量的交涉，提高诉讼的效率。

### 5. 关系维护、 保护隐私等其他功能

除上述基本功能之外，法院附设替代性纠纷解决机制还有着诉讼程序所不具有的众多功能。与诉讼程序的强烈对抗易导致当事人关系的断裂相对应，法院附设替代性纠纷解决机制注重当事人间的交流与合作，平衡彼此的得失与利益，维系需长久保持的友好与合作关系，这对涉及邻里、家庭关系及商业领域需持续合作的纠纷来说，就显得尤为重要，而关系经济及关系利益在如今频繁而广泛的商业交往中占据着重要的地位。ADR 与法院审判的最大不同，从"生态学"角度出发，就在于保持"社会平衡"，即争执者的全面持久的关系。③ 比表面的纠纷解决更为重要的是恢复人际关系的和谐，比清算过去的权利义务关系更为重要的是形成新的权利义务关系，这种向前看的调整功能的要件，是通过

---

① ［美］斯蒂芬·B. 戈尔德堡、弗兰克 E. A. 桑德、南茜·H. 罗杰斯、塞拉·伦道夫·科尔著，蔡彦敏、曾宇、刘晶晶译：《纠纷解决——谈判、调解和其他机制》，中国政法大学出版社 2005 年版，第 117 页。

② Mandatory Mediation and Summary Jury Trial: Guidelines for Ensuring Fair and Effective Processes, Harvard Law Review, March, 1990.

③ 李响、陆文婷：《美国集团诉讼制度与文化》，武汉大学出版社 2005 年版，第 197 页。

试错来发展的理想追求和自发秩序原理。[1] 与诉讼程序的公开原则相对应,法院附设替代性纠纷解决程序可以不公开进行,于是当事人的私隐、商务交往中的技术秘密及专业秘密能够得到很好的保护,切实维护了当事人的利益。而且为促进和保护当事人在程序中积极有效地沟通,坦诚交流,推进成功的替代性纠纷解决,在美国调解程序享有广泛的调解保密特权,其不能成为后续展开的诉讼程序中证据开示的对象。2002 年美国统一州法全国委员会(National Conference of Commissioners of Uniform State Laws)通过了统一调解法(Uniform Mediation Act),该法规定了可由各州适用的调解保密特权。

另外,法院附设替代性纠纷解决机制通过避免零和的诉讼游戏,能够获得不受制于法律规则和救济的创新解决方案。[2] 在熟练的中立人的帮助下,当事人间将与案件有关或潜在的一切因素均考虑在内,包括传统诉讼程序认为与程序无关的利益或因素,因而最有可能形成诉讼程序所不曾预料的创造性解决方案。而且在诉讼程序中,一方所获恰恰是另一方所失,不存在二者之间的折中。正如天平常常用来指称法律一样,天平这个象征性符号表达了诉讼程序的根深蒂固的价值趋向:在黑与白之间看不到丝毫阴影;正确与错误之间泾渭分明;损失不得均摊,利益不可共享;当事人在胜者王、败者寇之间必居其一。[3] 而与诉讼程序中当事人非赢即输的情形相反,法院附设替代性纠纷解决机制通过彼此的妥协与互让往往会形成双方均受益的双赢结局。法院附设替代性纠纷解决机制还能使当事人真正参与和控制程序。诉讼对

---

① 季卫东:《调解制度的法律发展机制——从中国法制化的矛盾情境谈起》,载强世功编:《调解、法制与现代性:中国调解制度研究》,中国法制出版社 2001 年版,第 64—65 页。
② [美] 史蒂文·苏本、玛格瑞特(绮剑)·伍著,蔡彦敏、徐卉译:《美国民事诉讼的真谛》,法律出版社 2002 年版,第 222 页。
③ 参见汤维建:《美国民事司法制度与民事诉讼程序》,中国法制出版社 2001 年版,第 232 页。

抗程序即便强调当事人的参与，但实际上是由专业的律师来掌控程序进程，其专业垄断性质使当事人成为程序的异者，对程序有着强烈的疏离和隔膜感，法院附设替代性纠纷解决程序因其常识化的运作增加了当事人参与的机会和可能，真正使当事人能参与到程序之中，使程序具有民主主义的性质，从而也使当事人能够在程序中获得最大限度的满意和程序公平的感觉。

另外，法院附设替代性纠纷解决机制能够避免由尖锐的技巧和传统和解谈判的虚张声势而造成的失真，更能够基于案件实体而获得解决方案，而非基于程序技巧或战术获得和解。[①] 而在诉讼程序中，纠纷解决者被置于一个类似于辩论赛裁判的位置上——他并不关注讨论的问题本身，而只是冷静客观地专注于法庭辩论技巧的展示，判决倾向于在程序上——也就是通过法庭辩论赛中的胜利——得到正当化。[②] 而且，法院附设替代性纠纷解决程序中专家的介入更能促进妥善方案的形成。法官未必具有各行业专业知识，也未必熟稔行业纠纷的林林总总，各行业领域内纠纷由专家作为中立人较法官更具合理性，而且也更易获得全面妥善的解决。日本的家庭裁判所专门设置了以心理学、社会学、精神分析医学等专业的调查官，为案件的处理提供咨询意见以谋求获得实体上更妥善的解决方案。[③]

综上所述，现代替代性纠纷解决机制的优点可以具体归纳为：（1）能充分发挥作为中立调解人的专家意见在纠纷解决中的有效作用；（2）以妥协、而不是对抗的方式解决纠纷，有利于维护需要长久维系的商业关系和人际关系；（3）使当事人有更多的

---

① 参见［美］史蒂文·苏本、玛格瑞特（绮剑）·伍著，蔡彦敏、徐卉译：《美国民事诉讼的真谛》，法律出版社 2002 年版，第 222—223 页。

② ［美］米尔伊安·R. 达玛什卡著，郑戈译：《司法和国家权力的多种面孔——比较视野中的法律程序》，中国政法大学出版社 2004 年版，第 151 页。

③ 王亚新：《日本民事诉讼中的宪法性保障和民事审判权》，载王亚新著：《社会变革中的民事诉讼》，中国法制出版社 2001 年版，第 249 页。

机会和可能参加纠纷的解决；（4）其程序有可能保守个人隐私和商业秘密；（5）当处理新的技术和社会问题时，在法律规范相对滞后的情况下，能够提供一种适应社会和技术的发展变化的灵活的纠纷解决办法；（6）允许当事人根据自主和自律原则选择适用的行为规范，如地方惯例、行业习惯等解决纠纷；（7）经过当事人理性的协商和妥协，可能得到双赢（win - win）的结果。①

## （四）法院附设替代性纠纷解决机制与诉讼

法院附设替代性纠纷解决机制作为诉讼程序的替代与互补程序，与诉讼程序有着不同的运作空间与理论环境及制度背景，区别非常明显，当然法院附设替代性纠纷解决机制又较其他形式的 ADR 与诉讼存在着紧密的联系，相互影响、互动倾向突出。

从纠纷解决的主体及其相互关系来看，诉讼程序由代表国家行使司法权的专业的法官作为中立者，严格按法律规定和程序规则在法的空间内展开程序，法院附设替代性纠纷解决程序的中立者并不受限于法官，实质上更多的由具有社会化常识与经验的律师、具有行业经验的专业人士及退休法官等来担任；参与诉讼程序的当事人多由专业的律师来代理，当事人亲自参与程序的能力受限，法院附设替代性纠纷解决程序中因不强调强制律师代理，因而当事人更能自主地参与与控制程序，真正实现当事人自我管理、自主控制。在诉讼程序中，法官与当事人的关系是法官作为中立者，被动地中立地不偏不倚地行使职权。法院在处分主义之下，受不告不理原则的束缚，几乎不能依职权处理潜在的案件、

---

① 参见 Meyerson，Bruce E.，& Cooper，Corinne ed.，A Drafter's Guide To Alternative Dispute Resolution，America Bar Association，1991，pp. 8—11。转引自李响、陆文婷：《美国集团诉讼制度与文化》，武汉大学出版社 2005 年版，第 196 页。

主动给予救济。① 法官仅负责主持对立双方的争论，并且只有在必须借由外部干涉才能监督和确保干扰主题的偶发争执之公平处理的场合才介入程序。② 在法院附设替代性纠纷解决程序中，法官（中立者）的作用是正确认识案件的法律问题之所在，充分掌握当事人主张和证据之间的关系，而且留意案件的背景情况、当事人的个性，在向和解引导、谈判和说服、合意协调、条款确定等各阶段进行以自由运用程序裁量为目的的和解运作也是很重要的。③ 中立者可以积极主动地参与到程序中，与当事人就争点、利益等进行沟通与磋商，不受当事人提出的限制，并共同推进程序的进程，进而可以发现当事人间潜在的问题与争点，实现争议的全面彻底解决。在此程序中，中立者与当事人间更多的是积极合作的关系而不再是超然地被动中立。

从程序的制度设计和运作来看，诉讼程序如果可以用"对抗·判定"来涵盖的话，法院附设替代性纠纷解决程序则可以以"合作·合意"来概括。诉讼程序对抗的理念根源于国家不干预主义的哲理，国家对当事人之间的事务尽量干预得愈少愈好。耶鲁大学比较法学者摩杰·达马斯卡（Mirjan Damaska）指出，"非对抗制的诉讼模式和对抗制的诉讼模式所奠基的思想理念是截然不同、迥然相对的。非对抗制以集体主义的价值观和慈善和蔼的家长主义作风为预设的观念前提；而对抗制的观念策源地则是洛克（Lockean）的传统的自由主义价值观，对国家的不信任感和

---

① ［日］小岛武司编著：《调解和法——替代性的纠纷解决（ADR）的可能性》，日本比较法研究所，1989 年，第 4 页。转引自季卫东：《调解制度的法律发展机制——从中国法制化的矛盾情境谈起》，载强世功编：《调解、法制与现代性：中国调解制度研究》，中国法制出版社 2001 年版，第 43 页。

② ［美］米尔伊安·R. 达玛什卡著，郑戈译：《司法和国家权力的多种面孔——比较视野中的法律程序》，中国政法大学出版社 2004 年版，第 119 页。

③ 参照加藤新太郎：《程序裁量论》［1996］，第 67 页以下。转引自加藤新太郎：《诉讼上的和解》，载 ［日］小岛武司、伊藤真编，丁婕译，向宇校：《诉讼外纠纷解决法》，中国政法大学出版社 2005 年版，第 42 页。

免受限制的自由观"①。"对抗"是指诉讼当事人的双方被置于相互对立、相互抗争的地位上，在他们之间展开的攻击防御活动构成了诉讼程序的主体部分；而"判定"则意味着由法官作为严守中立的第三者，对通过当事人双方的攻击防御而呈现出来的案件争议事实做出最终裁断，且这个裁断具有一经确定即不许再轻易更动的强烈的终局性。当事人的对抗是在严格的程序规范之中运作，要遵守相应的程序规则，而且最终的判定亦是以适用既定的法律规范为基准。② 英美法系国家有对抗制，大陆法系国家也有当事人双方对立的理论构造，虽然不排除法官有一定的管理职权，但"对抗·判定"基本反映了目前诉讼程序的运作特征。法院附设替代性纠纷解决程序与诉讼程序不同，当事人在中立者的引导和帮助下，综合权衡彼此的优势与劣势、各自利益及诉讼风险等情势，心平气和地进行平等交涉，而不再是咄咄逼人、势不两立的对抗，程序中充满了当事人间相互的合作、妥协与互谅互让，进而形成协定的、创造性的解决方案，彼此从程序中获益。同时，与诉讼程序中最终由中立者作出具有终局性的裁断相对应，法院附设替代性纠纷解决程序是由当事人双方合意形成解决方案，并终结纷争。当事人间的相互合作及合意的达成均不受制于既定的法律规范，而可以灵活地遵循常理、原则及其他日常习俗、惯例等。

从程序的效力上来看，诉讼程序中形成的判决具有确定的法律效力和执行力，一方当事人如不自动履行的话，另一方则可申请国家机关强制另一方执行，以实现自己的合法权益。法院附设替代性纠纷解决程序中形成的解决方案一般是不具有约束力的，其实现是依赖于义务人的任意履行，当事人无权申请强制执行。

① 汤维建：《美国民事司法制度与民事诉讼程序》，中国法制出版社 2001 年版，第 239 页。
② 王亚新：《对抗与判定——日本民事诉讼的基本结构》，清华大学出版社 2002 年版，第57 页。

合意形成的解决方案以双方的认可同意为前提，一般较易得到执行，任意履行的情况较判决要多，当然也不排除不履行的可能。但在法院附设替代性纠纷解决程序中，也存在解决方案具有法律效力的情况，如诉讼和解，与确定的判决具有相同的法律效力。日本的民事调停当调停成立并在笔录上被记载时，与审判上的和解具有相同效力（日本《民事调停法》第6条）。瑞典法律在和解问题上也不是认为和解具有当然的执行力，只有当事人一方要求通过判决确证和解且和解被确证后，才具有执行力（《瑞典诉讼程序法》第17章第6条，《强制执行法》第3章第1条第1项2号）。①

　　除上述不同外，作为由法院提供的 ADR 项目，法院附设替代性纠纷解决程序是具有广义的司法性质的纠纷解决程序，与诉讼程序就发生了一定的关联，即二者同为由法院提供的纠纷解决程序，作为由法院提供的多元的纠纷解决方式中的二极，二者从不同的角度分享着法院纠纷解决的功能，并解决了大量的及潜在的法律纠纷，为纷繁复杂的纠纷提供了多元的选择。虽然诉讼程序与法院附设替代性纠纷解决程序有主次、基础性及附属性之分，但其纠纷解决功能是一致的。亚当斯认为，对抗制诉讼程序中含有一种推动当事人进行协商与和解的机制，这种机制为社会、为特定的个人都节省了巨大的费用，这种机制也为那些没有足够的经费进行完整的审判程序的当事人提供了一定程度的社会正义。②

　　法院附设替代性纠纷解决程序与诉讼程序虽在功能上存在着替代与互补，但在程序上则存在着内在的关联。法院附设替代性纠纷解决机制作为案件进入法院后可能展开的另一种路径，与正

---

① ［日］萩原金美：《调停（斡旋、咨询）》，载［日］小岛武司、伊藤真编，丁婕译，向宇校：《诉讼外纠纷解决法》，中国政法大学出版社 2005 年版，第 32 页。
② 汤维建：《美国民事司法制度与民事诉讼程序》，中国法制出版社 2001 年版，第 238 页。

式的法庭审理程序存在着衔接，其常常存在于审前阶段，作为法院审判程序的前置程序。在审前程序中，如果法院附设替代性纠纷解决程序形成了和解方案，而当事人如在规定的时间内提出异议的话，则案件将由法院重新审理，开启正式的审理程序，这是其他 ADR 程序所不具备的。如果在法院附设替代性纠纷解决程序中当事人间没有达成和解，则案件会按原定计划进入正式审判，不需当事人重新提出申请。美国的法院附设调解程序，如果一方当事人在调解决定做出后的 30 天或 40 天内提出异议，则案件正式进入法庭审理程序。日本的交付调停程序，是当事人提起诉讼后由法官根据案件情况主动依职权将案件交付调解程序，在调停程序运行的时间内诉讼程序暂时中止，如调停成功的话则会按撤诉处理，如没成功则继续之前的诉讼程序。美国的简易陪审团审理程序，如果当事人在审前会议中仍未能和解，则在简易陪审团审理后 30—60 日内，法庭必然进行正式审判；同样，在早期中立评估程序中，如果当事人未通过早期中立评估程序达成和解，案件则进入正式审理。

当然在很多情况下，为敦促当事人正确审慎利用 ADR 程序，实现纠纷的快速、妥善解决，同时也避免当事人将 ADR 程序作为诉讼技巧，滥用 ADR 程序拖延时间，增加诉讼成本，法院往往会采取措施抑制当事人不适当地将案件由 ADR 程序转入正式审理程序，即法院附设替代性纠纷解决程序与诉讼程序的转换也不是任意的，而是存在着条件的制约与限制。在美国，通常质疑仲裁裁决并申请正式审判的一方当事人必须向法官助理交纳与仲裁成本相当的保证金，如果其经审判未得到更满意的判决或者法庭发现正式的审判是其基于不诚信的请求（in bad faith），保证金就会被没收。在法院附设调解中，拒绝接受调解方案的当事人，如果在判决中没有得到比调解结果更有利的判决时，将要承担拒绝调解以后对方当事人所支付的诉讼费用。

另外，也有一部分法院附设替代性纠纷解决程序作为诉讼程序的一部分存在，成为诉讼的一环，即诉讼程序中内含了法院附设替代性纠纷解决程序，典型的如诉讼和解。诉讼和解可能发生在诉讼程序的任何阶段中，甚至在民事保全程序、证据保全程序及上诉审等程序中，即只要诉讼还在继续，就可以进行和解，而不仅仅是在审前程序中存在。虽然和解程序可以在诉讼程序的任何阶段进行，但各国法院为推进法院和解，常常会在诉讼程序中设置一个专门的程序来集中地促进和解，解决纠纷。德国在言词辩论之前专置一和解辩论程序，日本在诉讼程序中特地设立"和解期日"，美国设有专门的和解会议及某些州设立了"和解要约"程序。"诉讼上和解属于诉讼程序的一个部分，但同时又意味着诉讼程序的某种变形，或者说蕴藏着与诉讼指向判决的常规程序以及提供高度的程序保障这些理念发生冲突的潜在可能性。"[①] 在诉讼和解程序中，法官实际上所起的是调解人的作用，只是各国法官在推动和解的能动性上稍有差别。作为诉讼程序的一部分，如果和解程序的最终是以法律规定的形式达成了和解协议，则会由此终结诉讼，消灭诉讼系属。"诉讼和解的诉讼效力首要在于诉讼（全部或部分）通过该和解结束，即它消除了诉讼系属。"[②]而如果和解没有达成，则会继续推进诉讼走向下一阶段。

法院附设替代性纠纷解决机制的程序效力往往会被赋予诉讼上的效力，由此也与诉讼程序发生关联。作为当事人间以合意为主的程序，大都依赖当事人的自主履行，但常常也会在当事人合意的前提下因履行了特定的法律程序（法院审查、登记等）而具有诉讼上的拘束力，即当事人一方不自动履行协议时，另一方可

---

① 王亚新：《对抗与判定——日本民事诉讼的基本结构》，清华大学出版社 2002 年版，第264 页。

② BGHZ41, 310, 311＝NJW1964, 1524. 转引自 ［德］汉斯－约阿希姆·穆泽拉克著，周翠译：《德国民事诉讼法基础教程》，中国政法大学出版社 2005 年版，第 175 页。

向法院申请强制执行。而在其他的 ADR 形式中，当事人间形成的和解方案通常只具有民法上的合同的性质，不具有诉讼效力。日本民事诉讼法规定，当事人间诉讼上的和解成立并在笔录中记载，则具有与确定判决相同的效力（《日本民事诉讼法》第 267 条），诉讼程序也由此终结，和解的内容产生执行的效力。同样，在日本的民事调停程序中，如果双方当事人达成了合意，其内容又为调解委员会承认的话，将合意的内容记载在调解笔录中之后调解即告成立，记载合意内容的笔录发生与诉讼上的和解同一的法律效力（《日本民事调解法》第 16 条）。美国的法院附设调解程序中，如果当事人同意调解员作出的调解方案，经法院审查批准，调解员可以作出正式裁定，该调解决定具有约束力。如果当事人未表示同意也未在一定期限（一般为 30 天或 40 天）内提出异议，则该调解决定也具有约束力。[①]

　　尽管法院附设替代性纠纷解决程序与诉讼程序存在着密切的关联，但此关联是在程序分立前提下的关联，不存在程序合一的可能。法院附设替代性纠纷解决程序虽是由法院提供的替代程序，但其是在独立的空间内运作的，与诉讼程序之间在联系中又存在着截然的分离。首先是程序主持者的分离。在诉前程序中，美国的法院附设仲裁和法院附设调解、日本的民事调停等程序是均由主审法官以外的律师、退休法官等其他专业的中立者主持，法院附设替代性纠纷解决程序中的中立者不能成为日后可能的诉讼程序的法官。而且即使是在诉讼程序中，诉讼和解等程序既可以在受诉法官，也可以在受命法官及受托法官面前进行。美国的诉讼和解程序之一是由和解法官来主持，为避免法官审前形成预断而使正常的审理程序遭到公正性的质疑，程序规定主持和解会议的法官不能主持后续的审理程序。德国和日本在诉讼和解程序

---

① 参见范愉主编：《ADR 原理与实务》，厦门大学出版社 2002 年版，第 468 页。

中存在着受命法官和受托法官①，而且德国的和解辩论通常置于言词辩论之前，它本身不是言词辩论的一部分。如果和解辩论没有达到预期效果，则应当将其直接与言词辩论相衔接（德国《民事诉讼改革法》第 279 条第 1 款第 1 句），否则的话应当无迟延地指定言词辩论期日（德国《民事诉讼改革法》第 279 条第 1 款第 2 句），这一新规定阻止了法官在和解辩论结果的基础上在书面准备程序中作出裁判。日本在以合议形式审理时，实务上由接受命令的法官履行和解程序的情况比较多。②

　　另外，法院附设替代性纠纷解决机制的程序特权使程序中的信息不能被诉讼程序援引。法院附设替代性纠纷解决程序中形成的事实及法律结论一般不要求予以公布，而且程序展开的事项及形成的合意过程及结论等相关内容独立存在，享有保密特权，不能被日后的诉讼程序所援用，中立者也相应的负有对和解交流情况保密的义务。这样做的目的在于真正发挥法院附设替代性纠纷解决机制的解决纠纷的效用，督促当事人间自由、坦诚地交流与协商，使其不背负任何心理压力及潜在的风险，以及不因之前的坦诚交流而招致极严重的后果，同时也避免了法官因事先了解了当事人的和解信息形成预断而导致后续程序的不公正的可能，从而使诉讼程序真正起到应有的作用。美国的法院附设仲裁程序终了之后，当一方请求审判时，案件就回归其在法院的原始状态，并被当作是从未进行过仲裁来对待，不论是之前证据的记录（如果制作了的话），还是仲裁员的裁决都不能被法庭采纳。③ 在日本民事诉讼中，法官通过和解期日获得的纠纷信息不能作为判决的

---

　　① 参见［德］汉斯－约阿希姆·穆泽拉克著，周翠译：《德国民事诉讼法基础教程》，中国政法大学出版社 2005 年版，第 56 页。

　　② 荻泽达彦：《诉讼上的和解与起诉前的和解》，载［日］小岛武司、伊藤真编，丁婕译，向宇校：《诉讼外纠纷解决法》，中国政法大学出版社 2005 年版，第 67 页。

　　③ Lisa Bernstein, Understanding the Limits of Court－Connected ADR: A Critique of Federal Court－Annexed Arbitration Programs, University of Pennsylvania Law Review, June, 1993.

基础，判决被认为只能建立在通过正式的口头辩论和证据审查程序而得到了证明的事实之上。①

## （五）法院附设替代性纠纷解决机制与其他形式的ADR

作为一种 ADR 形式，法院附设替代性纠纷解决机制具有 ADR 的本质特征，追求纠纷的合意解决，是诉讼的替代的纠纷解决形式等等，但其又与民间 ADR 等其他形式的 ADR 存在着相当的差异，有着众多的不同。

如前文所述，法院附设替代性纠纷解决机制与诉讼程序存在着密切的关联，在程序上存在着前后衔接甚或是诉讼程序的一部分，其他 ADR 与诉讼程序完全分开，相互独立，当事人可以任意选择；法院附设替代性纠纷解决程序的中立者由法院提供，虽然多由富有经验的律师、退休法官等担任，但也可以是法官，其他形式的 ADR 完全由社会的中立者担任或由当事人间私下解决；通过法院附设替代性纠纷解决程序形成的解决方案很多情况下具有诉讼上的效力，甚至有很多具有执行力；另外，法院附设替代性纠纷解决机制具有中断诉讼时效的效力，而其他形式的 ADR则不具有这样的效力。

法院附设替代性纠纷解决机制作为介于当事人合意解决纠纷与法院以决定的形式解决纠纷之间的制度，程序较其他形式的 ADR 更具正式性与规范性，程序的设计与运作更贴近诉讼，程序规范更为完善，程序保障也更为突出。

---

① 王亚新：《对抗与判定——日本民事诉讼的基本结构》，清华大学出版社 2002 年版，第264 页。

# 第四章
## 我国法院附设替代性纠纷解决机制的传统与现状

## 一 传统社会法院附设替代性纠纷解决机制

目前国外发展正兴的法院附设替代性纠纷解决机制在我国现有的法律制度中似乎并没有对应系，其名词也稍显陌生，但在我国的传统社会里却可以发现其影子，只是我们一直不曾有深入地研究和了解。而我们在引进西方先进的法律理念、法律制度、法律文化并建构我国现代的法律制度时，传统一直是作为反面教材而存在并要加以摒除的，当然这就有可能漏掉相当多的有意义有价值的本土制度，正当西方兴起法院附设替代性纠纷解决机制的研究热潮之时，我国传统社会的调处制度已使我们有了众里寻它千百度蓦然回首的感觉，而这或许对构建我国目前的法院附设替代性纠纷解决机制不无启发与建树。

调处，系历史上的固有用语，与现代调解意思相近，但调处制度本身内含了强制的成分，并非完全基于当事人的自愿，因此与现代社会的调解又有所区别。传统社会适用调处的案件主要有户婚、田土、钱债等民事案件以及轻微的刑事案件，而且大多在基层司法机构的州县衙门适用，即州县自理时适用。在传统社会的民事案件的审理过程中，基本原则是调处与责惩相结合，而且判处也分为两种类型，责惩与训诫和息。责惩主要是笞、杖或枷号，由于讼案的多少是地方官政绩考核的一个重要依据，所以州县审级往往奉行"调处息讼"的原则，因此训诫和息较责惩要多。

## （一）传统社会调处制度产生的背景

### 1. 家国一体的政治结构

与欧洲国家在产生之前家族公社已经解体并转为个体私有完全不同的是，中国早期国家是在氏族之间武力征服的过程中建立起来的，家族与宗族因素在国家的建立过程中完整地保留下来，国是家的扩大化，因此中国的国家是宗族国家，即以家族和宗族集团为内涵，国家由一个或几个宗族组织而成，国家形态与宗族结构合而为一，社会上的自由人与非自由人，均以家族和宗族集团的形式出现。[①] 由此传统社会是典型的以血缘、家族为基础的宗法社会，它以父系家长制为内核，以大宗小宗为准则，按尊卑长幼关系制定伦理体制。宗法制是由父系氏族社会的家长制演变而来，它是以血缘关系为基础，尊敬祖先，维系亲情，并规定了人际关系和地位、权利、义务的法则和制度，宗法制的依据是父权，它将极权及阶级统治推向新阶段。[②] 宗法制自周朝开始产生直至明清时期，历经时代变迁，虽不同时期具有不同的特征，但这一制度贯穿整个中国历史，构成了延续两千多年的中国中央集权官僚统治的坚实基础。传统社会没有产生出现代意义上与国家形成对立的市民社会，没有出现国家与社会的严格分野，国家与社会没有明显的分界，同质的属性决定了社会是消融在国家之中的。正如黄仁宇所言，中国传统社会晚期的结构，有如今日美国的"潜水艇夹肉面包"，上面是一块长面包，大而无当，此乃文官集团，下面也是一块面包，也没有有效的组织，此乃成千上万

---

①　张晋藩主编：《中国法制史》，中国政法大学出版社 2002 年版，第 11 页。

②　刘永佶：《中国官文化批判》，中国经济出版社 2000 年版，第 63 页。

的农民。其中三个基本的组织原则,此即尊卑、男女、老幼,没有一个涉及经济及法治和人权,也没有一个可以利用。[①] 虽然黄仁宇先生描述的是中国传统社会晚期的景象,但以此来涵盖整个中国传统社会亦无不妥。

在家国一体的政治体制下,中国传统社会的法律有着浓厚的以礼入法、家族本位的伦理特征。传统社会的礼起源于与祭祀活动相关的一种行为,是祭祀活动中形成的行为规范,由是礼包含了对秩序的要求及对祭祀参与者的身份、地位和职责进行划分的职能,正所谓"礼者所以定亲疏,决嫌疑,别同异,明是非也"[②]。而这正符合了宗法等级社会对社会规范的一般要求,于是,礼由祭祀扩展、辐射到社会生活的各个方面,礼已具备法的特征而成为基本的社会规范,传统中国社会的法源于礼也由此而来。"上下有义,贵贱有分,长幼有等,贫富有度,凡此八者礼之经也"。[③] 礼的基本精神是"亲亲、尊尊",三纲五常一直是伦理制度的核心,同样亦是礼的精髓。传统中国法制儒家化的过程始于西汉武帝时董仲舒的春秋决狱,之后经过魏晋南北朝时期数百年的发展过渡,至唐朝时正式以礼入律,法律儒家化的过程正式完成。以礼入律标志着礼的精神融入律例之中,而且礼的内容成为法律的重要组成部分,法律的道德化倾向明显。《唐律疏议》云:"德礼为政教之本,刑罚为政教之用。"[④] 重视德礼和纲常名教的结果是,法律为礼教所支配,道德伦理与法律不分,道德伦理成为立法司法的指导原则,违背道德伦理必须受到法律制裁。[⑤]

---

① 黄仁宇:《万历十五年和我的"大"历史观》,载黄仁宇:《万历十五年》,生活·读书·新知三联书店 1999 年版,第 270 页。

② 《礼记·曲礼上》。

③ 《管子》卷三,《五辅》。转引自瞿同祖:《瞿同祖法学论著集》,中国政法大学出版社 1998 年版,第 301 页。

④ 《唐律疏议·名例》。

⑤ 瞿同祖:《法律在中国社会中的作用——历史的考察》,载瞿同祖:《瞿同祖法学论著集》,中国政法大学出版社 1998 年版,第 402 页。

同时纲常名教强调的是个人的义务和责任，而且个人淹没在家庭等集体之中，强调君臣、父子、夫妇，预先设定了彼此的尊卑、高下等不平等关系，以服从为前提，以臣民的义务为本位，并将此上升为法律，成为重要的法律内容，因此传统社会始终没有生成权利的意识与观念。

礼的重要功能之一即是定分止争。禁绝争端原是一切社会维持秩序的最低限度，也是一切行为规范所同具的目的。① 礼在别贵贱、定尊卑、序长幼的同时，更能够定名分，使民众安于天命、安守本分，因而杜绝纷争，维系社会的正常运转。《礼记》云："圣人之所以治人七情（喜、怒、哀、惧、爱、恶、欲），修十义（父慈、子孝、兄良、弟弟、夫义、妇听、长惠、幼顺、君仁、臣忠），讲信修睦，尚辞让，去争夺，舍礼何以治之？"② 传统中国没有产生为权利而斗争的理念，国家政治亦鼓励忠君的官员与顺从的臣民，而一旦出现民事纷争，常常被看作是对既有道德的违反，更多的是以礼的精神与伦常观念来压制、化解、平息，调处的理念贯穿于整个官方与民间的纠纷解决过程之中。

### 2. 和谐、无讼的文化

中华文明起源于远离海洋的内陆，以土地为生，与土地结下了深厚的感情。在鸦片战争以前，中国一直是典型的以农业为主的农耕社会，民众以家庭为基本生产单位，世代栖息在小块土地上，日出而作，日落而息，固守于一方进行着自给自足的自然经济。自然经济从本质上讲是一种经验式的经济，人们的生产、生活乃至社交方式，主要凭经验而进行。③ 费孝通先生将传统社会界定为礼俗社会，一种并没有具体目的的，只是因为在一起生长

---

① 瞿同祖：《中国法律与中国社会·儒家思想与法家思想》，载瞿同祖：《瞿同祖法学论著集》，中国政法大学出版社 1998 年版，第 307 页。

② 《礼记·礼运》。

③ 谢晖：《法律信仰的理念与基础》，山东人民出版社 1997 年版，第 243 页。

而发生的社会……生活上被土地所围住的乡民，他们平素所接触的是生而与俱的人物，正像我的父母兄弟一般，并不是由于我们选择得来的关系，而是无须选择，甚至先我而在的一个生活环境。① 静态、封闭的农业生活造成了民众与外界交流甚少、流动性差，同时亦形成了安土重迁的传统，与西方的海洋文明的流动性及创造性形成鲜明的对照。内陆的地理环境及静止的生活状态决定了传统中国崇尚自然，顺应自然，绝少变迁，追求与自然的相生相谐，和谐相处。

传统中国崇尚和谐，追求无讼的境界，古代中国人把和谐奉为社会中绝对的目标，把法律看成是实施这一道德目标的手段，法律因此只具有否定的价值。② 传统中国所憧憬的理想社会是大同世界，即"大道之行也，天下为公，选贤与能，讲信修睦。……是故谋闭而不兴，盗窃乱贼而不作，故外户而不闭。是谓大同。"③ 美国加州大学戴维斯校区的韩格理教授在对中国古代的权力结构进行分析的过程中，认为中国人的权力观是建立在为达成秩序而在和谐中运作的角色项以及由礼所界定的角色关系上面。如用简单的图形来表示，不妨画成一个大小相套的三重方框，最外层的方框以皇帝为主角，他的职责是使天下和谐；中间一层的方框以官员为主角，其职责是使中国和谐；在最内一层方框，父母及丈夫扮演主要角色，他们的职责是使家庭和谐。④ 和谐是官民、社会上下一致追求的生活目标。

传统中国的哲学讲究天人合一，追求人与自然秩序的和谐。人道合于天道，称之为天人合一。天地的道理，具有化万物之

---

① 费孝通：《乡土中国·生育制度》，北京大学出版社1998年版，第9—10页。
② 梁治平：《寻求自然秩序中的和谐——中国传统法律文化研究》，中国政法大学出版社1997年版，第205页。
③ 《礼记·礼运》。
④ 详见［美］韩格理：《天高皇帝远：中国的国家结构及其合法性》，载张维安等译：《中国社会与经济》，台北联经出版事业公司1990年版。转引自梁治平：《清代习惯法：社会与国家》，中国政法大学出版社1996年版，第24页。

善、之美、之真、之形于春、夏、秋、冬。所以天地就是道德的本体，为一切价值的根源。所说人能体认这些道理，成就仁义礼智信诸德，即为人的道理。这即是天人合一，天人合德的道理。①传统社会中不同的学术流派从不同的视角探索实现人与自然和谐的路径，不过殊途同归，都以均衡和谐为最终旨向。如道家的"无为而治"，儒家的"修礼复仁"，法家的"以刑去刑"②等均是以无讼作为价值取向，追求秩序的和谐与稳定。而对和谐的最终追求就必然意味着对破坏平衡与稳定的纷争的扼制，将纠纷灭于无形，以无讼作为理想的最高境界。孔子就曾说"听讼，吾犹人也。必也使无讼乎！"雍正帝在《钦颁州县事宜》里，就对州县审判的意义和作用作了纲领性的要求："州县为民之父母，上之宣朝廷之德化，以易俗移风；次之奉朝廷之法令，以劝善惩恶……使善者从风而向化，恶者革面而洗心。则由听讼训至无讼，法令行而德化兴矣。"③

统治者在治理民众的过程中主张以德化育万民，所谓"明礼以导民，定律以绳顽"，④明太祖朱元璋时亦在民间发布简明扼要的"圣谕"："孝顺父母，尊敬长上，和睦乡里，教训子孙，各安生理，毋作非为"⑤，力图通过道德教化来使民众远离诉讼。同时在民众中宣扬以讼为耻的理念，并以地方立法的形式禁民诉讼，明人王守仁在《禁省词讼告谕》中提到："近据南昌等府州县人等……一应小事，各宜含忍；不得辄兴词讼。"⑥而民众长期受官

---

① 《中华法系》，第 72 页。
② 参见张中秋：《无讼与正义：中西法律文化价值之分析》，载张中秋：《比较视野中的法律文化》，法律出版社 2003 年版，第 232—235 页。
③ 田文镜编：《钦颁州县事宜》，风《州县须知》卷一。转引自郑秦著：《清代法律制度研究》，中国政法大学出版社 2000 年版，第 135 页。
④ 《明史》卷九三，《刑法志一》。
⑤ 叶孝信主编：《中国法制史》，复旦大学出版社 2003 年版，第 286 页。
⑥ 《王文成公全书》卷三一。转引自张中秋：《比较视野中的法律文化》，法律出版社 2003 年版，第 240 页。

方道德的熏染与教化也就在潜移默化中逐渐形成耻讼的意识，加之司法机构的高不可攀与官衙对民众的不尊重，民众已日渐远离官衙，很少涉讼。明清时期的很多家族的族谱中就有息讼的规定，如清代浙江萧山告诫族人："和乡里以息争讼。居家戒争讼，'讼则终凶'，诚笃言也。如族中有因口角细故及财帛田产至起争端，妄欲涉讼者，家法必先禀明本房房长处理，或处理不明方许伊赴祠禀告祖先，公议是非，令其和息。"① 而一旦不得已出现纷争与诉讼，官方也多以调处、劝谕、教化等多种方式来息讼、止讼，最终以无讼作为社会理想。

### 3. 重刑轻民的法律传统

在中国法律的起源史上流传着"刑始于兵"② 的说法，所谓"大刑用甲兵，其次用斧钺，中刑用刀锯，其次用钻笮，薄刑用鞭扑"③，表明中国古代法律起源于战争的某些需要，刑罚始于原始的战争，而且战争是最大的刑罚，战后对俘虏的处置，也是以残酷的刑罚为手段的。"国家建立于族姓统治的基础上，且采取家、国、天下合为一体的大一统格局，刑罚中便包含着征讨，征伐里便有了刑罚。兵之于刑，便总是一而二、二而一的。"④ 由是传统社会对法律的认识更多的是倾向于法即是刑，法与刑密不可分。而且古代文明时期法律的表述多称为刑，如《禹刑》、《汤刑》、《吕刑》、《九刑》等，后世的法律多称为律，主要内容亦是刑事方面的法律规范，即使是关于行政、民事方面的法律内容，其责任承担方式亦是刑罚制裁。据有学者初步统计，《大清律例》共有律文 436 条，90% 的律文是对一般社会成员犯罪及其

---

① 《朱氏宗谱》。转引自张中秋：《比较视野中的法律文化》，法律出版社 2003 年版，第 246 页。

② 《辽史·刑法志》，载张晋藩主编：《中国法制史》，中国政法大学出版社 2002 年版，第 12 页。

③ 《国语·鲁语》。

④ 梁治平著：《寻求自然秩序中的和谐》，中国政法大学出版社 1997 年版，第 39 页。

处罚的规定，有关维护封建伦理秩序的律文仅 40 条左右，这里面包括了涉及婚姻、继嗣、尊卑关系等有关民事方面的内容，在数量上约占总律文的 10%。[①] 传统社会刑事法律发达，对严重危害国家政权、皇权及伦常的行为给予严厉的制裁，以此维护中央集权的政治统治。而且传统社会的法更多的是作为统治者治理国家的工具，刑事审判的仪式化特征明显，即通过严酷的场景展示对现场民众及相关当事人进行内心的强制，实现刑罚的威慑作用。

　　传统农业社会受资源与财力的限制，国家的权力结构到达县一级，在县以下的广阔的民间，国家没有设置相应的行政机构，是任其自由发展的。国家没有、不能也无意提供一套民间日常生活所需的规则、机构和组织。在保证赋役的征收和维护地方安靖之外，国家绝少干预民间的生活秩序。[②] 政府在乡村没有官方代表，而听任村民管理自己的事务，只要完成了分给它的赋税与徭役，并且也不出大乱子，就可以了。[③] 民间社会往往在国家直接控制之外，以自生自发的秩序维持着地方的平静与和谐，因而相当多的纠纷在民间得到解决，并没有进入国家正式的审判机制。传统中国帝王通常采用"无为而治"来平天下，让乡土社会自己用社区的契约和教化进行社会平衡，从而形成农村社会"长老统治"的局面。[④] 而且地方家族与宗族组织的不断发展，"族贤"、"乡约"等民间规范不断制定，亦在国家的法律之外解决大量民间出现的纠纷，维系着地方的平衡。

　　另外，传统社会生成没有权利、私人的概念，重义轻利的理念使民众对自身利益甚少关心，公法的发达使民事方面的法律规

---

　　① 参见朱勇著：《清代宗族法研究》，湖南教育出版社 1987 年版，第 139 页。

　　② 梁治平著：《清代习惯法：社会与国家》，中国政法大学出版社 1996 年版，第 28 页。

　　③ ［英］S. 斯普林克尔著，张守东译：《清代法制导论——从社会学角度加以分析》，中国政法大学出版社 2000 年版，第 22 页。

　　④ 参见费孝通著：《乡土中国·婚姻制度》，北京大学出版社 1998 年版，第 68 页。

范少之又少，私法公法化的倾向亦很明显，而且国家对民众生活的关注微乎其微。传统社会中户婚、田土、钱债之类（户籍、继承、婚姻、土地、水利、债务等民事案件）的与民众生活息息相关的民事纠纷因其危及不到统治者的政权、道德评价不够重要而往往被称为"民间细故"或"薄物细故"，统治者对这类案件是不屑的，放手州县自理或归由民间社会自行解决。即使上告到州县的话，州县也往往会将其批给民间进行调处。在实际的司法运作中，州县官调处结案的民事案件的比重较大。据嘉庆十五年（1810）顺天府宝坻县资料，州县自理的田地、户产、婚姻、钱债、偷窃、斗殴等民事案件共一百九十一起，其中以调解和息结案的一百八十四起，占案件总数的百分之九十以上。① 而且官府对民事案件的受理是有时间限制的，一般在农忙时节是禁止进行诉讼的，即使在非农忙时节，也还规定了每月 3 日、6 日、9 日等有限的放告日，并非每天均可进行告诉，对民事案件的轻视由此可见一斑。

### 4. 行政兼理司法的制度设计

中国传统社会司法与行政不分，不存在现代意义上的司法。虽然自中后期开始中央出现了专门的司法机构，但在地方上，一直都是行政机关兼理司法，地方上的州县衙门既是行政机构，也是司法机构，职责的不分造成了案件的审判具有极强的行政管理的色彩。中国的诉讼、审判可以看作是作为行政之一环的司法或行政式的审判，无论是处罚犯罪的程序还是处理民事纠纷的"听讼"都只意味着作为民之父母（社会秩序和福利的总守护人）的皇帝通过官僚机构而实施的一种社会管理功能。② 而且州县衙门往往离民众所聚居的村落较远，客观上也成为民众进行诉讼的障

---

① 郑秦著：《清代法律制度研究》，中国政法大学出版社 2000 年版，第 208 页。
② ［日］滋贺秀三：《清代诉讼制度之民事法源的考察——作为法源的习惯》，载滋贺秀三等著：《明清时期的民事审判与民间契约》，法律出版社 1998 年版，第 85 页。

碍。同时中央和地方上负责司法的行政官员均是通过科举考试产生，他们精通四书五经等儒家理论，但对律例却完全陌生或知之甚少，完全凭经验办案。虽然清朝时已意识到此问题并出现了刑名幕友阶层，他们因熟读律例而成为地方官员的私人宾客进而佐官为治，处理地方的讼案，但并不能根本解决审理案件的官员不懂律例的问题。因此地方官员往往借"息讼"来标榜所辖境内"讼清、政通、人和"，当时人说，"今居官者，动曰'息讼安民'，于是以不准词讼为得计"。① 而且地方讼案的多少是地方官政绩的重要考核依据，对纠纷的调处息讼自然是地方官扩大政绩的首选。谙熟儒学的官员、加之部分幕友胥吏暗中唆使破坏，民众对衙门的信任更减了一层，自然更易接受调处结案。

传统社会中不存在民事诉讼法，民事程序的规范自然也无从提及。虽然刑事诉讼法因依附于刑而有一定程度的发展，但与之并列的民事诉讼法到底还是没有发展起来。② 权利意识的缺失、民法的不发达与民事程序规范的缺乏不无关系。直至清末，在法制变革的洪流中，虽历经了将刑事诉讼律与民事诉讼律合编的阶段，但仍于 1911 年制定了《大清民事诉讼律草案》，独立的民事诉讼法应运而生。在民事审判中，当事人在法庭上是跪立在作为父母官的司法官员的面前的，这种主仆等级观念支配下的诉讼活动中审判者与被审判者的关系，不仅在诉讼活动中损害当事人的人格与尊严，而且直接影响审判结果的公正性，民众普遍存在的耻法、鄙讼意识，与诉讼活动中的人格受损、对公正判决期望值低迷直接相关。③ 而且在审判过程中衙役们持棍并列立于两旁，

---

① 《皇朝经世文编》卷二二，汪婉：《论作县数则》。转引自郑秦著：《清代法律制度研究》，中国政法大学出版社 2000 年版，第 159 页。
② 参见［日］大木雅夫著，华夏、战宪斌译：《东西方的法观念比较》，北京大学出版社 2004 年版，第 96 页。
③ 朱勇：《中国法律近代化导论》，载朱勇著：《中国法律的艰辛历程》，黑龙江人民出版社 2002 年版，第 290 页。

当事人往往还会受到刑讯，更没有相应的权利保障，这一切均使当事人及相关人员视诉讼为畏途，而选择以其他方式解决纠纷。

### （二）传统社会调处制度的种类与特征

传统社会调处的方式主要有三种，民间调处、官府调处与官批民调，与现代意义上的法院附设替代性纠纷解决机制类似的是官府调处与官批民调。

民间调处又可以分为基层保甲长调处、乡邻调处和亲族调处。基层保甲长不是国家正式的行政建制，但其担负有编查户口、查访"盗贼"的治安职责，[①] 并适时解决民间纷争。明太祖朱元璋钦定的《教民榜文》就曾规定，"民间户婚、田土、斗打、相争一切小事，不许辄赴告官，务要经由本官里甲老人理断。若不经由者，不问虚实，先将告人杖断六十，仍发里甲老人理断"。[②] 这当然是将民间里甲的调处作为强制适用的程序，只有当事人不服时，才允许告官。虽然《大清律例》曾有规定不得将"民事词讼细事批令乡地处理"，但实际生活中基层保甲调处的现象屡见不鲜。乡邻调处和宗族调处是民间处断纠纷的重要方式，在一些宗族势力发展较强盛的地区，族中的一些民事纠纷，必须经过房长族众调处，不得擅自告官，否则要受到家规的惩治。

官府调处，是指州县官府在案件审理之后以调处结案或者当事人经官府调处后撤诉，官府调处主要在州县官与当事人之间进行。州县官府在案件的审理过程中往往采取拖延、感化、设立"教唆词讼"罪等多种方式力求息讼，以调处结案，责令当事人出具"甘结"、"遵依"，并保证以后"不再滋事涉讼"。又或者州县官在初步审理后认为没有"终讼"的必要，会暗示或指令原告申请撤诉，官府自然会做出准予销案的批示。

---

① 《户部则例》有关条款。
② 《教民榜文》，见《皇明制书》。

官批民调，是指官府在接到案件之后，经过初步堂审，如果认为案件事属"细微"，没有必要在堂上审理，则会"批令"乡里进行调处，或者加派差役协同乡保进行处理，由民间先行调处，调处不成时，才予以判决。现存档案中经常会见到"饬差确查妥处"、"着乡保传谕安分"等批令，都是官批民调的具体指令。尽管清朝政府为保证对地方的控制与管理，凸显国家的司法权力，明令州县衙门官员要亲自依律例断案，而且不得批令民间解决。《大清律例》就明确规定："民间词讼细事，如田亩之界址沟洫，亲属之远近亲疏，许令乡保查明呈报。该州、县官务即亲加剖断，不得批令乡地处理完结。"① 但实际上并未起到任何作用，官批民调相当盛行，并未受到严格的限制。此种解纷方式是官府与民间调处相结合，又或者称为诉讼内与诉讼外的调处相结合。实际上在地方政府的实际运作过程中，官府调处、官批民调与民间调处并不是各自独立适用，而往往是交织适用的。

传统社会中关于官府调处息讼的法律地位并不明确，法律没有规定调处息讼是必经程序，但实践中长期累积形成的习惯使州县官总是在审理案件的过程中将调处优先考虑，即调处是实践经验的累积而并不是法律的严格规定。清代名幕汪辉祖在《论息讼》中曾说："词讼之应审者，什无四五。其里邻口角，骨肉参商细故，不地一时竞气，冒昧启讼，否则有不肖之人，从中播弄，果能审理平情，明切譬晓，其人类能悔悟，皆可随时消释。间有准理后，亲邻调处，吁请息销者。两造既辑睦，官府当予矜全，可息便息，亦宁人之道。断不可执持成见，必使终讼，伤闾党之和，以饱差房之欲"。② 从调处息讼的程序上，可以看出清代调处息讼的一些基本特征："一、州县调处带有一定的'强制

---

① 《大清律例》卷三十,《刑律·诉讼·告状不受理》。
② 汪辉祖著:《佐治药言》,转引自 [英] S. 斯普林克尔著, 张守东译:《清代法制导论——从社会学角度加以分析》, 中国政法大学出版社 2000 年版, 第 171 页。

性'；二、州县调处息讼的'优先性'；三、堂上堂下相结合的原则。"① 州县调处并非以当事人的意志为转移，很大程度上是官府或宗族的意志，而且常常会强制适用，即调处的启动不是当事人的主动申请，亦不容当事人有自主的选择。另外，州县调处是有明确的受案范围的，即只能是户婚、田土等民事案件和轻微的刑事案件，超出此范围则不为法律所允许，州县官员也无权进行处分。

调处的依据范围较广，其基本依据是国法，即正式的成文律例，但礼、情理、乡规、宗法、民俗等亦可以作为调处的凭依，在调处的过程中发挥着重要的作用。传统社会作为一个宗法社会、礼俗社会，儒家的礼及宗法、乡约民规等作为日常行为规范自是在情理之中，日本学者寺田浩明甚至认为，中国传统社会的"法"不过是得到了明确化和被赋予了强制性的"情理"的核心部分而已，同时统治者、审判者应该作为"通情达理"的君子，具有很高修养和人格素质，他的任务则是根据一个个案件的具体情节找出最为适合的个别解决方案，说服教育相争不休的当事者，并给以做坏事的人恰如其分的惩罚。② 律例与情理、礼等并没有截然的分离，彼此融合，调处的指导思想主要是传统的礼，最高标准即是三纲，由于三纲从西汉起便已入律，因此依法调处与依礼调处不仅不矛盾，而且是互相补充。③

### （三）传统社会调处制度的具体运作

传统社会中从皇帝到各地官府对户婚、田土等民间细故是不主张民众进行健讼的，而主张将纷争消化于民间，以调处的方式

① 郑秦著：《清代司法审判制度研究》，湖南教育出版社 1988 年版，第 218—219 页。
② 参见［日］寺田浩明：《日本的清代司法制度研究与对"法"的理解》，载［日］滋贺秀三等著：《明清时期的民事审判与民间契约》，法律出版社 1998 年版，第 124—129 页。
③ 张晋藩著：《清代民法综论》，中国政法大学出版社 1998 年版，第 292 页。

进行处理。明代的《律条疏议》规定："民间应有词讼，许耆老准受于申明亭内剖理"，"凡一乡劝善惩恶，申明教化之事，俱在此惩戒"。清代某县的地方告示《词讼条约》中明确规定："凡民间口角细带，亲邻可以调处，些微债负，原中可以算清者，不得架词诳告"。① 按照清政府的一般要求，"州县放告收呈，须坐大堂，详察真伪，细讯明确，如审系不实不尽者，则以圣谕中息诬告以全良善教之；审系一时之忿，及斗殴并未成伤者，则以戒仇忿以重身命教之；审系同村相控者，则以和乡党以息争讼教之；审系同姓相控者，则以笃宗族以昭雍睦教之"。② 除了圣谕、正式律例及地方告示之外，清朝时还通过一系列的诉讼制度来促使调处结案，免于争讼。

传统社会里州县官接受百姓田土、钱债之类的民事案件的呈状称为放告，放告日定在每月的 3 日、6 日、9 日或 3 日、8 日，当然也有不拘日期的州县。当事人如在规定的日期外进行告诉的，官府不予受理，并会对相关当事人进行惩处。州县定期放告的原因大概是这样可使"愚民细故"拖在乡间自行解决，不会因滥收而滥告。③ 而且根据清律，普通的民事案件，均由事犯地方的州县衙门受理。《大清律例·刑律·诉讼·越诉》附例规定："户婚、田土、钱债、斗殴、赌博等细事，即于事犯地方告理，不得于原告所住之州县呈告"。州县衙门在接收到呈词之后，要确定是否立案受理，称为"准"或"不准"。一般户婚、田土之类的州县自理民事案件是否受理，全凭州县官自由处分，州县官也往往通过"不准"状的办法，促使双方私下和解，但对刑事重案则一般不敢轻易不准。

---

① 吴宏：《纸上经纶》卷五，《告示》，载郭成伟、田涛点校整理：《明清公牍秘本五种》，中国政法大学出版社 1999 年版，第 220 页。

② 《牧令须知》"听讼"。转引自梁治平著：《寻求自然秩序中的和谐——中国传统法律文研究》，中国政法大学出版社 1997 年版，第 207 页。

③ 郑秦著：《清代法律制度研究》，中国政法大学出版社 2000 年版，第 111 页。

当事人的呈状被受理后，州县往往采取饬派衙役持"票"拘提的形式传讯原被两造和人证，被传讯之人稍有抗差就会被缉拿。两造由乡村拘传到县后，可以自行寻找投宿地待审，但因乡下人对城里不熟悉，常常衙役们为便于敲诈而将两造安置在黑店里。在正式的审案过程中，衙役仵作等事先两排站好，州县要传齐两造跪列在大堂之上，州县往往要从道德教化、利弊分析、经济等多种角度先将两造各自训诫一番，劝导双方和息结案，并让两造出具甘结、遵依等保证书保证和解结案，以后不再滋讼，有时官府为加强保证效力还要乡保等写保状，表明两造息讼，这就是州县当堂调处。康熙时陆陇其任河北灵寿县知县，每审民事案件，则会劝导双方说："尔原被（告）非亲即故，非故即邻，平日皆情之至密者，今不过为户婚、田土、钱债细事，一时拂意，不能忍耐，致启讼端。殊不知一讼之兴，未见曲直，而吏有纸张之费，役有饭食之需，证佐之友必须酬劳，往往所费多于所争，且守候公门，费时失业。一经官断，须有输赢，从此乡党变为讼仇，薄产化为乌有，切齿数世，悔之晚矣。"[①] 当然，州县官因不通晓律例，虽坐堂问案，但往往有熟晓刑名律例、精于文书案牍的幕友于屏后谛听，协助主官审议案情，并以主官名义草拟判词、批语、札饬等，以至州县"钱谷刑名，一切咨之幕友，主人唯画诺而已"。[②]

州县堂上调处的另一种形式是经过调停后，在案情较轻微或事关邻里、家族关系的情况下，原告或中间人在州县官的训斥及劝导下往往会幡然悔悟，表示撤诉销案，而此种情形下州县官通常会"准息销案"，案件就此审结。有时对特定种类的案件，如

---

① 吴炽昌：《续客商前话》卷三。转引自张晋藩著：《清代民法综论》，中国政法大学出版社 1998 年版，第 287 页。

② 《皇朝经世文续编》卷二三。转引自张晋藩著：《清代民法综论》，中国政法大学出版社 1998 年版，第 282 页。

亲属或债务纠纷，或者是案情轻微没必要亲自审理的案件，州县官接受诉状之后往往将案件批回，或要求邻证"确查实复"，或指令原中"理楚禀复"，或责成约保"同原证从中剖处"，[①] 即州县官批令两造由族亲人或批令乡保进行调处，也即是案件在官府监督、干预下以民间调处的方式解决。传统社会由于受地理及经济环境的影响，形成了稳固的地缘关系，民众聚族而居，乡邻及宗族负有促使本地纷争平息、维系人际关系和谐的义务。如是契约纠纷，原契约签订及履行过程中的中人往往负有调停理楚的责任。乡保作为经衙门认定、由村庄社区首事提名的人选，既是衙门的代理人，又是村社的代表，[②] 自然亦有维持本地治安及关系和谐的义务，加之有州县官调处的批词的压力，族亲人及乡保等更会卖力在当事人间进行撮和、劝解，促使两造在庭外和解，一旦在庭外解决，中间人应将最终的调处结果报告官府。一般情况下调处人——村社或宗族首事、当地乡保或地方名流在送呈官府的呈词中通常会说，涉讼双方已"彼此见面服礼"（或"赔礼"），或冒犯的一方已赔不是，或已悔改，双方"俱愿息讼"，[③]恳请州县销案，再由官府"赏准和息"。而如果中间人调处不成的话，则会向官府禀复说明两造不愿私休，由官府继续进行审理。调处案件属州县自理案件，州县有权作出判决，在州县结案后，州县官要填注"循环簿"，月底申送上级府、道、司、督、抚查核。

调处结案是州县官员维持地方政绩的体现，政清讼明一直是地方官们努力追求的目标，通过调处不但可以掩盖州县官员不懂

---

① 参见梁治平著：《清代习惯法：社会与国家》，中国政法大学出版社 1996 年版，第 150 页。

② 黄宗智著：《民事审判与民间调解：清代的表达与实践》，中国社会科学出版社 1998 年版，第 124 页。

③ 参见黄宗智著：《民事审判与民间调解：清代的表达与实践》，中国社会科学出版社 1998 年版，第 116—117 页。

律例的缺陷，而且还可以减轻官府的办案压力，官府自是愿意将大量案件以调处的方式解决，而且官府更可集中精力处理一些对政权、皇权稳固造成威胁或事关生命、财产安全的重大刑事案件，以维系政权统治及地方安全。调处能维系村社、宗族内部彼此的友好关系、亲属关系，这也是和睦乡里、尊敬长上的必然要求，而诉讼只能会破坏这样的友好关系，以致关系断裂、无法修补。所谓"照得争讼之兴，既废时而失事，更怨毒而伤残，极为恶俗"，[①] "凡词讼涉兄弟亲戚，便委曲劝谕，使归和好。若以官法治之，胜负一分，仇寇便成。后虽欲和好而有所不能矣"。[②] 调处能节省民众的物质及金钱上的消耗，一旦涉讼的话，名目繁多的各种诉讼费用会让当事人无所适从，甚或倾家荡产。同时使民众远离衙役、讼棍等的欺侮与侵扰，传统社会中没有类似西方律师那样的社会阶层，但却出现了特殊的阶层——讼师（棍），他们专门以挑拨、教唆、包揽词讼为事，搬弄是非，从中牟利，很多纷争因其而起，同时亦是社会的不安定因素。清代某州县的《词讼条约》中专门指出了当地世风日下民众健讼的原因之一即是讼棍教唆，"揆厥所由，必因刁恶讼师，专在衙门包告包诉，倖准则彼自居功，坐诬则与彼无涉，置身法外，播弄愚民。……此辈若不早知敛迹，一经本县廉访得实，定当详究，按以重典，断不姑容以为民害也"。[③] 适用调处，百姓自不会受到如此的欺诈与干扰，社会的不稳定因素也因此得到遏制。

## （四）传统社会调处制度的法理评析

传统社会的调处是州县广泛适用的审理案件的方式，其法律

---

① 吴宏：《纸上经纶》卷五，《告示》，载郭成伟、田涛点校整理《明清公牍秘本五种》，中国政法大学出版社 1999 年版，第 221 页。

② 《皇朝经世文编》卷二二，汪琬：《论作县数则》。转引自郑秦著：《清代法律制度研究》，中国政法大学出版社 2000 年版，第 156 页。

③ 吴宏：《纸上经纶》卷五，《告示》，载郭成伟、田涛点校整理：《明清公牍秘本五种》，中国政法大学出版社 1999 年版，第 219—220 页。

性质究竟如何，国内外的不同学者对此的观点与看法不尽一致。日本学者滋贺秀三认为，清代的审判即是一种调处，在清代，虽然全国各地都设置有知县、知州这样的审判者，但他们对民事纠纷进行的审判实质上是一种调解。具有"民之父母"性质的地方长官凭借自己的威信和见识，一方面调查并洞察案件的真相，另一方面又以惩罚权限的行使或威吓，或者通过开导劝说来要求以至命令当事者接受某种解决。① 这就将调处与审判基本等同起来，认为清代的审判与调处是同质的，甚或审判就是调处的一种形式。但也有学者有不同意见，美国加州大学洛杉矶校区（UCLA）黄宗智教授在分析清代民事纠纷解决处理的过程时，采用了"国家/第三领域/社会"的三元模式，认为在村社族邻的非正式调解与州县衙门的正式性审判之间，存在着介于这两者之间的第三领域，正是在这一领域，民间调解与官方审判发生交接、互动。有大批争端，虽然随着呈递告状，而进入官方审理过程，但在正式堂审之前，都获得了解决。在此中间阶段，正式制度与非正式制度发生某种对话，并有其既定格式，故而形成一个半官半民的纠纷处理地带。而且认为，第三领域的纠纷处理，应该跟更严格意义上的正式司法，亦即衙门审判区别开来。县官对民事案的审理，跟刑事案一样，首先受到成文法律的约束。② 黄宗智教授重点关注的是官批民调的领域，认为存在着纠纷解决的第三领域，即国家与社会交融、互动的领域。

对黄宗智教授的观点很多学者提出了不同意见，中国学者梁治平认为他抛弃了社会与国家的二元模式，但却不加批判地接受了同样的社会与国家的概念，这个未经反省的预设不但决定了构

① 　[日] 滋贺秀三：《清代诉讼制度之民事法源的考察——作为法源的习惯》，载滋贺秀三等著：《明清时期的民事审判与民间契约》，法律出版社1998年版，第74页。

② 　参见黄宗智著：《民事审判与民间调解：清代的表达与实践》，中国社会科学出版社1998年版，第108—131页。

想中的"第三领域"的性质和特征,而且使得研究者过分夸大了他所谓"正式的"法律与"非正式的"法律之间的差别和对立。而且还认为,民间调处并不简单是一种非法律甚至反法律的解纷办法,事实上清代民间法与国家法之间存在着互相渗透、配合以及逻辑上的内在关联,既然二者之间不是界线分明、截然两分的二元,被认为通过二者互动而产生的第三元似乎就不能成立。①具体到司法领域,在诉讼中间阶段,官府调处与民间调处相结合,但这并不意味着一个介乎民间调处和国家法律之间且区别于此二者的"第三领域"存在,恰恰相反,它表明了二者之间的内在关联:作为一项优先考虑的价值和目标,调处息讼无论在民间还是官府均被奉为基本原则。②日本学者岸本美绪将中国传统社会的结构形象地称之为同心圆结构,据此,传统中国的民间社会,既不是只受国家支配的非自立存在,也不是自立于国家之外的自我完善的秩序空间,而是通过共同秩序观念而与国家体制连接起来的连续体。③

诚如前文所述,传统社会家国同构的社会构造决定了传统社会不存在国家与社会的严格分离,社会包容在国家之中,国家与社会并没有严格的界限,因此也就不存在国家、社会二元化的历史发展方向。既然不存在国家与社会的对立,那位于二者之间的第三领域似乎也就不能成立。国家、社会二元观是西方的经验,以此来诠释中国传统社会似乎更要考虑中国本土的文化资源与哲学理念。社会与国家同质的结构决定了虽然国家的行政机构到达县一级,而广阔的民间远在国家的关注之外,基本形成了事实上的以自生自发的秩序维持着自治的局面,但民间社会却不是作为

---

① 参见梁治平著:《清代习惯法:社会与国家》,中国政法大学出版社1996年版,第14—20页。

② 同上书,第20页。

③ 参阅沟口雄三注 [56] 引文,第94页。转引自梁治平著:《清代习惯法:社会与国家》,中国政法大学出版社1996年版,第26页。

国家的对立面而存在的，其与国家的关系是你中有我，我中有你。具体在解纷领域，官府调处、官批民调与民间调处等纠纷解决方式并不与官府裁断存在着严格的对立，其指导理念是基本一致的。就社会与国家关系而言，习惯法具有一种看似矛盾的双重性：一方面，它是民间的自发秩序，是在"国家"以外生长起来的制度；另一方面，它又以这样那样的方式与国家法发生联系，且广泛为官府认可和倚赖，而在其规范直接为官府文告和判决吸纳的场合，习惯法与国家法之间的界线更变得模糊不清。①

## 二 现行法院调解制度评析

我国目前没有法院附设替代性纠纷解决制度，但与此相类似的制度却并不是不存在，我们所熟悉的法院调解制度与诉讼和解制度就是其典型的存在，但其又与法院附设替代性纠纷解决机制存在着相当大的差别。长期以来，司法改革一直是司法界的热门话题，而诉讼和解与法院调解的改革也涵括在广义的司法改革之内，究竟该如何改革，以何种方式进行改革一直是热烈探讨的话题，同时在构建我国的法院附设替代性纠纷解决机制之前，也需要对我国现行的相关制度进行评析，以完善我国的相关制度并对法院附设替代性纠纷解决机制的构建作一参考与借鉴。

### （一）法院调解的界定

法院调解，是在人民法院审判人员主持下，双方当事人就争议的实体权利、义务自愿协商，达成协议，解决纠纷的活动。②由此，我国的法院调解是指在法院的主持下，当事人间互相合作、协商解决争议的一种合意性纠纷解决方式。与美国的法院附

---

① 梁治平著：《清代习惯法：社会与国家》，中国政法大学出版社1996年版，第27页。
② 杨荣馨主编：《民事诉讼原理》，法律出版社2003年4月版，第496页。

设调解、日本的民事调停、我国台湾地区的法院调解等是作为一种诉讼外的纠纷解决方式不同，我国是将法院调解作为法院的一项重要诉讼活动来定位的，因此与各国诉讼外的调解制度名同实异，彼此存在着相当大的差别，不可同日而语，亦不可作相对的比较研究。

我国法院调解的特征主要表现为：第一，我国的法院调解作为民事诉讼活动的基本原则，发生于诉讼系属之中，并是在诉讼程序推进的过程中运作的，当然不限于一审程序，在二审程序中也可以展开调解。因此，我国的法院调解是作为一种诉讼活动来定位的，这与民间调解等表现出相当大的差别。调解活动在法院的主持下展开，法官参与整个的调解活动，因此法院调解具有诉讼的性质，既是人民法院审理案件的一种活动，也是当事人的一种诉讼活动。[①] 第二，法院调解以当事人自愿为前提，这与法院依职权所作出的判决迥然不同。无论是调解的启动还是在整个调解过程中，法官在当事人间所起的作用是只能引导、劝导，虽然法官可以依职权主动进行调解，但是必须以当事人的同意为前提，法官无权强迫或强制当事人接受调解，而且最终调解协议的达成也依赖当事人的合意。当事人在整个调解过程中有充分的自主权与选择权，而且不容剥夺。第三，法院调解是人民法院终结案件的一种方式。当事人双方在法官的帮助下自愿达成协议，经过一定的程序认定后即发生法律效力，从而使诉讼程序终结，而且生效的调解与确定的判决具有相同的效力。

### （二）法院调解的历史流变

如前所述，在中国传统社会里，家国一体、集体本位等固有特性决定了在司法领域，法外调处是结案的主要方式。正如美国

---

① 田平安主编：《民事诉讼法原理》，厦门大学出版社 2004 年版，第 186 页。

学者罗伯特·F.尤特指出，"直到进入20世纪之际，司法外的调解仍是占主导地位的解决纠纷的方法。儒家哲学的宗旨、中国社会的结构以及帝国政府机构运转方式的共同作用导致了对这种解决纠纷方式的特殊偏爱"。① 虽然在长久的历史进程中法外调解一直受到重视并被广泛运用，但将法院调解作为正式制度写进法律则较晚。1911年辛亥革命后，北方的军阀制定了新的民事诉讼规则，其中并没有法院调解，直至国民党政府的《民事诉讼法》（1930—1931）才引入了法院调解规则，但把它限定为仅适用于特别微小的民事案件。② 到了20世纪30年代的革命根据地时期，在陕甘宁边区和其他解放区建立了社会主义司法制度后，法院调解才正式被赋予了重要意义并被大量运用，当时根据地区域还颁布了大量的调解法规，规定了调解的原则、条件、效力等。如1942年晋西北行政公署发布了《晋西北村调解暂行办法》、陕甘宁边区人民政府发布了《陕甘宁边区民刑事案件调解条例》、1945年山东省人民政府发布了《民事案件厉行调解的通令》以及1946年冀南行署发布了《冀南区民刑事调解条例》等。其中《陕甘宁边区民刑事案件调解条例》明确规定了调解的不同方式，其第11条规定："系属法庭之案，得由法庭以职权依据本条例之规定进行调解，或指定双方当事人之邻居、亲友或民众团体在外从事调解。"范愉教授曾指出，在革命根据地时期形成的调解机制是在战时的特定环境中，由于无法建立和实施一套完善的法律规范体系和司法制度才应运而生的，其功能一方面是利用传统资源解决民间纠纷；另一方面，又在积极地补充法律的空白；同时，在发展和运作中又被赋予了种种政治和意识形态功能，包括

---

① ［美］罗伯特·F.尤特，周红译：《中国法律纠纷的解决》，载《中国法学》1990年第2期。

② 许平：《论调解》，载中国法学文集编辑组编：《中国法学文集》（第1集）（1984），第239页。转引自彭文浩，王笑红译，王晴校：《中国调解制度的复兴：法院调解》。载强世功编：《调解、法律与现代性：中国调解制度研究》，中国法制出版社2001年版，第352页。

组织教育民众、宣传普及政策法律等。①

中华人民共和国建立后，国家处于特定的政治环境，毛泽东主席就曾将新中国成立后的社会矛盾区分为人民内部矛盾与敌我矛盾，当然对不同的矛盾就会有不同的处理办法，而对于大量的人民内部矛盾，则应抛却暴力的方法而采用说服、教育和批评等机制，因此处理人民内部的矛盾应多运用调解的技术。同时建国初期百业待兴，法律制度尚不健全，《民事诉讼法》亦尚未制定，加之几千年文化传统的因袭，因此新中国成立后的长期以来法院调解一直占据着法院案件审理的主流。

1979 年 2 月制定的《人民法院审判民事案件程序制度的规定》（试行）中规定：处理民事案件应坚持调解为主。凡可以调解解决的，就不要用判决，需要判决的，一般也要先经过调解。处理离婚案件，必须经过调解。调解要尽量就地进行。由是调解得到空前提倡，"调解为主"的导向也使法院对调解的偏好达到前所未有的程度，在 1982 年这一导向得到扭转。1982 年制定的《民事诉讼法》正式确定了"着重调解"的诉讼原则，如《民事诉讼法》第 6 条规定，"人民法院审理民事案件，应当进行调解；调解无效，应当及时判决。"除了将调解作为民事诉讼基本原则的规定之外，第 97 条规定则更进一步细化：人民法院受理的民事案件，能够调解的，人民法院应当在查明事实、分清是非的基础上进行调解，促使当事人相互谅解，达成协议。而在实际的司法实践中，虽然有以"调解为主"到"着重调解"的政策转变，但实际的调解结案率仍令人惊诧。有资料表明 20 世纪 80 年代中前期的司法机关希望法院审理的案件至少有 80% 以调解结案，而

---

① 范愉：《调解的重构——以法院调解的改革为重点（上）》，载《法制与社会发展》2004年第 2 期。

事实上也做到了使78%的民事案件达成调解。[①]80年代后期以至90年代初期，虽然调解的比例有所下降，但仍接近60%，可见法院调解依然占据主导地位。

**1990—1995年民事一审案件结案情况统计表**

| 年份 | 结案数 | 调解 | | 判决或裁定 | | 其他 | |
|------|--------|--------|----------|--------|----------|--------|----------|
| | | 数量 | 比例（%） | 数量 | 比例（%） | 数量 | 比例（%） |
| 1990 | 1849728 | 1194350 | 64.6 | 353940 | 19.1 | 301438 | 16.3 |
| 1991 | 1910013 | 1128465 | 59.1 | 456000 | 23.9 | 325548 | 17.0 |
| 1992 | 1948989 | 1136970 | 58.3 | 460932 | 23.6 | 351047 | 18.0 |
| 1993 | 2091651 | 1224060 | 58.5 | 854227 | 40.8 | 13364 | 0.6 |
| 1994 | 2382174 | 1392114 | 58.4 | 977773 | 42.6 | 12287 | 0.5 |
| 1995 | 2714665 | 1544258 | 56.9 | 1156823 | 41.0 | 13584 | 0.5 |

资料来源：《中国法律年鉴》1991年（934页），1992年（855页），1993年（936页），1994年（1028页），1995年（1064页），1996年（958页）。

对调解的空前强调也导致了司法在实际运行中的一系列问题，为强调调解结案率，出现了强制调解的现象，同时许多案件久调不决，造成司法资源的极大浪费，社会关系得不到平复，而且也使法院的地位及功能受到质疑。

随着经济的发展与法制的完善，1991年4月正式公布实施的《民事诉讼法》修改了"着重调解"的诉讼原则，而规定当事人应本着自愿和合法的原则进行调解。如《民事诉讼法》第9条规定，人民法院审理民事案件，应当根据自愿和合法的原则进行调解；调解不成的，应当及时判决。第85条规定，人民法院审理民事案件，根据当事人自愿的原则，在事实清楚的基础上，分清

---

① 彭文浩，王笑红译，王晴校：《中国调解制度的复兴：法院调解》。载强世功编：《调解、法律与现代性：中国调解制度研究》，中国法制出版社2001年版，第350页。

是非，进行调解。而且第 88 条规定，调解达成协议，必须双方自愿，不得强迫。调解协议的内容不得违反法律规定。因此，调解自愿、合法已在制度中有了确切详细的规定。

而近年来，随着审判方式改革的进展及西方诉讼观念的渐入人心，纠纷解决的诉讼方式也备受关注与重视，而"一步到庭"的推行，使庭审制度受到前所未有的关注，而对审前程序则有所忽略，同时与法官的被动中立、当事人的平等对抗有天壤之别的强调互谅互让、彼此和谐的调解程序则逐渐受到质疑与批判。民事审判方式也出现了由"调解型"向"判决型"转变，法院调解的空间逐渐变小。不少人认为，调解是在改革开放初期法律法规欠缺的情况下，人民法院办案在没有法律依据时采用的非正常解决纠纷的手段。并且，调解也只有在法律欠缺情况下，才有发挥作用的空间和余地。如果法律规范健全了，则当事人之间的权利义务关系一般是明确的，法官对当事人进行调和的作用将难以发挥。[①] 而且实践中的法官也往往认为只有低素质的法官才会热衷于调解，言外之意高素质的法官是不屑于进行调解的。[②] 对调解的认知更多地局限于调解是法官在当事人间双方无原则地"和稀泥"，远未将调解作为是与诉讼程序不同的一种纠纷解决程序来认知，这种对诉讼的过度推崇与对调解的简单的不正确认知导致了曾有很长一段时期法院调解受到了冷落，案件调解率下降。季卫东先生曾经指出，作为一个后起的现代化、法制化国家，在其法律体系中混合了传统法、近代法及现代法等各种因素，政策的选择更加困难，这也对调解与审判的两难关系施加了一些微妙的影响。[③] 随着对法院调解诟病的增加，在司法实务界自 20 世纪 90

---

　　① 吴兆祥：《〈关于人民法院民事调解工作若干问题的规定〉的理解与适用》，载《人民司法》2004 年第 10 期。

　　② 范愉著：《非诉讼纠纷解决机制研究》，中国人民大学出版社 2000 年版，第 581 页。

　　③ 季卫东：《调解制度的法律发展机制——从中国法制化的矛盾情境谈起》，载强世功编：《调解、法制与现代性：中国调解制度研究》，中国法制出版社 2001 年版，第 83 页。

年代以后法院调解结案的比率逐年下滑，调解的衰落迹象也开始出现。据资料显示，法院民事、经济案件的调解结案率从 1989 年的 69% 和 76%，到 2001 年已经迅速下滑至 36.7% 和 30.4%。①至于法院调解率在 90 年代后下降的原因，范愉教授给出了具体的分析：司法政策及法院评价机制的变化；程序设置的问题；法官对调解的态度；当事人方面的原因，调解的难度加大；法学界的抨击；律师的作用；社会的评价和期待等。②

而在 2002 年以后，随着纠纷解决方式多元化的发展以及国外 ADR 制度的不断发展，学界、实务界对法院调解的态度发生了转变，法院调解也呈现出发展的新转折，即有由冷转热之势。

### （三）存在的缺陷与不足

现行法院调解作为民事诉讼活动的基本原则之一，贯穿于诉讼程序的始终，其在实践运行中的缺陷如下：

#### 1. 设置缺陷

法院调解制度的设置不同国家有不同的选择，日本制定了完善的民事调停法，美国有 ADR 法案，我国台湾地区在民事诉讼法中设专章详细进行规范，与上述国家或地区不同，我国没有专门的调解法，而是将一些简单的原则性规定散落在现行的民事诉讼法中，如《民事诉讼法》第 9 条、第 155 条、第 8 章中的 7 个（第 85 条至第 91 条）条文，以及最高人民法院《关于适用〈民事诉讼法〉若干问题的意见》中的 7 个条文（第 91 条至第 97 条）。虽然在民事诉讼法中设专门一章，但其过于简单和概括，而这些简单的原则性规定并不足以指导整个的调解运作，使相当的调解工作失于规范，随意性相当大。如我国的民事诉讼立法为

---

① 资料来源：《中国法律年鉴》。
② 范愉：《调解的重构——以法院调解的改革为重点（上）》，载《法制与社会发展》2004 年第 2 期。

法院调解设置了自愿合法、事实清楚、是非分明的原则，但这大多是一些原则性规定，缺乏具体细致的可操作性的程序性规范，因而使法院调解原则流于空泛，在实际的运作中缺乏具体的操作规范，因而不能得到很好地实施。2004 年《关于人民法院民事调解工作若干问题的规定》的出台，在某种程度上缓解了调解制度匮乏的现象，使调解程序更加细化和完善，但其不尽完善之处仍很明显。

### 2. 法院调解的定位存在缺陷

我国的法院调解是作为一种重要诉讼活动来定位的，即诉讼调解是人民法院行使民事审判权的重要方式，[①] 尽管法院调解强调以当事人自愿为前提，但仍然具有较为浓烈的职权色彩。从调解的开始、进行和结束，均由审判人员主持和控制，法院的调解是与审理融为一体的，从而使法院调解成为人民法院的一种审理活动。[②] 这样的调解定位使我国法院调解成为无从进行横向比较的特立独行的个体，与其他国家或地区的诉讼和解制度不尽相同，与他们国家的法院附设 ADR 制度更不能等同视之。外国或地区的法院附设调解或民事调停是作为法院附设替代性纠纷解决机制存在的，是一种诉讼外的纠纷解决方式，而且多存在于诉前程序之中。诉讼和解虽发生于诉讼程序之内，但此程序中法官所起的其实是调停人的作用，[③] 也即是说，和解程序更多的是强调当事人对自身权利的自由处分与当事人的程序主导作用，法官在此程序中的作用充其量只能是引导、协调、帮助等协助作用，和解最终以当事人的合意为前提。正如有学者指出，这种强化诉讼

---

① 赵钢、王杏飞：《我国法院调解制度的新发展——对〈关于人民法院民事调解工作若干问题的规定〉的初步解读》，载《法学评论》2005 年第 6 期。

② 参见何文燕：《调解和支持起诉两项民诉法基本原则应否定》，载《法学》1997 年第 4 期。

③ ［日］萩泽达彦：《诉讼上的和解与起诉前的和解》，载［日］小岛武司、伊藤真编，丁婕译、向宇校：《诉讼外纠纷解决法》，中国政法大学出版社 2005 年版，第 67 页。

程序内部当事人主体参与的潮流，导致了更宏观的现代法律程序观念，这种观念中包含了调解、和解等经由当事人合意产生的自治性解纷方式。① 我国将法院调解定位为法院的审理活动或诉讼活动，而其本身与诉讼又存在着相当的背离，因此对其的诟病与指责也就在所难免。

### 3. 调解程序职权主义倾向明显

我国法院调解的定位决定了整个调解活动更强调法院的职权色彩，与强调当事人的自主控制、当事人的合意解决纷争的调解或诉讼和解等所本应具有的内在素质发生偏差。在整个调解过程中，由于是将调解作为法官的诉讼活动之一，因此法官在整个程序运行中较为主动，引导和推进着程序的进展，法官的职权主义色彩浓厚。当事人在调解程序中更多的是配合与合作，主动控制程序的权力较弱，而作为合意性的纠纷解决机制，调解本应该赋予当事人自由地决定是否继续进行调解或者随时终止调解的权利。我国的法院调解制度在程序上并没有针对当事人的需要作出专门的规定，例如保密、特定环境、程序的可选择性、当事人本人参加等，甚至片面强调调解的公开性。② 我国法院调解程序的运转更多地存在着法官的内在的强制，迫使当事人接受法官的意见与建议，当然，在调解过程中，如果当事人就部分诉讼请求达成调解协议的，法院可以就此先行确认并制作调解书。

### 4. 调解的基本原则规定要求过高

许多学者认为，事实清楚、分清是非不应成为调解的原则。以前，我国民事诉讼法学界通常认为，"查明事实、分清是非"是法院调解的一个基本原则，"只有案件事实搞清楚了，才能分

---

① ［日］田中成明：《法的思考是什么——重新认识实践》，有斐阁 1989 年版，第 277 页。转引自强世功编：《调解、法制与现代性：中国调解制度研究》，中国法制出版社 2001 年版，第 84 页。

② 范愉：《调解的重构——以法院调解的改革为重点（下）》，载《法制与社会发展》2004 年第 2 期。

清是非责任，才能有理、有据地说服教育当事人；才能正确地适用法律、政策，正确处理案件"，否则，就有可能造成"和稀泥"或造成久调不决。[①] 而事实清楚、证据确凿是民事审判所应遵循的基本原则，将遵循严格程序的审判的运用原则适用于调解，显然是对本应互谅互让的调解程序提出了过高的要求，实践中很难达到。而且此项规定易使调解与审判很难分离，同时也往往使该项规则成为书面上的规定，实践中很难应用。而且此原则还可能与自愿原则和处分原则产生冲突，因为许多当事人之所以选择调解解决纠纷，就是看重其高效、便捷的优势，为此他们中许多人宁愿放弃对案件是非责任的追问，若在此状况下非要查清事实、分清是非，显然是对其自由意志的违背，对他们而言，调解与判决又有多大差别呢？[②]

### （四）改革方案评析

对法院调解的改革近年来学者的关注尤甚，提出了诸多建设性、有价值的方案，而改革方案的提出多是就法院调解本身来谈法院调解，改革主要集中在两个方面，一是法院调解的存废问题，二是如何完善现有调解制度的问题。但这些方案似乎都没有从司法改革、纠纷解决方式等更广阔的视角来审视法院调解的改革，没有从更宽广意义上来型构法院内合意纠纷解决制度。而在整个的改革过程中，有些法院也曾身体力行来践行调审分立，只是改革的效果不甚了了。综合学者们的改革建议，主要有以下几种意见：

### 1. 法院调解的替代论

鉴于我国的法院调解与各国的诉讼和解有诸多相似之处，故有学者主张以诉讼和解取代法院调解，进而抹去法院调解，以此

---

① 参见柴发邦主编：《民事诉讼法学新编》，法律出版社 1992 年版，第 253 页。
② 肖建华、杨兵：《论我国诉讼调解原则体系之重构——兼评〈关于人民法院民事调解工作若干问题的规定〉相关规定》，载《政法论丛》2005 年第 1 期。

来凸显当事人的诉讼主体地位，实现其自由处分权。①

2. 调审分立论

所谓调审分立，即改革调审合一的模式，将调解与审判分解成相互独立的程序，由不同的法官来负责调解与裁判，调者不审，审者不调。②

3. 调审分离论

调审分离是将法院调解从民事诉讼程序中完全分离出去，建立非讼化的民事调解制度，由法院以外的组织或个人进行调解。

学者们的改革方案从目前法院调解的缺陷出发，力图完善现有法院调解制度，不同的改革方案有不同的价值追求，但总体说来，改革方案的设计是局部的，是针对法院调解制度本身所作的改革，而且改革建议本身也存在着诸多争议。就替代论而言，事实上西方国家的诉讼和解在本质上与我国的法院调解是不同的，二者虽有相似之处但却不能实行完全的替代；调审分立的设计初衷很好，但囿于资源、条件等的限制未必能在全国推行；调审分离，实行由法院以外的组织或个人进行调解，虽能在某种程度上实现程序分立与保证公正，但完全剥夺法官的调解权未必能真正实现其快速高效解纷的目的。综上，为解决法院所面临的案件负担，真正发挥调解的作用，就应跳出法院调解的固有领域，从纠纷解决的视角入手，即从构建法院附设替代性纠纷解决机制的角度来改革我国的法院调解制度，进而构建我国的法院附设调解制

---

① 参见张卫平著：《转换的逻辑 民事诉讼体制转型分析》，法律出版社 2004 年版，第 313 页。张晋红：《法院调解的立法价值探究——兼评法院调解的两种改良观点》，载《法学研究》1998 年第 5 期；江伟：《中国民事诉讼法专论》，中国政法大学出版社 1998 年版，第 449 页；蔡虹：《大陆法院调解与香港诉讼和解之比较》，载《中国法学》1999 年第 4 期；章武生、吴泽勇：《论诉讼和解》，载《法学研究》1998 年第 2 期；包冰锋：《我国民事诉讼和解制度的反思》，载《西南政法大学学报》2005 年第 6 期；赵学良：《从法院调解到诉讼和解》，载《中央政法管理干部学院学报》2000 年第 1 期；李伟、郭玥：《民事调解制度重构——兼论国外诉讼和解制度本土化》，载《理论界》2005 年第 5 期。

② 李浩：《调解的比较优势与法院调解制度的改革》，载《南京师大学报（社会科学版）》2002 年 7 月第 4 期。

度和重构诉讼和解制度似乎更能完善整个法院内多元化纠纷解决的体系。正如范愉教授指出的，"目前我国民事纠纷的解决机制缺少前置性的非诉讼调解程序，解决这一问题，并不在于禁止限制法官在审判中进行调解，而应该在'非诉讼（替代性）'纠纷解决方式的设置上着眼。我国的人民调解组织可以承担这一使命，如果将现行民诉法中规定的法院对人民调解的指导职能加以改革，形成一种司法审查制度，就可以在不改变现行体制框架的基础上实现纠纷解决机制的优化改革。"① 范教授指出的具体改革路径未必一定切实可行，但其所指出的改革方向无疑更符合改革的实际。

实践中，1988 年 7 月深圳中级人民法院率先在法院内部设立了经济纠纷调解中心，该中心专门以调解方式解决案件，这之后，全国很多地方的基层和中级人民法院设立了经济纠纷调解中心。经济纠纷调解中心的运作主要有两种方式，一是作为庭前调解机构，如调解不成的话，移交经济审判庭，进行开庭审理；另一种是作为诉讼外的调解机构，于法院立案前进行，调解成立后制作的文书不具备强制执行的效力。② 建立经济纠纷调解中心的改革尝试目的在于迅速、高效地解决经济案件，减轻法院的案件压力。但实际运行中其缺陷也相当明显："调解中违反管辖规定受理诉讼，违法采取财产保全和先予执行措施，强制调解等严重违反诉讼程序的行为大量发生，加剧了审判行为的失范，使我国刚走上规范化道路不久的民事审判制度面临着一次大规模非程序化浪潮的冲击。"③ 因此，许多经济纠纷调解中心在成立后不久就被撤销。实践中的差错及制度本身设计的缺失使经济纠纷调解中

---

① 范愉：《调解的重构（上）——以法院调解的改革为重点》，载《法制与社会发展》2004年第 2 期。
② 参见刘家兴主编：《新中国民事程序理论与适用》，中国检察出版社 1997 年版，第 88 页。
③ 参见江伟主编：《中国民事诉讼法专论》，中国政法大学出版社 1998 年版，第 419 页。

心的改革成了昙花一现，不了了之。

## 三 法院附设替代性纠纷解决机制之现状

### （一）司法政策的转变

随着我国诉讼制度弊端与缺陷的日益外现，司法改革的呼声不绝于耳，诉讼制度内的改革举措不时出台，同时伴随着多元纠纷的出现，纠纷解决方式的多元化亦随之出现。与此同时世界 ADR 热潮随之裹挟而来，我国各界亦开始对诉讼外的纠纷解决机制给予广泛关注，而与法院相关的 ADR 制度因其兼具司法性更是受到首要重视。

2002 年 9 月，中共中央办公厅、国务院办公厅转发了《最高人民法院、司法部关于进一步加强新时期人民调解工作的意见》，最高人民法院和司法部分别制定了关于人民调解的司法解释及规定，对人民调解的重视又重新提上日程，而此举亦开启了法院调解制度改革的序幕。2003 年 7 月 4 日最高人民法院审判委员会通过了《关于适用简易程序审理民事案件的若干规定》，其中第 14 条明确规定：下列民事案件，人民法院在开庭审理时应当先行调解：（1）婚姻家庭纠纷和继承纠纷；（2）劳务合同纠纷；（3）交通事故和工伤事故引起的权利义务关系较为明确的损害赔偿纠纷；（4）宅基地和相邻关系纠纷；（5）合伙协议纠纷；（6）诉讼标的额较小的纠纷。但是根据案件的性质和当事人的实际情况不能调解或者显然没有调解必要的除外。同年，最高人民法院专门成立了诉讼调解规范化课题组，对全国的法院调解概况进行深入调研，总结各地实践经验，同时在对传统的法院调解制度进行审慎反思的基础上，最高人民法院起草了《关于人民法院民事调解工作若干问题的规定》（以下简称《调解规定》），并于 2004 年 11 月正式实施。此规定确定了调解机制适用的范围、明确了调解主体的多元化、细化了调解程序、强化了调解协议的效力、完善了调解的保障机制，使法院调解制度更趋强细密与完善。由此，使法院调解制度在促进纠纷的"柔性解决"及实现社会稳定方面的独特功能在新的基础上得到了新的认同。① 最高人民法院院长肖扬随后指出法院新时期民商事审判工作的重要原则即是坚持"能调则调，当判则判，调判结合，案结事了"，并要充分发挥司法调解在构建社会主义和谐社会中的积极作用，同时提出新时期司法调解的三大目标即是案结事了、胜败皆服和定分止争。② 同时，中国法学会诉讼法研究会于 2005 年召开年会时最高人民法院副院长黄松有在发言中指出，未来民事诉讼法修改的重点在于四个方面：管辖制度、诉讼调解、再审制度和执行制度。而对于诉讼调解改革的基本考虑是，遵从调解规律，完善诉讼调解程序，确保调解的程序化、规范化，充分发挥调解制度"人性"化、高效率、低成本、纠纷化解彻底的功能。建议完善调解启动程序；设立答辩期满前调解制度；明确规定调解案件的范围；修改调解书生效的规则；明确规定调解的方式；规定调解协议达成和履行的担保、激励机制；完善对案外人权益的保护制度；引入社会力量协助法院做调解工作。③

在《调解规定》颁布之后，法院调解重新焕发神采，而此时的法院调解已不是原有制度的简单回归，而是被赋予了全新内涵，即向流行各国或地区的法院附设替代性纠纷解决机制趋近。

---

① 赵钢、王杏飞：《我国法院调解制度的新发展——对〈关于人民法院民事调解工作若干问题的规定〉的初步解读》，载《法学评论》2005 年第 6 期。

② 参见肖扬：《充分发挥司法调解在构建社会主义和谐社会中的积极作用》，载《法制日报》，2006 年 9 月 30 日第 1 版；吴兢：《肖扬在山东考察工作时强调司法调解要确立"三个目标"》，载《人民日报》2006 年 7 月 17 日第 4 版。

③ 参见宁杰：《构建和谐社会与诉讼法的修改和完善》，载《人民法院报》2005 年 9 月 25 日第 1 版。

### （二）《关于人民法院民事调解工作若干问题的规定》等相关司法解释评析

有学者认为，《调解规定》是最高人民法院在新形势下就完善调解机制以促进和谐社会之构建所作之重要的制度性安排。其对法院调解制度的完善主要体现在以下五个方面：一是调解机制适用范围的界定避免了实践中的操作失范；二是调解主体的多元化、社会化增强了法院调解的可接受性；三是调解程序的细化与完善使得法院调解的有序进行"有章可依"；四是法院调解之促进、保障机制的确立解除了当事人的"后顾之忧"；五是调解协议效力的空前强化使得调解结果的实现有了切实的制度保障。[①]《调解规定》在特定的历史背景下出台，顺应了时势并对之前的法院调解制度进行了修订和完善。学者们多从程序的细化与制度的完善等角度对《调解规定》进行评价和分析，而鲜有涉及我国调解制度的定位及未来走向问题。当然，也有学者直接将《调解规定》中的法院调解理解为法院附设替代性纠纷解决机制，并将《调解规定》中所规定的法院附设替代性纠纷解决机制的方式概括为四种，即协助调解人制度、独立调解人制度、和解协调人制度和调解协议（和解协议）司法确认制度。[②]而笔者认为，协助调解人制度与独立调解人制度可以看作是法院附设调解的中立人类型，而和解协调人制度与和解协议司法确认制度似乎放入诉讼和解中来理解更为妥当。

实质上，出台的《调解规定》所界定的法院调解与我们传统惯有的将"法院调解作为诉讼活动之一"、"诉讼调解是人民法院

---

① 赵钢、王杏飞：《我国法院调解制度的新发展——对＜关于人民法院民事调解工作若干问题的规定＞的初步解读》，载《诉讼法学、司法制度》2006 年第 3 期，第 58 页。

② 蒋惠岭：《法院附设替代性纠纷解决机制对我国司法制度的新发展》，载《人民法院报》2005 年 1 月 10 日。

行使审判权的重要方式"[1] 等理解似乎已发生了背离，《调解规定》的诸多方面与法院附设替代性纠纷解决机制神似，开始更注重法院调解与诉讼的异质性，将其作为一种迥异于诉讼的纠纷解决方式，即法院调解是诉讼程序内当事人合意解决纠纷的机制，而并不是法院的诉讼活动之一。因此法院调解制度改革的未来走向是成为法院附设替代性纠纷解决机制的一种类型，而这更契合调解程序本身的内涵，尽管《调解规定》并未对此作明确的界定，而且其本身也有诸多待完善之处，但从《调解规定》中已能看出法院附设替代性纠纷解决机制的雏形。

《调解规定》对既有的调解原则进行了调整，舍弃了原有的与诉讼要求同样的查清事实、分清是非原则，而查清事实、分清事非作为调解的原则，因其程序要求过高并与调解的本质存有疏离一直也普受诟病。《调解规定》新增了符合调解程序内在规律的保密和灵活性两个原则，《调解规定》第七条规定，当事人申请不公开进行调解的，人民法院应当准许。调解的非公开原则符合一般的国际惯例，而且就调解程序本身来讲，"调解当事人主要通过谈判协商来解决争议，往往涉及各方面的商业秘密和个人隐私，即使构不成商业秘密和个人隐私的一些情况，当事人通常也不愿意对外公开。"[2] 调解的灵活性主要体现在《调解规定》对调解程序启动的时间、调解程序的主持者、调解的方式与地点、调解协议生效的方式、调解书的制作等规定当事人可以自由选择，当事人自主控制程序的力度加强，与诉讼程序的呆板与严苛形成较鲜明对比。由此《调解规定》规定的调解原则有调解自愿、调解合法、调解保密和灵活性四大原则。调解原则的重新界

---

[1]  参见赵钢、王杏飞：《我国法院调解制度的新发展对＜关于人民法院民事调解工作若干问题的规定＞的初步解读》，载《诉讼法学、司法制度》2006 年第 3 期，第 58—69 页。

[2]  徐来：《加强法院调解 确保审判公正——黄松有解读＜人民法院民事调解工作若干问题的规定＞》，载《法制日报》2004 年 9 月 18 日。

定使调解从诉讼中剥离出来，更加突出调解的特质，使原本含混不清的调解与诉讼原则开始分离，而保密和灵活性的规定则更符合调解程序的内涵和本质，赋予其独有的特质。而且在调解的原则上，也有学者主张根据调解的特殊性增设非公开调解原则和对席原则。[①]

在调解的运行阶段上，《调解规定》的第一条开宗明义的规定，"人民法院对受理的第一审、第二审和再审民事案件，可以在答辩期满后裁判作出前进行调解。在征得当事人各方同意后，人民法院可以在答辩期满前进行调解"。这也即是说，在一审、二审及再审程序中均可以进行调解，而且明确规定法院在答辩期满前可以进行调解。一般情况下法院调解是在答辩期满后裁判作出前进行，因这一阶段双方彼此经过充分的准备，对自己及对对方的情形均有了相当的了解，此时开展调解有益于交流、对话，并有利于调解的达成。《调解规定》也允许法院在答辩期满前进行调解，当然是在征得当事人同意的前提下，法院依职权启动调解程序，这样就赋予当事人更多地自主处分、自主控制的权利，还原调解所具有的当事人意思自治的本质属性。

在调解的适用范围上，《调解规定》第二条采用排除法明列了不适用调解程序的案件，如适用特别程序、督促程序、公示催告程序、破产还债程序的案件，婚姻关系、身份关系确认案件以及其他依案件性质不能进行调解的民事案件，而对除此以外的其他的民事案件，法院应当调解。此规定将不涉及当事人争议的适用特别程序等非讼程序案件及婚姻、身份等关系确认案件排除出调解程序，也即是说在这些案件中排除了当事人合意的可能，严格由国家依法律来作出裁断。而在除此之外的广泛的案件中，均可适用调解程序来解决纷争。这种明确列举的排除法一目了然，

---

① 肖建华、杨兵：《论我国诉讼调解原则体系之重构——兼评＜关于人民法院民事调解工作若干问题的规定＞相关规定》，载《政法论丛》2005 年 2 月。

便于司法实践部门具体的操作和运用。

从调解程序的主持者来看，调解程序开始允许社会力量介入，调解组织适度社会化①而不再纯粹由法院人员所大包大揽，由此调解程序的独立性更为突出。虽然以前的《民事诉讼法》第87条亦有简单的协助调解的规定，即人民法院进行调解，可以邀请有关单位和个人协助。被邀请的单位和个人，应当协助人民法院进行调解。但因"有关单位和个人"等规定的过于范化及相关配套措施的缺乏，加之调解程序运作的不规范，各地法院在实际执行中基本上闲置了此项规定，使之留于纸面，协助调解实际应用得相当有限，没有发挥其应有的作用。

《调解规定》第三条明确规定了邀请协助调解，即根据民事诉讼法第87条的规定，人民法院可以邀请与当事人有特定关系或者与案件有一定联系的企业事业单位、社会团体或者其他组织，和具有专门知识、特定社会经验、与当事人有特定关系并有利于促成调解的个人协助调解工作。这样就明确了"有关单位和个人"的具体范围，更便于实践操作和运用。协助调解人能够以普通人的知识分析和评价案件，使案件于当事人有亲近感，拓展过于刚性的法律空间，甚而纠正法官的职业偏见，而且还可以弥补法官相关专门知识和社会经验的不足，全面稳妥地解决纠纷。同时《调解规定》还增加了委托调解，即经各方当事人同意，人民法院可以委托有关单位或者个人对案件进行调解，达成调解协议后，人民法院应当依法予以确认。委托调解使调解的主体扩大到法官之外的第三人，由经验丰富的专业调解人代替法官能够使纠纷的解决更接近当事人的实际需要，同时程序更加自由、灵活与便捷，使调解程序接近法院附设替代性纠纷解决机制的本质，同时也增加了程序处理结果的认可与可接受性。正如有学者指

---

① 徐来：《加强法院调解　确保审判公正——黄松有解读＜人民法院民事调解工作若干问题的规定＞》，载《法制日报》2004年9月18日。

出，委托调解的规定在某种程度上强化了调解的民主参与功能，而且有助于矫正法官的职业偏见，合理调整法律适用上的过强"刚性"，使法院调解更具人性化，更具可接受性。①

从调解程序的启动上看，《调解规定》的第一条和第二条规定了两种启动方式，一是当事人启动，二是法院依职权启动。②在调解程序中，法院的漠然中立与被动性不甚突出，当事人主义并不是被严格地贯彻，允许法院在特定情形下依职权主动启动调解程序，这与美国、日本、德国等其他国家法院附设替代性纠纷解决程序的启动方式的惯例并不背离。如《日本民事诉讼法》第89条规定，法院不管在诉讼进行到任何程度，都可以尝试和解，或者使受命法官或受托法官尝试和解。《德国民事诉讼法》第279条规定，不问诉讼到何种程度，法院应该注意使诉讼或各个争点得到和好的解决。根据纠纷的不同性质，法院往往会从国家资源、社会公共利益等宏观、整体上来协调与把握所有的纠纷，在平衡各方利益并兼顾当事人利益的基础上往往会对某些案件依职权适用调解程序，以更利于纠纷的平和解决。当然，法院的职权性质与当事人的处分主义并未发生根本的对立与冲突，最终调解协议的达成仍然需要当事人的合意，当事人的意志决定了纠纷的最终解决。

在调解方式的选择上，《调解规定》明确规定了两种调解方式，即"面对面"与"背靠背"，这在以前的相关规定中是未曾出现的。《调解规定》第七条第二款规定，调解时当事人各方应当同时在场，根据需要也可以对当事人分别做调解工作。与诉讼程序严格遵循对席原则相比，调解程序的运作方式较为灵活，鉴

---

① 赵钢、王杏飞：《我国法院调解制度的新发展——对〈关于人民法院民事调解工作若干问题的规定〉的初步解读》，载《法学评论》2005 年第 6 期。

② 王杏飞：《略论诉讼调解程序的完善——对＜关于人民法院民事调解工作若干问题的规定＞若干条文的解析》，载《湘潭师范学院学报（社会科学版）》2006 年 5 月。

于纠纷当事人间情绪上的对立与对抗，如要求同时在场可能造成气氛的尴尬与僵持，对纠纷的最终解决并无益处，调解主持者可分别与当事人进行沟通与协调，选择双方均可接受的调解方案，促成纠纷的解决。这种轮流见面的方式的特色在于当事人的主张等程序上的信息实际上没有为双方当事人所共有，结果独占程序信息的调停人能够对此进行管理。[①] 在实践中，两种调解方式往往并用，即调解程序的最初，当事人同时出席，由主持者将相关的程序事项告知当事人，使之明确相关的权利与义务，之后的具体调解活动由调解主持者轮流与双方当事人会面，进行具体的交涉活动，最后双方当事人再同时出席，达成最终的调解方案，实现纠纷的妥善解决。

在调解方案的提出方式上，《调解规定》第八条指出，当事人可以自行提出调解方案，主持调解的人员也可以提出调解方案供当事人协商时参考。在调解程序运行中，赋予当事人相当多的自主权，如可以自行提出调解方案，由双方当事人进行协商与协调，获取最终的调解协议。同时，作为程序主持者的调解员亦可以采取职权探知主义在了解了双方的请求并进行相关的事实与证据调查的基础上依经验先行提出调解方案，双方当事人在纠纷解决的过程中往往是在充分权衡各自利益的基础上适当进行妥协，而此调解方案是当事人间权衡与协商的基准。也即是说，《调解规定》在赋予当事人充分自主权的同时，为推进程序的迅速展开与进行，亦灵活地赋予程序主持者相当的职权，而程序主持者往往在纠纷解决与调解方面富有相关知识与经验，更利于纠纷的解决。而在实际调解的运作中，主持者依职权提出的调解方案往往更容易使当事人达成和解，主持者一方面富有事实调查与证据调查经验，另一方面主持者在提出调解方案时往往会协调双方当事

---

[①] 山本克已：《程序规则的探讨》，载〔日〕小岛武司、伊藤真编，丁婕译、向宇校：《诉讼外纠纷解决法》，中国政法大学出版社 2005 年版，第 56 页。

人的意见，而当事人自行提出的调解方案往往更多地顾及己方的利益。同时，主持者在提出合乎情理并会使双方受益的调解方案后，往往会在此基础上对当事人进行劝说与说服，使当事人放弃情绪上的偏见，在理性分析的基础上接受该方案，实现和解。

在调解协议的内容及效力等有关问题上，《调解规定》作了较详细的规定。《调解规定》第九条规定，调解协议内容超出诉讼请求的，人民法院可以准许。这一规定将调解程序与诉讼程序的区别明显展示出来。诉讼程序因受当事人处分主义及法官与程序的被动等因素的制约，法院的判决必须是在当事人请求的范围内，法院无权私自拓展当事人的诉求，导致可能出现虽然形成了法院的判决，但纠纷并未真正地得到解决的情形。而调解程序当事人合意的特性及程序的自由灵活性使当事人可以在诉讼请求之外达成调解协议，以使纠纷全面彻底地得到解决，当事人对协议的执行也会更有主动性及积极性。

同时《调解规定》对我们之前的诉讼和解的概念作了大胆创新，即诉讼和解活动不再纯粹在当事人间展开，而是允许审判辅助人员及其他单位和个人介入，而且将和解协议赋予其法律效力。《调解规定》第四条第一款规定，当事人在诉讼过程中自行达成和解协议的，人民法院可以根据当事人的申请依法确认和解协议制作调解书。双方当事人申请庭外和解的期间，不计入审限。将和解协议制作调解书就意味着法院通过制作调解书的方式赋予和解协议以法律效力，确保得到执行。同时，第二款指出，当事人在和解过程中申请人民法院对和解活动进行协调的，人民法院可以委派审判辅助人员或者邀请、委托有关单位和个人从事协调活动。在这里，当事人的和解活动仅仅允许审判辅助人员或有关单位和个人参与协调，而审判法官并未获准。由是，《调解规定》对诉讼和解的规定还是相当保守，而从各国诉讼和解的运作实际来看，法官大都会依职权介入诉讼和解，在诉讼和解的过程中，法官在当事人间的沟通与协调作用甚为突出，以促进和解协议的达成。

在调解协议的效力问题上，《调解规定》有明确的规定。《调解规定》第十三条规定，根据民事诉讼法第 90 条第一款第（四）项规定，当事人各方同意在调解协议上签名或者盖章后生效，经人民法院审查确认后，应当记入笔录或者将协议附卷，并由当事人、审判人员、书记员签名或者盖章后即具有法律效力。当事人请求制作调解书的，人民法院应当制作调解书送交当事人。当事人拒收调解书的，不影响调解协议的效力。一方不履行调解协议的，另一方可以持调解书向人民法院申请执行。就此条来看，似乎前后不甚协调。首先规定当事人同意在调解协议上签名或盖章后生效，随后又规定当事人、审判人员、书记员签名或盖章后具有法律效力，生效与具有法律效力到底具有怎样的区别很难解释清楚，已经生效的调解协议会不具有法律效力吗？而且"同意签名或盖章"这种主观的心理状态在实践中很难把握，以实际签名或盖章后作为判断生效的基准似乎更符合国际惯例，也更具有可操作性。此项规定的立法本意可能是要强调法院的审查与确认过程，但表述的含糊与模棱两可可能会给实践部门带来相当的麻烦。

总之，《调解规定》是我国构建法院附设替代性纠纷解决机制的一个制度上的尝试和探索，其不足亦相当明显，如调解的定位不明确，调解程序的运作缺乏具体的规定、调解人的资格与条件没有明确、调解与判决的关系了了，等等。这些都有待于在以后的立法与实践中更加充实与完善。但与之前的将法院调解作为诉讼活动之一的理解比较起来，《调解规定》已有实质上的进步与飞跃。

另外，2006 年 9 月 5 日，最高人民法院出台了涉农案件审判意见，在意见中提出，各级人民法院要密切配合有关部门，拓宽涉农民事纠纷解决途径，探索和建立多元化的文明、和谐的替代性纠纷解决机制。各级法院要大力支持人民调解工作，切实加强和改进对农村基层人民调解组织的工作指导，提高指导水平，并积极探索委托人民调解的有效途径。密切协助和配合司法行政机关，因地制宜采取多种形式加强对人民调解员的业务培训工作和送法下乡等法制宣传教育工作。同时根据当地具体情况，可以安排人民调解员参加庭审前的辅助性工作，也可以通过规定程序任命有经验的人民调解员担任人民陪审员。对涉及人民调解协议的涉农民事案件，最高人民法院强调，应当严格按照最高人民法院《关于审理涉及人民调解协议的民事案件的若干规定》，确认该调解协议的效力。

在地方，处于转型期的社会矛盾日益呈多样与复杂化发展，法院因资源、人力等方面的局限在纠纷解决方面的功能有限，而且诉讼程序本身也存在着内在的缺陷。同时人民调解、行政调解等非诉讼纠纷解决方式因制度设置的固有缺陷而使其在实际解决纠纷的过程中发挥的作用有限，民众在纠纷出现时往往会将到法院进行诉讼作为首选。纠纷的日益增多与解决效率的低下形成强烈对比，由此，造成大量的纠纷未在合理的期间内得到解决，社会不安定因素扩展。为应对此情势，在《人民调解工作若干规定》、《关于人民法院民事调解工作若干问题的规定》出台之后，各级地方人大亦纷纷开始关注纠纷解决制度，研习 ADR，并随之开始相应的调研与相关立法工作。在两年前期准备的基础上，经厦门市人大常委会两次审议、30 多次讨论修改后，厦门市人大常委会于 2005 年 10 月 26 日表决通过了《关于完善多元化纠纷解决机制的决定（草案）》（以下简称《决定》）。据介绍，这是我国第一个以地方立法的形式对纠纷解决机制进行规范的法律文件。[①]

---

① 蒋升阳：《厦门：率先为多元化解决纠纷立法》，载《人民日报》2005 年 11 月 1 日 第 10 版。

《决定》确立了纠纷解决过程中的合作、自治、多元化等理念，规范了非诉讼纠纷解决程序，同时明确政府、法院在纠纷解决机制建设中的功能与责任，力求实现诉讼内外纠纷解决方式的衔接与互补。[①]《决定》规定了协商和解、民间调解、行政处理、仲裁及诉讼等多元的纠纷解决方式，同时参照最高法院于 2002 年 9 月 5 日发布的《关于审理涉及人民调解协议的民事案件的若干规定》，规定经民间调解达成的有民事权利义务内容，并由双方当事人签字或盖章的依法成立的调解协议，具有民事合同性质。同时，对经过公证、以给付为内容并载明债务人愿意接受强制执行承诺的调解协议或和解协议，债权人可以依法向人民法院申请执行。这就解决了当事人合意解决纠纷的具体执行问题，为当事人选择诉讼外纠纷解决程序免除了后顾之忧。《决定》对法院在非诉讼机制中的作用亦作出了明确的界定，其第 9 条规定，人民法院要依法及时处理各类纠纷案件，增强诉讼调解的效能，提高定分止争的能力。人民法院可以邀请或者委托社会组织和人员，开展协商和解、调解、协助调解等工作。人民法院应当发挥在多元化纠纷解决机制中的促进保障作用，加强对各类非诉讼纠纷解决主体的支持与指导，探索和推动各种诉讼替代解决方式，加强诉讼与非诉讼纠纷解决方式的衔接。具体来说，法院可以通过建立和完善非诉讼纠纷解决机制处理结果的确认制度，保障其执行效力；通过扩展立案环节的过滤功能，强化诉前调解，实现纠纷的合理分流；通过发展诉前辅导制度，为当事人提供最佳的纠纷解决建议；通过探索和推动各种诉讼替代解决方式，促进纠纷的和谐解决。[②]

另外在 2006 年召开的云南省政协九届四次会议上，致公党

---

　　① 参见厦门市人大内务司法委员会：《解读厦门市完善多元化纠纷解决机制的决定》，载中国人大新闻网，2006 年 3 月 29 日。见 http：//npc. people. com. cn/GB/14957/53051/4250181. html。

　　② 同上。

云南省委提交了《关于构建我省多元化纠纷解决机制的建议》的提案。云南省将采纳致公党云南省委建议，于近期出台多元化纠纷解决机制。致公党云南省委在提案中提出，在传统民事纠纷不断增多的同时，由于农村土地承包、土地征用、移民、小城镇建设拆迁等因素导致的新类型纠纷也大量涌现。面对农村的新情况、新问题，不仅需要行政、民间力量来应对，更需要司法的积极介入和调整。因此建立一个功能互补、程序衔接、能够满足社会主体多种需求的多元化纠纷解决机制，是当前纠纷解决机制的发展方向。①

多元化的纠纷解决机制除包括在县（市区）建立政法、公安、交通、信访等部门参与的社会矛盾纠纷调处服务中心、在乡镇、街道建立以司法为主体，公安、工商等部门参与的社会矛盾纠纷调处服务中心外，还将进一步加强人民法院调解工作，重构诉讼调解机制，完善诉讼调解方法，坚持正确的调解指导思想，培养民间调解机构，加强其调解能力等。

### （三）　法院的理论研讨

近年来，各地法院为尽快解决鱼贯而入的纠纷，平息纷争稳定社会秩序，缓解案件压力与负担，对审判方式的改革、纠纷解决方式的探索似乎从未停止，随着最高人民法院《关于适用简易程序审理民事案件的若干规定》、《关于人民法院民事调解工作若干问题的规定》等的陆续出台，各地法院在已有的纠纷解决经验的基础上，开始对 ADR 机制进行关注、研究和探讨，并开始在严格的诉讼程序之外寻求法院内的多元的纠纷解决路径，探求诉讼制度内当事人合意的纠纷解决机制，试图以此来分流不断涌入法院的纠纷，达成纠纷的快速高效解决，进而为和谐社会的构建

---

① 参见陈树德：《采纳致公党建议 云南将建立多元化纠纷解决机制》，见 http：//cppcc. people. com. cn/GB/45580/45600/4674141. html。

贡献法院自身的力量。

国内对 ADR 的研究于近年起步,我国尚无完整规范的 ADR 制度,对法院附设替代性纠纷解决机制更无具体的法律规定。但随着理论界对国外法院附设 ADR 的介绍与引进,各级各地法院已开始以学术沙龙、研讨会、论坛等多种形式从不同的视角来关注、学习和了解法院附设替代性纠纷解决机制,以求对多元的纠纷解决方式有切实的了解,并进而开始试点型构具体的法院附设替代性纠纷解决机制。山东东营市东营区法院于 2004 年 7 月在法院内开展法官沙龙——《说说 ADR(替代性纠纷解决机制)》,组织本院书记员、研究室人员、立案法官、审判法官及院长们进行学术交流,学习 ADR 相关理论,介绍国外 ADR 运作的成功经验,并结合法院实际工作对接访、庭前调解等制度的改革和完善进行探讨,同时探索加强接访、立案、审判与执行等各环节的协调与合作的路径,为将来法院开展 ADR 工作奠定了坚实的理论基础。[①]

2004 年 10 月 18 日至 19 日,人民法院报社和四川省成都市中级人民法院主办、四川省成都市锦江区人民法院协办了"促进多元化纠纷解决机制的建立和完善研讨会暨第四届成都法院院长论坛",北京、天津、南京、合肥、青岛等城市的中级人民法院院长及相关法官计百余人参加了研讨会,会议就《从诉讼角度看诉讼外纠纷解决机制的运行状况》、《多元化纠纷解决机制下的法院立案工作》等九个方面的议题进行了研讨,会议认为,多元化纠纷解决机制的建立和完善与人民法院的工作密不可分,充分发挥人民法院的职能作用能够有效促进多元化纠纷解决机制的建立和完善。比如可以通过建立和完善诉讼外纠纷解决机制处理结果的确认制度,保障其执行效力;通过构建符合立法意旨的诉讼时

---

① 参见《法官沙龙第 5 期话题——说说 ADR(替代性纠纷解决机制)》,载 http://dyqfy-v1. chinacourt. org/public/detail. php? id = 167。

效衔接制度，保证当事人不会因为利用了诉讼外纠纷解决机制而导致其诉权超过诉讼时效；通过扩展立案环节的过滤功能，强化诉前调解，实现纠纷的合理分流；通过发展诉前辅导制度，为当事人提供最佳的纠纷解决建议，避免当事人因不当诉讼遭受损失；通过创设符合本地实际的强制调解等法院附设替代性纠纷解决措施，促进纠纷的和谐解决。①

2006 年 11 月 22 日至 23 日，人民法院报社主办、南通中院协办了"法院诉调对接"理论研讨会，来自中国人民大学、复旦大学、上海交通大学等 11 所高校以及最高人民法院与北京、上海、江苏、四川、山东、陕西、福建、吉林等地法院的 70 余名知名专家、教授、学者、资深法官共同研讨法院诉调对接工作理论。在这次理论研讨会上，南通市两级法院在会上介绍了近三年来诉调对接工作的实践与理论探索，与会代表给予了充分肯定和高度评价，一致认为：（1）南通诉调对接工作是诉讼调解与社会纠纷大调解两种纠纷解决机制的相互衔接，有明确的对接对象、途径和方法，相互之间互相联系、补充、支持，形成了共同解决社会矛盾纠纷机制的统一体，具有旺盛的生命力。（2）南通诉调对接工作是构建和谐社会的创新之举，作为建立健全多元化纠纷解决机制的探索和尝试，既借鉴了域外经验，又扎根于本土资源，具有积极的现实意义。（3）南通诉调对接工作已经制度化、规范化，是一种理性的尝试和对传统的人民调解资源的挖掘和利用，对司法调解赋予了新内涵，注入了新活力，具有鲜明的时代特征。（4）南通诉调对接工作是在中国特定的时代背景下和司法制度资源基础上探索多元化纠纷解决的一种路径，是司法积极回

---

① 参见谢圣华、何良彬、谌辉：《走向和谐公正：促进多元化纠纷解决机制的建立与完善》，载《人民法院报》2004 年 11 月 13 日；高云君：《法院院长齐聚蓉城把脉多元化纠纷解决机制》，见 http://news. sohu. com/20041019/n222556251. shtml ；《曲颖院长开幕致辞》，见 http://cdfy. chinacourt. org/yzlt。

应社会转型期特殊需求的举措，它更体现了法院所肩负的政治责任和社会责任，扩大了司法利用的社会功能。① 法院诉调对接理论似乎是法院附设替代性纠纷解决机制的另一种表达，将其理解为是对法院附设替代性纠纷解决机制的研讨亦无不妥。诉调对接的目的在于拓宽司法调解的路径，将法院调解与其他非诉讼纠纷解决方式相结合，创造新型的纠纷解决方式，满足纠纷的多元化、多样化的需求，南通的经验对法院附设替代性纠纷解决机制的构建提供了实践的基础。

学术上的研究与探讨加强了法院各界对纠纷的多元化解决、法院附设替代性纠纷解决机制等制度的了解，拓宽了法院各界的视野，但法院对法院附设替代性纠纷解决机制的研究并不仅仅限于理论上的学习与探讨，更有法院开始身先士卒，身体力行地探索性地试点开展法院附设替代性纠纷解决机制的工作，从而使我国的法院附设替代性纠纷解决机制呈现出实践先行的特征，当然，法院的实践也积累了相当多的法院内当事人合意解决纠纷的经验，为日后相关的制度规范与建设提供了实践素材。

## （四）法院的具体实践

### 1. 上海法院

2003 年 6 月 6 日，全国第一个在法院主导下探索诉讼调解适度社会化的"人民调解窗口"，在上海市长宁区人民法院正式成立。② 这标志着上海是全国法院系统最早开始探索建立法院附设调解制度的地区，也是全国最早将人民调解制度引入法院的地区之一，具有先锋和引路的指导作用。

---

① 陈健全、顾华、周凯、谢圣华整理：《和谐社会视角下的诉调对接之路——"人民法院诉调对接工作理论研讨会"》，载《人民法院报》2007 年 1 月 2 日。

② 常法研：《强化法院指导功能 增加定分止争渠道 长宁率先设立人民调解窗口》，载《人民法院报》2003 年 6 月 7 日。

自 2003 年起，上海市高级人民法院整合了全市法院多年来形成的调解方法和工作机制，构筑起民事诉讼调解工作体系，提出了"调审适度分工，以审前调解为主，随机调解为辅，在法官主导下适度社会化"的总体思路。[①] 在上海法院系统中，调解程序渗透贯穿了整个诉讼过程，并分别向诉前延伸和向诉后扩展，即在审前阶段（包括诉前阶段）、庭审程序和执行程序中均可进行调解，分别称为立案前调解、审前委托调解、庭审协助调解、执行和解等。同时调解程序可适用于一审、二审和再审程序。

立案前调解是指在立案前征得当事人同意，将一些案情简单、争议不大的民事纠纷，先行由当事人所在地或者纠纷发生地人民调解委员会进行调解，力争在诉前化解纠纷，调解成功可免于诉讼。审前委托调解是指在审前程序中，对部分可通过人民调解委员会解决的案件，在征得双方当事人同意的情况下，由法院委托当地人民调解委员会在规定的时限内进行调解。调解成功的，当事人可以选择撤诉或者经法官认可出具民事调解书；调解不成的，由法官依法审理。上海市高级人民法院选择了六家基层法院试行审前委托人民调解委员会进行调解，成效较显著。根据长宁区法院的规定，适合调解的案件在立案后、开庭审理前，由主审法官征询当事人的意见，如双方都同意接受人民调解员调解的，由当事人填写《征询意见书》并由人民调解员当即实施调解，或由法官将起诉材料预先交人民调解员阅读，并通知当事人在其他时间来院进行辅助调解。经辅助调解达成协议的，由当事人选择以《人民调解协议书》结案还是以法院法律文书结案。[②]

为便于当事人进行调解，上海许多法院设立了人民调解工作

---

① 高远：《构筑诉讼调解体系 调解撤诉占六成 上海探索调解社会化模式》，载《人民法院报》2004 年 10 月 15 日。

② 张天伦、徐斌：《发挥人民调解的诉讼替代作用，探索诉讼调解适度社会化新途径》，载《人民司法》2004 年第 1 期。

室，在杨浦区人民法院，驻法院人民调解工作室的人民调解员由退休法官和资深人民调解员组成，两名法官担任专职指导员，由政府出资维持工作室日常开销。该工作室还兼具培训和带教功能，区司法局轮流选派各街道（镇）的调解员在这里进行培训，以提升人民调解员的工作水平及能力。一般来说，小额借贷、相邻关系、改变抚养、解除收养、邻里损害赔偿等七类案件均可进入诉前免费调解，调解的方式多样，如即时调解、现场调解、上门调解、电话调解等。①

庭审协助调解是指在庭审过程中，根据案件审理的需要，由人民调解员或其他专业人士以人民陪审员的身份，协助独任审理的法官进行诉讼调解或者作为合议庭组成人员参与诉讼调解。上海一些有条件的法院还设立有专职的审判人员或合议庭从事调解，浦东新区法院专门成立了民四庭，金山区法院、静安区法院成立了速裁合议庭、简易审判组，二中院成立了速裁合议庭，将适宜调解的案件由专职的"调解庭"进行调解。

上海法院还探索了人民调解协议便捷执行的新途径。对于单纯以金钱给付等为内容的人民调解协议，如果负有给付义务的一方当事人不履行该协议时，无对等给付义务的另一方当事人可依据人民调解协议，直接向人民法院申请支付令，要求强制对方当事人履行金钱给付义务。人民法院可以比照督促程序对此类申请予以审查和执行。如果被申请人仅仅是对清偿能力、方式、期限有异议的，不影响该支付令的效力。②

上海法院在强化人民调解与诉讼相衔接的同时，针对一些医疗、建筑、装修等专业性较强的疑难复杂案件，则会聘请专家和

---

① 参见徐亢美：《上海法院充分发挥"社会稳定第一道防线"的作用 创新诉前调解营造社会和谐》，载《文汇报》2006年10月9日第1版。
② 上海市高级人民法院：《积极探索指导民调工作新模式》，载《人民法院报》2004年2月25日。

行业协会的人员参与调解。比如医疗纠纷案件，聘请医学专家参与纠纷调处；保险合同纠纷，则聘请保险行业协会的人员参与调处等。在黄浦区法院，专家协助调解的方式主要有三种：一是在一定时期内法院聘请专家以人民陪审员的身份参与案件调解；二是法院临时聘请专家和行业协会等人士参与协助个案的调解；三是根据案件调解需要，由承办法官走访有关专家，咨询相关专业知识，必要时请专家出庭作必要解释和说明。法院聘请相关领域专家介入纠纷，借助专家的专业知识及其学术威望，可以弥补法官相关专业知识的不足，同时由专家辅助法官在当事人间进行沟通、协商与交流，可以加强调解中对当事人的说服力，尽快化解纠纷，平息纷争。

上海市法院践行社会化调解机制，取得了良好效果。据报道，上海法院民事纠纷的处理步入了"调解撤诉多，判决少，申诉低，质量高"的良性循环态势。① 2004 年 1 月至 8 月，上海法院共受理一审民事案件 10.4 万件，审结 9.4 万件，其中调解撤诉结案共 5.9 万件，平均调解撤诉率 60.9%，同比增加了 10.4%。②

**2. 江苏法院**

2005 年，江苏省高级人民法院相继与江苏省司法厅、公安厅、总工会等单位联合制定了有关诉调对接的"三个文件"，南京中院制定了《关于进一步加强和完善"诉调对接"工作的实施意见》，南通中院和南通市政法委联合制定了《关于进一步完善"诉调对接"机制的实施意见》，扬州中院制定了《关于进一步加强诉讼调解与人民调解衔接工作的意见》，江苏其他各级法院也

①　陈忠仪、李惟：《调解多判决少质量高 上海民事纠纷处理步入良性循环》，载《人民法院报》2004 年 7 月 27 日。
②　高远：《构筑诉讼调解体系 调解撤诉占六成 上海探索调解社会化模式》，载《人民法院报》2004 年 10 月 15 日。

普遍结合各自工作实际，制定了"诉调对接"工作的实施意见和相关工作方案。而且，南京市妇联和市法院、市司法局、市社会矛盾纠纷调解工作联席会议办公室联合出台了《关于委托或邀请妇联调解婚姻家庭纠纷案件的实施意见（实行）》（以下简称《意见》），《意见》明确了委托或邀请妇联调解的案件范围为一审或二审的离婚纠纷、抚育纠纷或赡养纠纷案件。调解可以是诉前委托调解，也可以是诉讼中委托调解。南京市妇联以白下、建邺等五个区为试点，遴选了 62 名品德好、责任心强、熟悉法律、有一定群众工作和调解工作经验的同志担任特邀调解员，并与法院共同建立调解组织网络和特邀调解员名册。

江苏省各级人民法院近年推行的"诉调对接"工作实质上就是法院附设调解制度，即案件在进入法院前由法院推荐适用人民调解、行政调解，对已进入法院的案件由人民调解组织、工会等社会力量协助法院进行调解或者由法院委托社会力量独立进行调解，实现纠纷的合意解决。当然，也有报道直接称"诉调对接"为"法院附设替代性纠纷解决机制"的，2005 年 9 月 9 日，江苏响水 30 名特邀调解员在江苏响水法院接到聘书，正式参与法院审理案件的调解工作。有报道称，这是江苏响水法院探索社会矛盾解决方式多元化的新举措，标志着"法院附设 ADR"的正式启动。①

江苏省法院的"诉调对接"工作（法院附设替代性纠纷解决机制）主要包括立案引导机制、邀请协助调解与委托调解制度。立案引导机制主要是在法院立案之前运行，而邀请协助调解与委托调解制度主要是在立案之后的诉讼程序中运作。所谓立案引导机制，即当事人到法院立案准备进行诉讼时，立案庭根据案件的具体情况，从便民、利民角度告知或建议当事人先经各级地方

---

① 参见《响水法院尝试法院附设 ADR》，载 http：//www.jsfy.gov.cn/fydt/fyyw/fyyw_gga1.htm。

"调处中心"或人民调解组织进行调解，当事人同意的，暂缓立案并且由法院与相关部门联系将纠纷交由其进行调解。

邀请协助调解是在法院的邀请下，由法院选聘的特邀调解员和法官一起参与案件调解；委托调解是在法院的安排下，特邀调解员独立召集案件双方当事人进行调解、和解，法院依法对调解协议、和解协议进行确认。特邀调解员主要由工会工作人员、妇联工作人员、社区居民委员会成员、基层民调中心成员和乡镇社会矛盾调解中心工作人员等来担任，特邀调解员一般具有对相关领域纠纷的丰富的解纷经验，能够帮助当事人化解纷争，平和解决纠纷。

法院往往会根据案件的不同性质和特点，选择不同领域的调解员来协助或独立进行调解。婚姻家庭案件，选择基层民调主任、妇联工作人员；继承、析产、房屋使用权纠纷、相邻纠纷、一般侵权案件以及一些其他合适的案件，则充分利用社区资源，选择社区居委会进行调解；交通事故损害赔偿案件，设立巡回法庭，聘任交通警察作为特邀调解员；劳动争议案件，委托工会工作人员参与调解；医疗纠纷，邀请卫生部门、有关专家协助调解；人数众多的群体性纠纷，请相关政府部门和组织介入调解；农村土地承包等涉农案件，选择熟悉当地民情民风并在当地具有一定威望的基层调解员进行调解，等等。据统计，江苏全省各级法院从工会中，选聘了483名特邀调解员参与调解。目前全省已由工会特邀调解员参与调解劳动纠纷案件324件，调解结案193件，调解结案率达59.6%；全省建立交通事故巡回法庭57个，审理案件数为9208件，调解结案数为4379件，调解率为47.5%。①

据统计，江苏全省法院自实施"诉调对接"一年来委托或邀

---

① 参见娄银生、沈明磊：《江苏法院"诉调对接"助力和谐》，载《人民日报》2006年10月11日第14版。

请大调解组织协助调解的案件数达 3190 件，调解结案为 2260 件，调解率为 70.8%。其中，南京市鼓楼区法院邀请省卫生厅协助调解因输血感染丙肝的 15 起案件，全部以调解方式解决。沭阳县法院诉前与大调解组织先行调解 280 件，调解成功 157 件。昆山交通事故巡回法庭在交警协助下审结案件 67 件，全部以调解结案。① 另外，江苏省各基层人民法院和派出人民法庭普遍建立了调解指导员制度，对人民调解员进行法律业务、调解技巧等相关知识的培训与指导，一年多的时间参与培训人民调解员达一万多人次。同时江苏省各级法院与司法行政机关等建立了联席会议制度，对涉及调解协议案件的审理情况及时通报，构建了较为完整的大调解工作联系网络，有效地提高了纠纷的预防和处理能力。

江苏法院系统开拓的"诉调对接"制度很好地解决了司法资源的有限性与纠纷的多元化问题，充分尊重当事人的程序主体地位和程序选择权，为不同种类的案件配置适合的解决通道，缓解了法院的案件负担与压力，利于法院迅速、高效地解决纷争，同时有利于提高案件的调解效果，从根本上保证"案结事了"，另外，通过特邀调解员参与调解，利于体现司法民主。江苏省高院院长公丕祥说，"诉调对接"是法院调解社会化的表现，发挥了全社会的优势，有利于实现司法民主化。②

### 3. 山东法院

早在 2001 年，山东省法院系统即开始启动民事调解工作的改革与创新，当年 8 月，山东高院组织召开了全省法院民事诉讼调解工作会议，制定了《山东省人民法院民事诉讼调解工作规范

---

① 参见田雨：《江苏法院："诉调对接"，力推"和为贵"》，载《新华每日电讯》2006 年 9 月 12 日第 7 版。张羽馨、罗有才：《"诉调对接"工作现场会在宁召开》，载《江苏法制报》2006 年 7 月 24 日第 1 版。

② 《江苏法院采用"诉调对接"化解民间纠纷诉讼难题》，载 http://news.sina.com.cn/o/2006 – 09 – 11/17169991739s.shtml。

性意见》，进一步完善和发展了民事诉讼调解制度。其中规定诉讼调解应按照自愿、合法、效率、公正的原则进行；实行立调分离、调审分离，并为庭前调解设计了一套程序；要求有条件的法院可设立专门的调解机构。①

为规范法院的调解活动，防止诉讼调解的随意性和违法调解，山东省各法院随即出台了一系列工作意见，对诉讼调解的基本原则、适用范围、调解程序、调解工作考核等，作出详尽规定。如威海市中级人民法院陆续制定了《民事诉讼调解工作规则》、《民事诉讼调解工作实施细则》等9项规定，烟台市中院出台了《关于大力加强诉讼调解促进社会和谐的意见》、《关于强化调解案件审限管理的有关规定》、《诉讼调解工作考核办法》等规定，以完善相关的制度。

改革中，山东各级法院逐步建立起"调审分离"的诉讼调解新机制。高密市法院作为最高法院确定的庭前准备程序改革试点法院，在立案庭成立了专门的庭前准备组，专门负责庭前调解和证据交换，对于案情简单、当事人争议不大的案件，在当事人提出调解意愿或征求当事人意见后直接调解。高密市法院试点的效果非常显著，民商事案件庭前调解撤诉率达到70%以上。②诸城市法院则借鉴了域外经验，实行调解法官与主审法官分离，主持调解的法官一般由法官助理担任，其不能主持后续的审判，同时双方当事人如未达成调解协议，则应及时转入法官正式审理程序。

同时威海市中院适时建立了调解工作指导推进机制、调解工作考核奖惩机制、诉讼调解与人民调解工作的衔接机制等5种调

---

① 倪寿明、张守增、王世心、程卫华：《山东探索民诉调解新模式》，载《人民法院报》2001年8月27日第1版。

② 张志华、袁成本：《"东方一枝花"盛开山东 山东法院强化诉讼调解止纷争》，载《法制日报》2006年10月12日第5版。

解运行机制，将调解运用于诉讼全过程，主要包括送达调解、庭前调解、庭审调解、庭后调解 4 个环节，调解效果显著。据统计，威海市中院有 5 个人民法庭调解率达到 90%，全市法院调解结案率达到 50% 以上。[①] 烟台市中院构建了全方位的"四全"调解机制，即全程调、全员调、全力调、全面调，将调解运用于商事、二审、再审等诉讼程序中，充分发挥调解在纠纷解决过程中的作用，成效明显。目前，烟台市商事调解率已达 70% 以上，刑事附带民事调解率达到 80% 以上，部分法院达到了 90%；行政案件经协调后原告撤诉的占 70% 左右，全面调解开出了和谐之花。[②]

### 4. 北京法院

北京朝阳法院是全国收案最多的基层法院之一，有数据显示，从 2004 年 12 月底至 2005 年 9 月中旬，朝阳法院的立案数达 43012 件，收案数量是北京全市法院系统的 1/6，相当国内某些省份全省的案件总量。目前北京朝阳法院有 177 名法官，平均每个法官每天审案 6 至 8 件，有的法官甚至达到 10 件。[③] 案件的迅速激增与法官人数、法院资源的有限性形成强烈的反差与对比，司法压力可想而知。为此，北京朝阳法院自 2004 年起便开始创新法院调解模式，探索形成了特邀调解员调解、律师和解和法官助理庭前调解三种"庭外和解"新模式，并相应制定了《特邀调解员工作规定》、《律师和解工作规定》和《法官助理在庭前准备阶段进行调解工作的规定》进行制度规范。

特邀调解员调解是指由法院聘任具有解纷经验、社会阅历丰富的人担任调解员，协助法官开展调解工作或者接受委托独

---

① 马绪福、赵芳：《威海重视诉讼调解》，载《人民法院报》2005 年 3 月 19 日第 1 版。

② 尹鹏亮：《烟台中院推行"四全"调解机制促进社会和谐》，载《山东法制报》2006 年 10 月 27 日第 2 版。

③ 参见李松：《庭外和解案结事了 北京朝阳区法院创新调解模式》，载《法制日报》2005 年 11 月 7 日，第 1 版。

立开展调解工作，实现纠纷的提前解决。特邀调解员分为常任特邀调解员和临时特邀调解员两种类型。常任特邀调解员任期一年，可以续聘。特邀调解员既可由有关单位推荐并经法院审查的自然人担任，也可以由特定的国家机关、企事业单位、社会团体或其他组织担任，但律师不得担任特邀调解员。特邀调解员的一般要求是，在当地社区或村民组织中具有较高威望，具有特定的专业知识，有良好的政治素质和社会经验，对调解工作热心。其主要包括居委会或村委会干部、司法所所长及司法助理员，也有些是具备特定专业知识的人员，或在群众中有威望的长辈。

特邀调解员调解制度主要适用于发生在农村区域或城乡结合部的纠纷，尤其是涉及乡土、家事以及相邻关系的案件需要特邀调解员协助法官或独任进行调解。特邀调解员在案件中通过发挥个人的专长、威信和影响，在当事人间进行充分的协调与斡旋，平息纷争，促成双方达成和解协议。

律师和解是指所受理案件当事人双方均聘请了代理律师的，可以经当事人申请或由法官商请，由双方律师担任主持人对案件进行庭外和解。律师和解可以在开庭前进行，也可以在案件审理过程中进行。庭外和解的地点，可以在法院的"和解室"，也可以在双方当事人认可的其他地点。法官可以根据律师主持和解工作的进展情况，适时作出延长和解期限或终止和解的决定。

律师和解制度主要适用于市场化机制发展比较完善的经济发达区域，当然当事人双方均聘请了律师是其运用的基本前提。律师主持和解是当事人自主和解的发展，是当事人处分权的延伸，其目的在于充分调动律师群体的解纷积极性，发挥律师资源的最大潜能，运用其专业优势，实现纠纷解决的合法性。

法官助理庭前调解是指案件自移送审判庭到进入开庭审理前，由法官助理审查诉讼材料，组织当事人交换证据，适时提出和解意见并主持调解，实现纠纷的庭前解决。在此过程中调解成功的，在法官指导下达成调解协议，调解不成则直接移送庭审。法官助理庭前调解的着眼点在于将庭前准备工作与调解工作相结合，由法官助理居中协调，能调解则调解，调解不成的则为开庭做好准备。

法官助理一般由以下人员构成：一是通过了司法考试，但尚未取得审判权的高学历人员；二是具有较高的调解技能并有多年工作经验的书记员；三是曾经有审判权，但经合议庭改革遴选后丧失审判权的老法官。法官助理调解的案件适用范围较宽，除了当事人明确表示不同意调解，适用特别程序、督促程序、公示催告程序、破产程序的案件，涉及身份、权属、合同效力等确认之诉，以及其他依案件性质不能进行调解的案件以外，其他民商事、知识产权类案件，均可适用。"庭外和解"工作模式中，以法官助理庭前调解的案件为最多，约占立案后适用"三项制度"方式结案的 90% 以上。朝阳区法院现有 47 人担任法官助理，庭外和解一年来共调处纠纷 8000 余件。①

为促进当事人尽可能利用和解制度解决纠纷，朝阳区法院在立案时，会发送给当事人一份《庭外和解申请书》，列明法官助理调解等三项和解制度供当事人自愿选择。同时为方便当事人进行和解，朝阳区法院共设立了 51 个专门供当事人调解纠纷使用的有别于审判法庭的专用的和解室，和解室不挂国徽、不设法台，房间里有舒适美观的桌椅沙发、赏心悦目的装饰画、色彩缤纷的灯饰、生机盎然的植物……②如此布置的目的在于为当事人营造平和、宽松的解纷环境，消除对立紧张气氛，促使矛盾和纠

---

① 梁捷：《三项制度力推庭外和解 民商事案件 55% 调解撤诉 北京朝阳法院从源头上化解纠纷 21 年来首次实现受案率负增长》，载《光明日报》2006 年 11 月 7 日第 9 版。

② 参见牛爱民、李松、李煦：《法院新添 "和解室" 就像在客厅里谈事 北京朝阳区法院创新调解模式》，载《新华每日电讯》2005 年 11 月 7 日第 1 版。

纷在不伤和气的氛围中真正得到化解。而且，为促进法官助理庭前调解、特邀调解员参与调解和律师主持和解三项和解制度的落实，朝阳法院采取了费用激励机制，即制定了《庭外和解案件受理费规定（试行）》，其中规定，法官助理以庭前调解方式结案和特邀调解员以调解方式结案的案件，如未经庭审程序，案件受理费减半收取。律师主持双方当事人自行和解的案件，如未经开庭审理，案件受理费按每件 50 元收取。当事人在立案时申请庭外和解的，按申请和解方式的不同预收案件受理费。案件未能在庭外和解的，进入庭审前，当事人应按照人民法院关于案件受理费收取的有关规定补交。当事人在立案时未申请减收案件受理费，但案件最终以庭外和解方式结案，按相关规定办理退费。

据北京市朝阳区法院民四庭副庭长王莹介绍，对于哪些案件适用三项民事和解制度，并没有严格统一的限制，"通过对近几年来调解案件的统计，我们发现：涉及抚养费、赡养费、抚育费、物业纠纷、供暖、民间借贷、买卖纠纷等案件的调解成功率相对较高"[1]。

北京朝阳法院试行法官助理庭前调解、特邀调解员调解和律师主持和解三项和解制度一年来，在收案的 49072 件案件中，立案前化解纠纷、实现息诉 10314 件；立案后以调解、和解方式调处纠纷 22792 件，共计 33106 件，占 67.46%，成效已相当明显。[2] 朝阳法院创设的替代性和解制度丰富了调解主体，使调解主体呈多元化发展，一定程度上缓解了法院的案件压力，整合了法院的资源，使法院的资源得以合理配置，同时大大节约了司法审判成本。朝阳法院近几年来每年审理的民商事案件大约 3.5 万

---

① 刘潇潇、赵瑜：《诉讼爆炸催生多元化纠纷解决机制 律师和解、法官助理调解、特邀调解员调解三项民事和解制度对症下药》，载《法制早报》2005 年 9 月 19 日第 16 版。

② 李明信、白涛：《朝阳法院唱响"和为贵"》，载《民主与法制时报》2006 年 11 月 6 日第 A5 版。

件，如果实行鼓励庭外和解政策，估计每年有 1 万起案件不会进入诉讼程序。<sup>①</sup> 和解制度将社会资源引入法院，使当事人在"和风细雨"的调解环境中"化干戈为玉帛"，维系了友好关系，实现了双赢。

### 5. 成都法院

2006 年 11 月 22 日，成都高新技术产业开发区人民法院召开了"法院附设替代性纠纷解决机制"工作会，由成都高新区相关部门、街道办事处、律师事务所推荐的 37 位调解员和协调员，经成都高新区法院对其任职资格进行了认真审查后，正式被聘为成都高新区法院"法院附设替代性纠纷解决机制"的调解员和协调员。这次会议的召开，标志着成都高新区法院这一在成都市法院系统内属首次的"附设替代性纠纷解决机制"正式实施。<sup>②</sup>

在前期认真准备和反复论证的基础上，成都高新区法院出台了《法院附设替代性纠纷解决机制的工作规则（试行）》，以作为法院对开展此项纠纷解决工作的具体指导。根据规则，成都高新区法院将法院附设替代性纠纷解决机制界定为当事人在民、商事案件开庭审理前，借助特邀调停员调停、斡旋或特邀协调员评估会诊促成当事人和解以及通过法官助理主持调解，经法官审查确认后直接以调解方式结案，并将其定位为是辅助民事诉讼程序的替代性民事纠纷解决方式。

成都高新法院开展的法院附设替代性纠纷解决机制包括三种方式：特邀调解员促成和解、特邀协调员评估会诊及法官助理主持审前调解。特邀调解员促成和解，是指特邀调解员经审判长或独任审判员委托，并经原、被告双方当事人同意后，对案件进行调解、斡旋，以促成当事人协商和解的替代性纠纷解决方式。特

---

① 江山：《庭外和解：打官司省心了》，载《人民日报》2005 年 9 月 21 日第 15 版。

② 叶丽雯：《我院法院附设替代性纠纷解决机制正式实施》，载 http://www.courtwind.org/byxx/xwkd_view.asp? id = 613。

邀协调员评估会诊，是指由接受法院委托的特邀协调员作为第三方听取当事人提出的主张和理由，由其按照当事人双方确认或者依据证据可以形成内心确认的案件事实，在准确理解和适用法律的基础上客观无偏地评估、预测案件，并向当事人提供案件法律结果参考意见的替代性纠纷解决方式。法官助理审前主持调解，是指经双方当事人同意后，由法官助理在特定的时间和特定的场所，听取双方当事人针对案件的诉请发表的程序和实体方面的主张和反驳，并在此基础上提出案件处理的指导性意见，促使当事人审慎权衡各自的主张，选择协商结案。一般来讲，案件事实清楚，争议不大的情形，法院可建议当事人选择特邀调解员促成和解或法官助理主持调解；案件事实确定但涉及专业知识或者法律理解、适用分歧较大的情形，法院可建议当事人选择特邀协调员评估会诊。

法院附设替代性纠纷解决机制的适用范围是民事、商事第一审程序案件。但不包括下列案件：再审案件；适用特别程序、督促程序、公示催告程序、破产还债程序的案件；婚姻关系、身份关系确认案件以及其他依案件性质不能进行协商处理的案件；涉及商业秘密、个人隐私权的案件；因新型、疑难、复杂导致在事实认定或者法律适用方面存有明显争议的案件。

特邀调解员一般由法院管辖范围内具有人民调解职能的居委会或村委会干部、司法所所长及司法助理员和法院管辖范围内具有行政调解职能的行业主管部门的工作人员来担任。对特邀调解员的要求是为人正派、办事公正，在群众中有公信度、热心调解工作，具有一定工作经验，有一定的法律专业基础知识和较高的文化水平。特邀协调员一般由行业协会、特定专业领域的技术专家、执业律师和法律援助中心工作人员来担任。对特邀协调员的要求是具有处理解决民事、商事纠纷案件的专业法律知识，有良好的个人品行和职业道德，具有较高的调解能力、协调技巧，并热衷社会法律服务等公益性活动。法官助理是案件承办法官的审判辅助人员。特邀调解员、特邀协调员的任期原则上为 2 年，2年后根据具体情况调整，再行公示。特邀调解员、特邀协调员促成当事人庭前结案后，参照人民陪审员计酬的标准，按案件数量给付适当报酬。

成都高新区法院法院附设替代性纠纷解决机制的具体运作如下：法院在受理原告的起诉后，由立案部门向原告发送《关于适用法院附设替代性纠纷解决机制征询意见书》，告知原告享有是否适用替代性纠纷解决方式的决定权和选择适用何种方式的权利，同时告知程序运行中双方的权利与义务。案件审判部门法官签收案件后在法定 5 日内向被告送达起诉书副本等法律文书的同时，向被告同样发送此征询意见书。当事人对是否选择适用替代性纠纷解决方式和选择何种方式具有自主权，当然不排除法院在此过程中对当事人给予适当的指导。

当事人在确定适用法院附设替代性纠纷解决方式后，案件承办法官可根据案件纠纷发生地、纠纷性质、纠纷是否涉及专业性等因素在本院特邀调解员或特邀协调员的名单（法院向社会正式公布特邀调解员、特邀协调员名单）中直接指定合适人选。特邀调解员、特邀协调员在同等条件下，法官应当按序指定人选。

法院专门开设和解室，原则上特邀调解员应在法院和解室对当事人进行调解，但应当事人双方要求可到纠纷发生所在地或者法院以外的其他处所主持调解，也可在非工作时间召集当事人进行调解。法官助理则可采取灵活多样的调解方式，可以通知当事人同时或单方到庭做调解工作，也可以采取电话、电子邮件等简便方式了解案件并进行调解，可要求当事人本人、法定代表人或委托代理人到庭调解。在调解程序展开的过程中，特邀调解员和法官助理可以邀请与当事人有特定关系、具有特定社会知识和经验并能促进调解的人参与协助调解。

调解过程中，一般情形是特邀调解员（或法官助理）先听取双方当事人的主张、理由，适时进行主动的询问与斡旋，帮助当事人整理案件的争点，之后特邀调解员在已掌握的事实和证据的基础上拟订调停方案，供当事人选择。当事人在规定的期限内作出是否同意该调停方案的决定，如果当事人拒绝该调停方案，案件则会转入开庭审理程序。如当事人接受调停方案，特邀调解员应在最短的工作时间内将当事人签名或按手印的和解协议提交法官，法官在收到和解协议当日通知当事人双方到场，对和解协议进行形式审查，如果法官确认了和解协议的合法性的，应即时制作民事调解书，书记员应在3日内送达当事人。如果和解协议不具有合法性的，合议庭或独任审判员应要求当事人重新协商。和解协议的合法性审查主要包括：是否违反我国法律、行政法规的禁止性规定；是否侵害国家利益、社会公共利益、侵犯对方当事人或案外人合法权益；是否违背当事人真实意思且显失公平；和解内容是否是不具体、不明确。如果是法官助理主持庭前调解的程序达成调解协议的，由法官助理拟写民事调解书，法官确认其合法性的即时制作民事调解书，并在3日内送达当事人。在特邀协调员评估会审程序中，特邀协调员在双方当事人陈述、提供证据的基础上，凭借自己的专业知识帮助当事人分析评估案件，供当事人作为合议的参考，并不强制当事人接受其作出的判断。

在程序运行中，当事人如果认为特邀调解员、特邀协调员、法官助理存在违反国家法律、违背社会道德以及职责要求的情形，损害其合法利益、国家或者社会公共利益的，有权利拒绝其继续主持调解或协调。法官对特邀调解员、特邀协调员、法官助理的工作应予以监督和指导，适时了解和掌握和解工作的进展状况，并适时作出延长和解期限或终止和解的决定，同时如发现和解程序主持者有违背其行为规范的行为，应及时向法院政治部汇报。

法院附设的替代性纠纷解决程序独立于诉讼程序运作，当事人在程序中关于案件证据、事实及初步调停方案的自认，不能成为当事人在后续开庭审理中做出相反陈述的限制，法官则不受当事人之前自认的影响，独立根据庭审的情形进行裁判。同时法官在开庭审理后对案件的裁判不受特邀调解员、特邀协调员、法官助理在庭前发表观点的限制和影响。

成都法院附设替代性纠纷解决机制有时限的规定，适用普通程序的案件在当事人申请并征得对方同意之日起 15 日内完成，适用简易程序的案件在当事人申请并征得对方同意之日起 7 日内完成。经各方当事人同意延长的期限，应当允许延长。原则上当事人申请延长期限不得超过两次。同时为鼓励当事人申请诉讼外调解，对当事人双方申请特邀调解员、特邀协调员、法官助理促成和解的期限不计入民、商事案件的法定审理期限内。

为鼓励当事人选择适用法院附设替代性纠纷解决方式，法院确立了较低的收费标准。因特邀调解员、特邀协调员、法官助理的介入，使当事人达成调解协议且未经庭审程序的，案件诉讼费用减半收取。当事人在立案时申请适用法院附设替代性纠纷解决方式的，可按照减半标准预交诉讼费用。案件未能通过该方式达成调解方案的，当事人应当按照人民法院关于案件诉讼费用的有关收取规定足额补交。当事人在立案时未申请适用法院附设替代性纠纷解决方式，但案件最终通过特邀调解员、特邀协调员、法官助理的介入，以调解方式结案的，法院可按照诉讼费用减半收取标准办理退费手续。①

### 6. 深圳法院

2005 年以来，广东省深圳市龙岗区人民法院坪地法庭大胆创新，建立了调解新模式。坪地人民法庭 2005 年共受理民、商

---

① 关于成都高新区法院法院附设替代性纠纷解决机制的介绍具体请参见《成都高新技术产业开发区人民法院法院附设替代性纠纷解决机制的工作规则（试行）》。

事案件 2207 宗，案件审结率为 96.65%，其中案件调解（含撤诉）率达 64.76%。[①] 2006 年 1 月至 9 月，坪地法庭的调解率为 55%，运用"法院附设 ADR"结案的约占 50%[②]，成效相当显著。

实际上，早在 2002 年 11 月，深圳中院根据《民事诉讼法》和最高人民法院有关司法解释，结合深圳法院民、商事案件审判工作实际，就制定了《深圳法院民商事案件调解工作暂行规定》（以下简称《规定》）。《规定》将调解贯穿案件审理的全过程，包括案前调解、庭外和解、庭前调解、开庭调解和休庭调解。参照国外立法经验，设置了强制调解程序，即一些案件在审理前即使未有当事人的同意也必须先行调解，如婚姻家庭纠纷案件、相邻关系纠纷案件、劳动争议案件、借款纠纷和已签订还款协议的其他债务纠纷。调解程序的主持人可以是审判员、助理审判员、人民陪审员，也可以是法官助理和书记员。调解的地点相对自由，当事人可以选择在法院进行，也可以在双方当事人没有异议的其他地点进行。为切实保障当事人的权益，当事人在调解过程中所作出的妥协及对案件事实的认可，不得在其后的诉讼中作为对其不利的证据。调解不成的案件在后续判决的时候，不能以当事人在调解过程中提出的调解方案和调解协议的内容作为裁判依据。而且，为促进当事人接受调解，规定在庭前调解结案的案件，法院可退回当事人预交的案件受理费的一半。同时制定罚则，即如果一方当事人在调解中已作出比判决结果对其更不利的让步，而另一方当事人仍不接受该调解方案或坚持不肯调解的，在判决时不接受调解的一方要承担较多的诉讼费用。

---

① 李汝健、王华兵、李磊明、郭建国：《坪地法庭荣获集体一等功》，载《人民法院报》2006 年 4 月 27 日第 1 版。

② 参见王华兵、何尔海、郭建国：《龙岗区法院精心打造调解型法庭》，载《人民法院报》2006 年 10 月 28 日第 1 版。

　　在龙岗区法院，法院调解模式分为社区调解、商会调解、律师调解和法官助手调解四种。社区调解模式是指法院利用现有比较完善的人民调解体系，聘任社区人民调解员参与协助法官开展调解工作，力求纠纷妥善解决。商会调解模式是指法院将企业涉诉案件委托给辖区内商会或邀请市商会协助调解，利用港商会、台商会等比较完善的组织来化解矛盾，解决纠纷。2005 年至今，通过商会调解模式调解结案的案件达 30 多件。

　　律师调解模式是指法院利用案件当事人委托的代理律师组织当事人进行庭前调解。律师调解模式的着眼点是充分发挥律师的法学专业优势，引导律师积极参与纠纷的调解。法官助手调解模式是指在开庭审理前，经法官授权由立案法官或书记员主持调解活动。调解的着眼点是将庭前准备工作与调解工作相结合，能调则调，调解不成则进入庭审程序，由法官进行开庭审理。由于法庭受理的民、商事案件大都依当事人的申请采取了财产保全措施，法官助手调解模式的成功率达到 60%。

## 7. 其他法院

　　湖南省株洲市两级法院于 2005 年起在全省首创协助调解人、独立调解人、和解协调人制度，实现了由法院的单一调处向法官与社会力量相结合的多元调处的转变。截至 2006 年 3 月，两级法院通过这项制度共调解、和解、撤诉结案 411 件。为促进诉前调解，株洲市芦淞区法院建立了专人审查接待制度，即两名具有丰富调解工作经验的法官在立案窗口担任接待当事人的工作，在审查原告的起诉材料、听取当事人诉前陈述的基础上，法官会帮助双方分析案情，力促当事人合意解决争执。另外，芦淞区法院还建立了多元化诉前调解方式，即从"亲情教育法"、"利益分析法"、"换位思维法"入手，将"趁热打铁式"、"冷处理式"、"一气呵成式"、"轮番调解式"巧妙运用于调解过程中，力求实现当事人间的和解，平和地解决纷争。①

内蒙古托县法院按照"化解矛盾、定分止争、案结事了"的民、商事案件质量评判标准，不断强化"调解是高质量审判"的意识，注重完善庭前、庭审、庭后相互衔接的"链式调解法"，把调解工作置于法庭审判工作的始终，逐步形成了"庭前调解以思想开导为重点，庭中调解以法律释明为重点"的调解模式。该院的主要做法是重视调解，把调解工作贯穿于审判工作的始终；以思想开导为主、实质性调解为辅，做好庭前调解工作；并在庭审过程中做到释明义务，对庭前不能调解的案件在庭审时，按证据规则通过质证、认证基本查清案件事实以后，审判人员注重剖析法律关系、阐明权利义务，适时提出供当事人参考的调解方案，力争使当事人息诉服判。②

河北省香河县法院为规范诉讼调解，充分发挥其解决纠纷的作用，推出了《规范化七段式调解法》，把诉讼调解分为采集调解信息、筛选分流案件、推行双向选择、推行调审分离、庭审适时调解、庭后补救调解、确认调解协议七个步骤，将调解工作贯穿于诉讼全过程，在全国法院系统率先探索出了规范化、科学化的调解管理模式。通过近3年的实际运行，该院民事案件调解率达80%，同比提高20个百分点，5个基层法庭调解率均在85%以上。这一成功经验在2004年5月召开的全省民事审判工作会议上进行了推广，同年8月在京津冀部分基层法院院长座谈会上，得到最高人民法院院长肖扬的充分肯定。③

郑州市两级法院将矛盾易激化的群体性案件，曲直难断、真

---

① 梁建军、陈昇：《株洲芦淞大力开展诉前调解》，载《人民法院报》2006年11月10日第2版。

② 参见《做好庭前庭中工作托县法院加大调解解决纠纷力度》，载 http://www.nmg.xinhuanet.com/huhehaote/2005-12/22/content_5878190.htm。

③ 参见马运涛、王树昔：《调解开出"和谐"花 香河法院调解工作见闻》，载《人民法院报》2006年9月18日第1版。

伪难辨的案件，法律规定不明确的新类型案件，容易引起连环诉讼、不利于经济发展的案件，涉及婚姻家庭、继承、亲属间财产纠纷、邻里关系、合伙、合作、合资等五大类案件定为调解首选结案方式。郑州市中院为加强诉讼调解，制定并下发了《关于加强诉讼调解工作的意见》，同时郑州二七区法院设置了专门负责庭前调解工作的庭前调解组织，在做到调审分离的同时，把调解工作与年终评先创优挂钩；惠济区法院结合自身实际出台了《关于加强诉讼调解和人民调解工作的实施意见》，除了法定的不适用调解的案件外，其他所有的民、商事案件都必须经过调解程序，将调解工作贯穿于每个案件的始终；中原区法院本着依法指导与维护社会稳定相结合，业务培训与个案指导相结合的原则，建立了人民调解指导员制度。①

甘肃白银市中级人民法院明确要求对婚姻家庭纠纷和继承纠纷、劳务合同纠纷、交通事故损害赔偿纠纷、宅基地相邻关系纠纷、合伙纠纷、诉讼标的较小的纠纷六类案件，在开庭审理时应先行调解。白银中院的诉讼调解工作，主要体现了六个结合：一是坚持庭审调解与庭外调解相结合。根据案件具体情况，为利于互相沟通，拉近当事人之间、法官与当事人之间的距离，灵活选择调解地点，调解地点不仅限于法院，还可选择在当事人家中，当事人所在的村委会、居委会，或当事人共同选定的地点。二是坚持面对面与背靠背调解相结合。有些案件当事人双方对立情绪很大，不愿意接受调解或在调解时双方争议较大，在这种情况下，由法官出面分别单独做工作，结合案件事实和证据，讲清法律后果，然后由背靠背转入面对面，法官居中调解。三是坚持法官调解与社会力量参与调解相结合。把法院的诉讼调解和社会的各种调解组织有机地结合起来，特别是把诉讼调解与人民调解紧

---

①　参见刘红建、安士勇、朱世鹏：《郑州法院大调解格局构筑和谐社会》，载《人民法院报》2005 年 9 月 18 日第 1 版。

密结合起来，探索替代性纠纷解决机制。法官主动邀请当事人家庭成员、所在单位或基层组织中的有关成员参与调解，劝说、疏导当事人。四是坚持道德调解与法治调解相结合。既注重法律原则、法律程序，又注重风俗习惯、伦理道德。五是坚持做好无过错方谅解工作与过错方醒悟工作相结合。六是坚持及时调解与及时判决相结合，坚持调判并重。根据案件具体情况，确定调解的次数和期限，对多次调解仍未达成协议的案件，及时做出判决。近两年来，白银市基层人民法庭的调解结案率基本保持在 60% 以上，有的法庭达到 80%。[①]

新疆高级人民法院坚持完善诉讼调解制度，不断创新调解方法，调撤结案率大幅度提高。2004 年调解结案数量超过前 4 年调解结案数量的总和；2005 年调撤案件 57 件，同比提高 2 倍；2006 年第一季度调撤案件 17 件，保持良好发展势头。[②] 等等。新疆伊旗法院在法院调解中探索出"五必调"，即立案时必调、送达时必调、庭前交换证据时必调、庭审过程中必调、庭审结束后必调，[③]将调解贯穿诉讼程序的始终。

## （三）评析

综上，全国大多数法院均已开始逐步探索实践法院附设替代性纠纷解决机制，构建法院内当事人合意的纠纷解决机制，但因欠缺具体的法律法规的指导，不同的法院根据地方特色会形成不同的法院附设调解的新机制，但各地法院在拓展纠纷解决的社会化机制、力求在诉讼程序外化解纷争、构建和谐的地方秩序方面

---

① 参见赵丰：《白银中院规范诉讼调解提高审判效率》，载《甘肃法制报》2005 年 9 月 14 日第 2 版；赵丰：《白银中院切实加强诉讼调解》，载《甘肃法制报》2005 年 7 月 8 日第 1 版。

② 王书林、孙万里：《新疆高院诉讼调解良性发展》，载《人民法院报》2006 年 5 月 28 日第 1 版。

③ 张峻岐、刘喜平：《伊旗法院注重诉讼调解工作》，载《鄂尔多斯日报》，2005 年 11 月 19 日第 2 版。

的追求是一致的。具体来看，各地法院的实践呈现出以下几个特征：

（1）因无具体法律法规的指引，各地法院的探索实践在现有制度构架下找不到相应支点，现有的法院调解制度和诉讼和解制度已远不能涵盖各地法院的实践，虽然 2004 年 8 月最高人民法院以司法解释的形式公布了《关于人民法院民事调解工作若干问题的规定》，为目前法院的司法改革实践提供了一定程度的合法性和正当性，但此司法解释中亦有部分内容超越了民事诉讼法的相关规定，使其合法性受到质疑。各地法院改革中的法院调解，虽然称谓与民事诉讼法的规定相同，但其内涵与实质却与其有较大出入，也即是说，很多法院的改革已超出了现有制度的范围，与现行法律制度在一定程度上形成内在冲突。正如有学者指出目前我国的司法改革本身存在着合宪性问题一样，目前各地法院附设替代性纠纷解决机制的实践同样存在着类似问题。国外民事司法改革的主体是立法者，改革主要通过立法修正来实现，而不是通过司法机构的实践性探索。① 而我国恰恰是实践先行，即实践超越了现有的制度架构，因此，通过修改民事诉讼法或单独立法的形式来构建法院附设替代性纠纷解决机制应是目前解决此问题的较优路径。

（2）各地法院普遍又重新开始关注法院调解制度，将其作为重要的解纷手段。法院调解制度历经了兴盛、衰落之后自 2004 年前后重获新生。司法政策的转向使各地法院又开始重视法院调解，进而拓宽调解路径，探索调解新机制，大有使调解重焕生机之意。在大力倡导的过程中，有些法院甚至将调解率作为重要的考核目标，以此促进法院调解的作用。河北遵化法院将 2006 年定位为"调解年"，并将"调解年"活动纳入院目标管理考核，

---

① 张卫平著：《转换的逻辑 民事诉讼体制转型分析》，法律出版社 2004 年版，第 247 页。

采取月通报、季考核、年总评的形式奖先罚后，对实行调解的案件加分，对及时清结和执行和解的案件双倍加分，对调解能手和先进单位予以大张旗鼓的表彰，并作为年终评优和晋级升职条件，对完不成既定目标或出现调解纰漏的，实行一票否决，直至追究"两错"责任。[①] 漳州中院把服判息诉率纳入法官办案质量评估体系进行考核，制定并实施了服判息诉率的考核标准和考核措施，对每名法官都建立起"服判息诉率"的档案，每名法官所办案件中的上诉、申诉和信访案件数量等都被记录在档，规定每年进行统计计算，以此来衡量法官办案质量的高低。[②] 冀州市人民法院为使司法调解自身有序运行，将司法调解纳入全院目标管理综合考核体系，并专门成立了调解工作领导小组，由院长任组长，主管民事审判和执行工作的副院长任副组长，各业务庭的庭长为成员，负责协调全院民事调解和执行和解工作。另外冀州市人民法院把司法调解业绩作为评判司法活动、考核干警工作成绩及工作能力的一项重要内容，对调解率、息诉率、执行和解率进行综合考核，将"软任务"变成了"硬指标"。同时，通过加大奖惩力度，着力提高干警的调解能力。[③]

（3）各地法院在普遍开始进行法院调解的改革暨构建法院附设替代性纠纷解决机制的同时也呈现出较强的地域性和分散性，据不完全统计，江苏、上海、山东、北京、河北、成都等省市法院在构建此制度时走在了全国法院前列，这从《中国法院报》等相关专业性报纸的宣传报道频率中已不难看出（具体见表一）。尽管宣传报道未必能切实反映所有法院调解改革的全部情况，也

---

①　曹永学、张静波：《遵化法院构建立体调解网络》，载《河北法制报》2006 年 4 月 5 日第 2 版。

②　梅贤明、邱小斌：《漳州法院"服判息诉"工作扎实有效》，载《人民法院报》2005 年 12 月 13 日第 3 版。

③　徐星：《冀州市人民法院司法调解工作见成效》，载《衡水日报》2006 年 12 月 15 日第 A1 版。

许有些法院已进行了相关改革而并未采取报道的方式让公众所熟知，但宣传报道作为全国一般性的反映是恰当的。虽然各地法院总的改革趋势是一致的，但各地法院的制度构建进度并不一致，有关法院调解制度改革的深度和广度也不尽相同，有些法院如成都高新区法院等已经制定了较完备的法院附设替代性纠纷解决程序的制度规则，而有些法院则尚未进行相应变革，而只是在原有诉讼调解的制度框架内进行完善。

（4）各地法院运用的法院附设替代性纠纷解决机制的种类不尽一致，如北京朝阳法院有特邀调解员调解、律师和解、法官助理庭前调解。成都高新区法院有特邀调解员促成调解、特邀协调员评估会诊、法官助理主持审前调解。深圳龙岗法院有社区调解、商会调解、律师调解和法官助手调解等。从各地法院附设替代性纠纷解决机制的种类设置来看，大都集中于法院附设调解的种类上，如委托调解、协助调解、律师和解、法官助理调解等，尚未对诉讼和解等制度进行实践改革。

（5）各地法院对法院附设替代性纠纷解决程序适用的阶段选择不尽一致。普遍的趋势是将此程序向诉前及诉后进行延伸和扩展，使其贯穿整个诉讼过程。当然，有些法院仅将其适用于诉前程序，在随后开展的诉讼程序中不能适用此机制，如成都高新区法院、江苏沭阳县法院[①]等。有些法院则不仅将其适用于诉前，在正式的庭审程序中依然适用，甚或延续到执行程序中，而且一审程序、二审程序甚至再审程序均可适用。如江苏通州法院在庭前、判前、庭后三大环节开展调解[②]。山东省阳信县法院将强化案件的调解工作作为推进审判工作的重要举措，突出了"三前调解"，即诉前调解、庭前调解、判前调解。[③] 河北遵化法院将调解

---

① 参见陈奎：《诉前调解让当事人握手言和》，载《江苏经济报》2006 年 11 月 8 日第 B1 版。

② 参见潘建、顾慧华：《通州三个方法提高调解息讼率》，载《人民法院报》2005 年 1 月 13 日。

③ 参见王洪信、王洪军：《阳信法院化解纠纷有良方》，载《人民法院报》2004 年 5 月 11 日。

表一：各地法院调解改革情况报道（2004 年 1 月至 2007 年 2 月）

| 法院名称 | | 文章标题 | 出处 | 报道日期 | 报道频率 |
|---|---|---|---|---|---|
| 北京 | 海淀法院 | "繁简分流"下的新型调解工作机制 | 人民法院报 | 2004 年 3 月 7 日 | 17 次 |
| | 朝阳法院 | 庭前调解引人注目 | 法制日报 | 2004 年 11 月 17 日 | |
| | 朝阳法院 | 人民调解员上庭调解值得推广 | 检察日报 | 2005 年 4 月 6 日 | |
| | 朝阳法院 | 朝阳法院探索民商事纠纷多元化解决机制 | 人民法院报 | 2005 年 7 月 24 日 | |
| | 朝阳法院 | 司法调解 一股挡不住的潮流 | 法制日报 | 2005 年 8 月 24 日 | |
| | 朝阳法院 | 谱写和谐乐章的音符 | 人民法院报 | 2005 年 9 月 9 日 | |
| | 朝阳法院 | "诉讼爆炸"催生多元化纠纷解决机制 | 法制早报 | 2005 年 9 月 19 日 | |
| | 朝阳法院 | 庭外和解：打官司省心了 | 人民日报 | 2005 年 9 月 21 日 | |
| | 朝阳法院 | 庭外和解力求"案结事了"北京朝阳区法院创新调解模式 | 法制日报 | 2005 年 11 月 7 日 | |
| | 朝阳法院 | 法院新添"和解室"就像在客厅里谈事 | 新华每日电讯 | 2005 年 11 月 7 日 | |
| | 朝阳法院 | 庭外和解值得推广 | 法制日报 | 2005 年 11 月 8 日 | |
| | 朝阳法院 | 北京市朝阳区人民法院创新调解模式纪实 | 光明日报 | 2005 年 11 月 11 日 | |
| | 朝阳法院 | 朝阳法院与律协签订工作意向书 | 人民法院报 | 2005 年 12 月 3 日 | |
| | 朝阳法院 | 朝阳法院唱响"和为贵" | 民主与法制时报 | 2006 年 11 月 6 日 | |
| | 朝阳法院 | 三项制度力推庭外和解民商事案件 55% 调解撤诉 | 光明日报 | 2006 年 11 月 7 日 | |
| | 朝阳法院 | 民事纠纷立案前可先调解 | 北京日报 | 2006 年 11 月 28 日 | |
| | 海淀法院 | 法院首聘商事调解员 | 法制日报 | 2007 年 2 月 7 日 | |

| 法院名称 | | 文章标题 | 出处 | 报道日期 | 报道频率 |
|---|---|---|---|---|---|
| 江苏 | 海安县法院 | 海安法院用"调解十法"营造和谐环境 | 人民法院报 | 2004 年 2 月 24 日 | 38 次 |
| | 南通法院 | 江苏推广南通经验 | 人民法院报 | 2004 年 4 月 24 日 | |
| | 无锡法院 | 提高法院解决纠纷水平 | 法制日报 | 2004 年 11 月 9 日 | |
| | 沧浪法院 | 沧浪法院探索调解社会化模式 | 江苏经济报 | 2004 年 12 月 15 日 | |
| | 通州法院 | 通州法院三个方法提高调解息诉率 | 人民法院报 | 2005 年 1 月 13 日 | |
| | 无锡中院 | 探索调解规律创新调解机制 | 江苏法制报 | 2005 年 6 月 2 日 | |
| | 全省法院 | 构建诉讼调解与大调解机制衔接体系 | 新华日报 | 2005 年 9 月 26 日 | |
| | 江苏法院 | 大力推行诉前调解协助调解委托调解 | 人民法院报 | 2005 年 9 月 27 日 | |
| | 全省法院 | 江苏 民事审判形成调解机制 | 人民法院报 | 2005 年 10 月 8 日 | |
| | 全省法院 | 我省法院积极构建诉讼调解新格局 | 新华日报 | 2005 年 10 月 31 日 | |
| | 武进法院 | 武进法院调解有高招 | 常州日报 | 2005 年 11 月 14 日 | |
| | 盐都区法院秦南法庭 | 秦南法庭建立诉前交流机制 半数案件庭前达成调解协议 | 人民法院报 | 2005 年 11 月 23 日 | |
| | 鼓楼法院 | 南京鼓楼法院"ADR"惠四方 | 新华日报 | 2005 年 12 月 29 日 | |
| | 泗洪法院 | 民事调解应讲究整体策略 | 江苏法制报 | 2006 年 3 月 30 日 | |
| | 南通法院 | 南通法院聘请工会特邀调解员 | 工人日报 | 2006 年 5 月 15 日 | |
| | 南京法院 | 南京委托调解架设司法新干线 | 人民法院报 | 2006 年 5 月 20 日 | |
| | 泗阳法院 | 泗阳尝试诉前委托调解解决"官了民不了"问题 | 江苏法制报 | 2006 年 5 月 22 日 | |
| | 南通法院 | 诉调对接力争走在全省前列 | 南通日报 | 2006 年 5 月 26 日 | |
| | 南通法院 | 南通召开诉调对接工作推进会 | 江苏法制报 | 2006 年 6 月 6 日 | |

| 法院名称 | | 文章标题 | 出处 | 报道日期 | 报道频率 |
|---|---|---|---|---|---|
| 江苏 | 扬州中院 | 加强诉讼调解与人民调解衔接 | 人民法院报 | 2006 年 6 月 13 日 | 38 次 |
| | 南京法院 | 调出和谐新天地 南京法院开展"诉调对接"工作纪实 | 人民法院报 | 2006 年 7 月 20 日 | |
| | 全省法院 | 公丕祥要求全省法院积极构建大调解机制 | 江苏法制报 | 2006 年 7 月 24 日 | |
| | 连云港两级法院 | 连云港六部门制定意见"诉调对接" | 江苏法制报 | 2006 年 8 月 3 日 | |
| | 南京两级法院 | 南京实行诉讼调解与社会大调解"无缝对接" | 光明日报 | 2006 年 8 月 8 日 | |
| | 连云港中院 | 连云港中院与五部门对接"诉调对接" | 江苏经济报 | 2006 年 8 月 9 日 | |
| | 沭阳法院 | 沭阳法院"诉调对接"机制的调查 | 江苏经济报 | 2006 年 8 月 9 日 | |
| | 常州法院 | 常州"诉调对接"无缝隙 | 江苏法制报 | 2006 年 8 月 15 日 | |
| | 常州法院 | 常州法院创新"诉调对接"新模式 | 常州日报 | 2006 年 8 月 14 日 | |
| | 全省法院 | 法眼解读"诉调对接" | 江苏法制报 | 2006 年 8 月 17 日 | |
| | 宝应县法院 | 宝应曹甸法庭将"诉调对接"贯彻到法庭工作始终 | 江苏经济报 | 2006 年 8 月 30 日 | |
| | 赣榆法院 | 赣榆法院"诉调对接"促和谐 | 江苏经济报 | 2006 年 9 月 6 日 | |
| | 全省法院 | 江苏法院:"诉调对接",力推"和为贵" | 新华每日电讯 | 2006 年 9 月 12 日 | |
| | 新沂法院 | 新沂法院全力提高调解案件自动履行率 | 徐州日报 | 2006 年 9 月 20 日 | |
| | 赣榆法院 | 诉调对接促和谐 | 江苏法制报 | 2006 年 9 月 21 日 | |
| | 各级法院 | 江苏法院"诉调对接"助力和谐 | 人民日报 | 2006 年 10 月 11 日 | |
| | 扬州法院 | 扬州诉调对接化解纠纷 | 人民法院报 | 2006 年 11 月 11 日 | |
| | 建邺区法院 | 民事案件经调解"案结事了"占六成 | 南京日报 | 2007 年 1 月 5 日 | |
| | 南京栖霞区法院 | 案件从立案到执行全程"诉调对接" | 南京日报 | 2007 年 1 月 17 日 | |

| 法院名称 | | 文章标题 | 出处 | 报道日期 | 报道频率 |
|---|---|---|---|---|---|
| 上海 | 各级法院 | 积极探索指导民调工作新模式 | 人民法院报 | 2004 年 2 月 25 日 | 12 次 |
| | 长宁法院 | 长宁法院：为浦江两岸增春色 | 人民法院报 | 2004 年 4 月 8 日 | |
| | 黄浦区法院 | 黄浦区法院积极探索诉讼调解运作新模式 | 人民法院报 | 2004 年 6 月 25 日 | |
| | 全市法院 | 上海民事纠纷处理步入良性循环 | 人民法院报 | 2004 年 7 月 27 日 | |
| | 各级法院 | 上海探索调解社会化模式 | 人民法院报 | 2004 年 10 月 15 日 | |
| | 各级法院 | 上海法院民案调解撤诉率占六成 | 法制日报 | 2004 年 10 月 17 日 | |
| | 各级法院 | 创新工作机制 构建和谐社会 | 人民法院报 | 2005 年 3 月 11 日 | |
| | 浦东法院 | 上海浦东法院：人有特长庭有特点院有特色 | 法制日报 | 2005 年 5 月 17 日 | |
| | 浦东法院 | 浦东新区诉前调解效果好 | 人民法院报 | 2006 年 4 月 21 日 | |
| | 全市法院 | 全市法院调解撤诉率约 60% | 文汇报 | 2006 年 5 月 18 日 | |
| | 黄浦法院 | 创新诉前调解营造社会和谐 | 文汇报 | 2006 年 10 月 9 日 | |
| | 各级法院 | 诉前，法官调解"不遗余力" | 上海法制报 | 2006 年 10 月 16 日 | |
| 山东 | 莱芜市钢城区法院 | 城子坡法庭追求案结事了 诉讼调解效果好 | 人民法院报 | 2004 年 2 月 17 日 | 17 次 |
| | 威海法院 | 假如让你来开发 ADR | 人民法院报 | 2004 年 4 月 28 日 | |
| | 阳信法院 | 诉前调解庭前调解判前调解 阳信法院化解纠纷有良方 | 人民法院报 | 2004 年 5 月 11 日 | |
| | 济南法院 | 以调促审：解决民事纠纷的"金钥匙" | 山东法制报 | 2005 年 1 月 25 日 | |
| | 海阳法院 | 海阳法院民事诉讼调解率达 91% | 烟台日报 | 2005 年 3 月 19 日 | |
| | 威海中院 | 威海重视诉讼调解 | 人民法院报 | 2005 年 3 月 19 日 | |
| | 胶州法院 | 胶州法院完善诉讼调解法 | 人民法院报 | 2005 年 4 月 12 日 | |

续表

| 法院名称 | | 文章标题 | 出处 | 报道日期 | 报道频率 |
|---|---|---|---|---|---|
| 山东 | 济宁市市中区法院 | 市中区人民法院调解工作重"五化" | 济宁日报 | 2005 年 6 月 2 日 | 17 次 |
| | 威海中院 | 威海中院年内所辖法庭实现"五化" | 山东法制报 | 2005 年 6 月 17 日 | |
| | 各级法院 | 山东法院初步建立司法调解新机制 | 人民法院报 | 2006 年 1 月 28 日 | |
| | 邹平县法院 | 魏桥法庭巧用"调解四法" | 人民法院报 | 2006 年 5 月 20 日 | |
| | 各级法院 | "东方一枝花"盛开山东 山东法院强化诉讼调解止纷争 | 法制日报 | 2006 年 10 月 12 日 | |
| | 烟台中院 | 烟台中院推行"四全"调解机制促进社会和谐 | 山东法制报 | 2006 年 10 月 27 日 | |
| | 金乡法院 | 金乡法院调解工作"三位一体" | 济宁日报 | 2007 年 1 月 10 日 | |
| | 各级法院 | 山东法院 调解起点设在"第一关口" | 人民日报 | 2007 年 1 月 17 日 | |
| | 烟台法院 | 烟台：劳动争议由工会组织先行调解 | 工人日报 | 2007 年 2 月 5 日 | |
| | 青岛法院 | 大调解：唱响社会和谐协奏曲 | 人民法院报 | 2007 年 2 月 6 日 | |
| 广东 | 三水法院 | 三水法院推行诉讼调解协理员制度 | 法制日报 | 2004 年 5 月 8 日 | 3 次 |
| | 龙岗法院 | 坪地法庭荣获集体一等功 | 人民法院报 | 2006 年 4 月 27 日 | |
| | 龙岗法院 | 龙岗区法院精心打造调解型法庭 | 人民法院报 | 2006 年 10 月 28 日 | |
| 四川 | 金堂法院 | 福兴法庭："四个调解"化解纠纷 | 四川日报 | 2004 年 3 月 7 日 | 7 次 |
| | 成都法院 | 高新区法院诉前调解受赞誉 | 人民法院报 | 2005 年 3 月 7 日 | |
| | 四川高院 | 四川民商事诉讼调解"开花结果" | 人民法院报 | 2005 年 8 月 28 日 | |
| | 郫县法院 | 坚持调解不放松 构建调解新机制 | 四川法制报 | 2005 年 11 月 2 日 | |

| 法院名称 | | 文章标题 | 出处 | 报道日期 | 报道频率 |
|---|---|---|---|---|---|
| 四川 | 成都法院 | 强化诉讼调解 成都法院将纠纷解决引向和谐之道 | 成都日报 | 2006 年 12 月 20 日 | 7 次 |
| | 各级法院 | 四川法院"大调解"助创和谐 | 人民日报 | 2007 年 1 月 7 日 | |
| | 全省法院 | 四川法院"大调解"助创和谐 | 人民日报 | 2007 年 1 月 17 日 | |
| 河北 | 廊坊中院 | 全国首家调解庭在廊坊揭牌 | 法制日报 | 2004 年 3 月 21 日 | 18 次 |
| | 香河法院 | 香河法院创造七段式调解法 | 人民法院报 | 2004 年 4 月 30 日 | |
| | 廊坊中院 | 廊坊中院创新"四段八步式"调解法 | 人民法院报 | 2004 年 7 月 25 日 | |
| | 石家庄裕华区法院 | 40 名特邀人民调解员走马上任 | 河北日报 | 2004 年 9 月 17 日 | |
| | 石家庄市各级法院 | 石市 6200 余名特邀民调员止纷争 | 河北日报 | 2005 年 7 月 25 日 | |
| | 玉田法院 | 玉田法院将调解原则贯穿诉讼全过程 | 河北法制报 | 2005 年 10 月 10 日 | |
| | 玉田法院 | 发挥调解职能倾力息纷止争 | 河北法制报 | 2006 年 3 月 30 日 | |
| | 石家庄市法院 | "三位一体"调解体系把矛盾化解在基层 | 石家庄日报 | 2006 年 4 月 2 日 | |
| | 正定法院 | 正定法院:民事审判注重多调解 | 河北经济日报 | 2006 年 4 月 10 日 | |
| | 昌黎法院 | 昌黎法院加大调解结案力度 | 法制日报 | 2006 年 4 月 13 日 | |
| | 遵化法院 | 遵化法院构建立体调解网络 | 河北法制报 | 2006 年 4 月 15 日 | |
| | 博野法院 | 司法调解破坚冰 | 保定日报 | 2006 年 5 月 31 日 | |
| | 饶阳县法院 | 饶阳县法院民事调解机制取得新突破 | 衡水日报 | 2006 年 6 月 8 日 | |
| | 文安法院 | 文安法院"三四五"调解法服民心 | 廊坊日报 | 2006 年 6 月 19 日 | |
| | 保定中院 | 深化司法调解 构建长效机制 | 保定日报 | 2006 年 6 月 27 日 | |
| | 香河法院 | 调解开出"和谐"花 | 人民法院报 | 2006 年 9 月 18 日 | |

续表

| 法院名称 | | 文章标题 | 出处 | 报道日期 | 报道频率 |
|---|---|---|---|---|---|
| 河北 | 石家庄中院 | 法院调解调出稳定和谐 | 河北经济日报 | 2006 年 11 月 25 日 | 18 次 |
| | 冀州法院 | 冀州市人民法院司法调解工作见成效 | 衡水日报 | 2006 年 12 月 15 日 | |
| 天津 | 天津法院 | 天津高院为基层诉讼调解支招 | 人民法院报 | 2005 年 9 月 27 日 | 2 次 |
| | 高院 | 市高级人民法院建立审判监督调解新机制 | 天津政法报 | 2007 年 1 月 5 日 | |
| 山西 | 临汾中院 | 市中级法院民事审判重调解促和谐 | 临汾日报 | 2006 年 4 月 20 日 | 3 次 |
| | 太原法院 | 人文调解温情司法化解矛盾 | 太原日报 | 2006 年 11 月 21 日 | |
| | 平定法院 | 平定法院充分发挥司法调解作用 | 山西法制报 | 2006 年 11 月 28 日 | |
| 河南 | 郑州法院 | 郑州法院大调解格局构筑和谐社会 | 人民法院报 | 2005 年 9 月 18 日 | 9 次 |
| | 郑州管城区法院 | 郑州市管城区人民法院推行立案调解新机制 | 青年导报 | 2006 年 3 月 30 日 | |
| | 新乡法院 | 市中级法院建立司法调解新机制 | 新乡日报 | 2006 年 4 月 12 日 | |
| | 开封法院 | 司法调解：让当事人和谐共处 | 河南日报 | 2006 年 11 月 2 日 | |
| | 新密法院 | 诉讼调解在新密法院发挥大作用 | 人民法院报 | 2006 年 11 月 4 日 | |
| | 洛阳法院 | 洛龙区法院六措施保民事调解实效 | 中国产经新闻报 | 2006 年 11 月 13 日 | |
| | 正阳县法院 | 正阳县人民法院巧用"四法"调解民商事案件 | 驻马店日报 | 2006 年 11 月 27 日 | |
| | 荥阳法院 | 荥阳法院巧融调解于审判 | 青年导报 | 2006 年 12 月 14 日 | |
| | 商丘中院 | 商丘中院"四期调解法"促案结事了 | 人民法院报 | 2007 年 1 月 23 日 | |

| 法院名称 | | 文章标题 | 出处 | 报道日期 | 报道频率 |
|---|---|---|---|---|---|
| 浙江 | 诸暨法院 | 推进调解法治化"枫桥经验"谱新篇 | 人民法院报 | 2004 年 6 月 11 日 | 7 次 |
| | 诸暨法院 | 为"枫桥经验"增光添彩 | 人民法院报 | 2005 年 3 月 12 日 | |
| | 桐乡法院 | 桐乡聘请"协助调解员" | 人民法院报 | 2005 年 11 月 1 日 | |
| | 杭州法院 | 建立全方位调解体系 | 人民法院报 | 2005 年 12 月 18 日 | |
| | 秀洲法院 | 秀洲法院构建诉讼调解新机制 | 嘉兴日报 | 2006 年 3 月 22 日 | |
| | 宁波法院 | 拓展司法调解新空间 | 宁波日报 | 2006 年 11 月 20 日 | |
| | 温岭法院 | 温岭请"老娘舅"协助调解成制度 | 法制日报 | 2007 年 1 月 12 日 | |
| 福建 | 各级法院 | 福建调解促进服判息诉 | 人民法院报 | 2004 年 2 月 22 日 | 8 次 |
| | 长泰法院 | 调解息讼为民解忧 | 福建日报 | 2004 年 4 月 19 日 | |
| | 福安法院 | 福安法院调解结案创新高 | 福建法制报 | 2005 年 1 月 21 日 | |
| | 永福法庭 | 永福法庭采取"五扩大"调解法 | 人民法院报 | 2005 年 2 月 18 日 | |
| | 漳州法院 | 漳州法院"服判息诉"工作扎实有效 | 人民法院报 | 2005 年 12 月 13 日 | |
| | 漳州中院 | 漳州建立庭前调解速裁机制 | 人民法院报 | 2005 年 12 月 27 日 | |
| | 厦门市各级法院 | 厦门法院法官将引导当事人选择和解、调解等解决方式 | 法制日报 | 2006 年 7 月 19 日 | |
| | 莆田市法院 | 莆田市法院诉讼调解与人民调解衔接成效显著 | 法制今报 | 2006 年 9 月 1 日 | |
| 甘肃 | 庆阳法院 | 让"马锡五"审判方式遍地开花 | 甘肃法制报 | 2005 年 2 月 4 日 | 5 次 |
| | 庆阳法院 | 创新调解方式提高调解水平 | 甘肃法制报 | 2005 年 3 月 6 日 | |
| | 白银中院 | 白银中院切实加强诉讼调解 | 甘肃法制报 | 2005 年 7 月 8 日 | |
| | 白银中院 | 白银中院规范诉讼调解提高审判效率 | 甘肃法制报 | 2005 年 9 月 14 日 | |
| | 武威中院 | 武威中院重调化解纠纷 | 甘肃法制报 | 2006 年 3 月 22 日 | |

续表

| 法院名称 | | 文章标题 | 出处 | 报道日期 | 报道频率 |
|---|---|---|---|---|---|
| 陕西 | 全省法院 | 拓宽司法调解化解矛盾纠纷 | 人民法院报 | 2007 年 1 月 23 日 | 1 次 |
| 宁夏 | 各级法院 | 全区法院民事案件逾五成调解结案 | 法治新报 | 2007 年 1 月 22 日 | 1 次 |
| 青海 | 海东法院 | 海东法院调解方法越来越多 | 人民法院报 | 2007 年 1 月 21 日 | 1 次 |
| 内蒙古 | 伊旗法院 | 伊旗法院注重诉讼调解工作 | 鄂尔多斯日报 | 2005 年 11 月 19 日 | 5 次 |
| | 扎旗法院 | 扎旗法院民事诉讼调撤率达 80% | 通辽日报 | 2006 年 5 月 20 日 | |
| | 东胜法院 | 东胜法院狠抓民事诉讼调解工作 | 鄂尔多斯日报 | 2006 年 12 月 5 日 | |
| | 通辽市科尔沁法院 | 科区法院设调解专区 营造和谐诉讼氛围 | 内蒙古法制报 | 2007 年 1 月 8 日 | |
| | 阿巴嘎旗法院 | 阿巴嘎旗法院推出立案调解新举措提高办案效率 | 锡林郭勒日报 | 2007 年 1 月 11 日 | |
| 吉林 | 长春铁路运输法院 | 专业人士参与案件审理以非诉讼方式解决纠纷 | 长春日报 | 2005 年 3 月 19 日 | 3 次 |
| | 靖宇法院 | 调解奏响和谐的主旋律 | 北方法制报 | 2006 年 4 月 8 日 | |
| | 辽源法院 | 西安区法院建立全方位调解体系 | 北方法制报 | 2006 年 4 月 29 日 | |
| 辽宁 | 辽阳法院 | 辽阳六成民事案件"干戈"化"玉帛" | 辽宁日报 | 2005 年 1 月 17 日 | 5 次 |
| | 各级法院 | 辽宁出台诉讼调解工作意见 | 人民法院报 | 2006 年 6 月 4 日 | |
| | 各级法院 | 辽宁高院以调解促和谐 | 人民法院报 | 2006 年 10 月 15 日 | |
| | 省高院 | 省法院民事调解促和谐 | 辽宁日报 | 2006 年 12 月 15 日 | |
| | 凌源法院 | 凌源法院坚持八步十四种调解法 | 法制日报 | 2007 年 1 月 4 日 | |

| 法院名称 | | 文章标题 | 出处 | 报道日期 | 报道频率 |
|---|---|---|---|---|---|
| 黑龙江 | 林口林区法院 | 民事调解工作成效显著 | 黑龙江林业报 | 2005 年 6 月 6 日 | 2 次 |
| | 富裕法院 | 富裕法院加大调解力度促进服判息诉 | 大众科技报 | 2006 年 8 月 22 日 | |
| 湖南 | 株洲法院 | 株洲法院多元调处解决纠纷 411 件 | 法制日报 | 2006 年 3 月 31 日 | 3 次 |
| | 芦淞法院 | 株洲芦淞大力开展诉前调解 | 人民法院报 | 2006 年 11 月 10 日 | |
| | 长沙法院 | 法院和司法局共建人民调解室 | 人民法院报 | 2007 年 1 月 16 日 | |
| 江西 | 南昌东湖区法院 | 司法调解结案率不得低于 70% | 江西法制报 | 2005 年 11 月 4 日 | 1 次 |
| 安徽 | 寿县法院 | 注重诉讼调解 | 安徽日报 | 2004 年 4 月 7 日 | 3 次 |
| | 各级法院 | 加强法院调解 促进社会和谐 | 安徽日报 | 2006 年 10 月 13 日 | |
| | 怀远法院 | 活跃的调解协理员 | 人民法院报 | 2007 年 1 月 14 日 | |
| 云南 | 昆明法院 | 昆明法院和司法局共促调解工作 | 人民法院报 | 2004 年 7 月 18 日 | 2 次 |
| | 昆明中院 | 昆明中院诉讼调解促进社会和谐 | 人民法院报 | 2006 年 10 月 30 日 | |
| 贵州 | 省法院 | 省法院民事审判贯穿调解促进和谐 | 贵州日报 | 2006 年 4 月 20 日 | 1 次 |
| 新疆 | 新疆高院 | 新疆高院诉讼调解良性发展 | 人民法院报 | 2006 年 5 月 28 日 | 2 次 |
| | 各级法院 | 强化诉讼调解 为构建和谐社会提供司法保障 | 新疆法制报 | 2006 年 10 月 18 日 | |
| 广西 | 上林县西燕法庭 | 西燕法庭：案件调解结案七成多 | 广西日报 | 2004 年 12 月 18 日 | 1 次 |
| 海南 | 琼中法院 | 琼中法院调解率连续三年达 80% 以上 | 法制时报 | 2007 年 1 月 29 日 | 1 次 |

贯穿立案前、立案过程中、案件审理中、判决书送达前、判决生效后执行立案前、执行中及诉讼外，全院上下协调联动，形成立体的大调解网络。① 山东潍坊两级法院健全完善了庭前、庭审、庭后相互衔接的"链式调解法"，把调解置于法庭审判工作的始终。② 河北冀州市法院将司法调解贯穿于立案、送达、保全、审判、执行等各个环节，覆盖整个诉讼程序，做到了"七调"，即诉前调、立案调、庭前调、庭中调、庭后调、送达调、执行调。③

（6）在审判法官是否能担任中立者的问题上各地法院做法不尽一致。为保证调解程序的独立性，保持诉讼程序的纯化，以真正实现程序的公正与正义，许多法院将调解法官与审理法官在人员上区分开来，实践调审分离的运行机制。如福建漳平市中院建立了调审相对分离的庭前调解模式④。河北香河县法院为促进调解，建立了庭前调解组，实行调审分离，将可直接调解的案件由庭前调解组先行调解，限期调解不成功的再进入开庭审判程序。⑤ 郑州二七区法院也设置了庭前调解组织，专门负责庭前调解工作，实现调审分离。⑥ 但鉴于成本、资源等方面的考虑，有些法院则并未严格进行区别，审判法官同样可以主持调解，实行调审合一的运行机制。

---

① 参见曹永学、张静波：《遵化法院构建立体调解网络》，载《河北法制报》2006 年 4 月 5 日第 2 版。
② 参见张长秀、尹洪阳：《潍坊人民法庭打造全新司法理念》，载《山东法制报》2005 年 12 月 1 日第 1 版。
③ 参见徐星：《冀州市人民法院司法调解工作见成效》，载《衡水日报》2006 年 12 月 15 日第 A1 版。
④ 参见林忠明：《福建调解促进服判息讼》，载《人民法院报》2004 年 2 月 22 日。
⑤ 参见王银胜、安克明：《香河法院创造七段式调解法》，载《人民法院报》2004 年 4 月 30 日。
⑥ 参见刘红建、安士勇、朱世鹏：《郑州法院大调解格局构筑和谐社会》，载《人民法院报》2005 年 9 月 18 日。

# 第五章
# 我国法院附设替代性纠纷解决机制的建构

## 一 我国为什么要构建法院附设替代性纠纷解决机制

目前很多国家开始关注并重视法院附设替代性纠纷解决机制，以此来避免诉讼的缺陷，减轻法院的案件负担，实现纠纷解决效率的提高与司法资源及当事人费用的节省，当然法院附设替代性纠纷解决机制的优点远不止这些，虽然其也存在着局限性，但法院附设替代性纠纷解决机制依然发展迅猛，各国兴起了用此方法解决纠纷的热潮。就我国来讲，法治的发展程度、司法的运作、诉讼制度及诉讼文化等均存在着独特性，问题是我们是否要人云亦云地引进此制度？我国是否存在着构建此制度的内在需求？这些都是首先要解决的问题。事实上，尽管我们的国情与其他西方国家不尽相同，我们构建法院附设替代性纠纷解决机制的理由与其他国家也不尽相同，但我们的确有构建此制度的必要。

### （一）构建法院附设替代性纠纷解决机制是当事人主义诉讼制度的内在需求

以适应市场经济社会背景下民事诉讼规定性的当事人主义理念框架取代职权主义的理念框架，使整个民事诉讼理论体系建立在科学的基础之上是我国目前民事诉讼制度的发展方向。① 长期以来的职权干预型的诉讼体制使法院可以对程序及对当事人的权利处分进行广泛的干预，民事诉讼中当事人的处分权受到极大的限制。而我们努力的方向即是真正建立当事人主义的诉讼制度，其中突出的一点即是处分权原则的真正实现，即当事人不但对自己的实体权利和诉讼权利有自由支配和自由处分的权利，而且当事人还应当对诉讼程序的启动、运行和终止具有主动权。在当事人主义的背景下，当事人对纠纷解决的程序有选择权，可以自行决定是否以合意的方式来解决纠纷，而且在和解程序的运行中，当事人的自主支配与处分的权利体现得尤为充分。"实际上以当事人为中心的程序价值是与 20 世纪 60 年代以后调解（和解）的发展和价值提升直接相关的，不难看出，法院（诉讼中）调解包含了这些最重要的程序价值，甚至可以说，调解是以当事人为中心的程序公正的最好体现。在这个意义上可以说，一个以当事人主义为基础的诉讼程序必然重视调解（和解）的价值。"②

我国目前法院调解制度改革的呼声不绝于耳，制度本身的症结在于我国的法院调解制度被定位为法院审理案件的一种结案方式，是法院的一种审理行为和审判过程。而我国目前民事诉讼中职权主义色彩依旧浓厚，因此法院调解不可避免带有强烈的职权主义特征。调解被视为是法官的职权，以法官为主导的审理活动必然使当事人的意志在此程序中弱化，进而带来诸多弊端，例如调解的方式和时机基本上由法官来决定，查明事实、分清是非的调解原则，依法调解的原则，调解程序规定的缺乏，调解书的送达问题等。而当事人主义的诉讼制度要求奉行当事人处分主义，在此原则下要赋予当事人选择纠纷解决方式的自由，同时当事人

① 参见张卫平著：《转换的逻辑 民事诉讼体制转型分析》，法律出版社 2004 年版，第 473 页。
② 范愉：《调解的重构——以法院调解的改革为重点（下）》，载《法制与社会发展》2004 年第 3 期。

有合意解决纠纷的权利，法院在此过程中有义务帮助和促进当事人实现这一权利，为当事人权利的实现提供便利。在具体的法院附设替代性纠纷解决程序中，以当事人为主导的理念贯彻程序的始终，法院和法官更多的是起到引导、推动和促进的作用。

**（二）构建法院附设替代性纠纷解决机制是优化法院资源、拓展法院功能的需要**

我国在由传统社会向现代法治国家转型的过程中，由于媒介、学界等对诉讼维权的过度推崇，对情理法冲突的过度渲染，对其他解纷机制的漠视，导致大多社会纠纷无论大小均无一例外地以诉讼作为唯一的解决路径，由是，诸多案情相对简单、关系也并不复杂的案件涌入法院，使法院不堪重负。据郑州市中级人民法院立案庭副庭长聂晓红介绍，从郑州市辖各县区的案件情况分析，大量的案件都是民间纠纷，主要是邻里纠纷、轻微伤害、宅基纠纷和小额诉讼等，甚至许多家庭纠纷也在其中。[①] 而同时，我国法院系统除了配备大量具备雄厚法律专业知识及法律素养的专业法官之外，尚有大量的法官辅助人员，而且在专业的法官中，因历史与改革的原因也尚有少量不具备法律专业知识的人才，尽管后期的培训与学习可能改善此种情况，但非法律专业人才担任法官目前也却是法院的现实。在这样的人员配置下，如能通过案件的分流来实现纠纷解决方式的各得其所，一方面化解了法院的案件负担，同时也充分发挥了法院的资源，不同类型的法官分别负责不同类型的案件处理，充分发挥助理法官等的潜能，实现法院人才的充分利用与各得其所。

目前各国法院除了在纠纷解决、规则确立等领域发挥重要作用之外，为应对复杂而繁重的法院案件，许多英美法系国家的法院已开始由消极被动转而积极地投入司法管理，新的司法能动主

---

① 《为不同纠纷寻求不同出口》，载《法制日报》2004 年 3 月 25 日。

义的理念跃然纸上,尽管以前其曾受到强烈批判。民事诉讼法在
20 世纪的发展过程也就是法官权力增长的过程,当然并没有出现
"任凭法官决定辅助性的照管义务或者甚至根据自己的政治观念
和社会观念来塑造社会关系"的极端趋势。① 司法管理的结果是
法官们开始越来越倾向于快速结案,只要有和解的可能就极力
劝说当事人和解,法院附设替代性纠纷解决机制已与司法管理
紧密地联系在一起。在美国,许多法官开始尝试采用某些管理
技术,例如运用他们作为法官的角色来推动案件和解,将案件
导向调解或其他替代性的纠纷解决方案,雇用法院委任的助手
以建立案件处理机制。作为美国《1990 年司法改革法》的一部
分,《1990 年民事司法改革法》将司法案件管理的权威与一种
命令———一种要求将替代性纠纷解决机制包含在联邦法院内的
命令———结合在一起。② 我国的民事诉讼正处于由超职权主义向
当事人主义的转变过程中,即试图摆脱行政管理的色彩而接近
司法被动中立的角色定位,但在这一过程中,从一极走向极端
的另一极将法院界定为完全的消极被动中立并不可取,况且将
民事诉讼视为当事人间平等对抗的斗争而法官在其中只是扮演
漠然中立的裁判者的角色已被抛弃。因此,世界民事诉讼的发
展趋势已促使我们在构建现代化的司法制度时扬长避短,正确
定位法院的功能。

### (三) 构建法院附设替代性纠纷解决机制是司法改革的需要

各国的法院附设替代性纠纷解决机制与司法改革紧密相连,

---

① 罗尔夫·施蒂尔纳、阿斯特里德·施塔德勒:《法官的积极角色——司法能动性的实体和
程序》,载 [德] 米夏埃尔·施蒂尔纳编,赵秀举译:《德国民事诉讼法学文萃》,中国政法大学
出版社 2005 年版,第 440 页。

② 参见 [美] 斯蒂文·N. 苏本、马莎·L. 米卢、马克·N. 布诺丁、托马斯·O. 梅茵著,
傅郁林等译:《民事诉讼法——原理、实务与运作环境》,中国政法大学出版社 2004 年版,第
536、第 532 页。

是在司法改革中应运而生的新生事物。随着成熟完善的诉讼制度运行出现的成本高、费时长等缺陷渐显，各国除了通过在诉讼制度内进行简化规则、加速程序流转等改革以满足高涨的诉讼需求外，也开始努力寻求制度外的纠纷解决空间，通过制度内外纠纷解决程序的互动，试图化解面临的司法危机。尽管不同制度之间（并非只是在普通法系与大陆法系之间，而且在同一法系内部）存在着文化上的分歧，但是却在对付某些问题上采取了一些普遍的方法，其中最突出的是向着对诉讼程序实行司法控制的方向发展的普遍趋势。因此，法院不仅要根据法律和事实来决定案件，而且要保障有限的民事司法制度资源在所有寻求司法/正义的人们之间公正地分配。① 法院附设替代性纠纷解决机制是法院分流案件的一个重要路径，已普遍为各国所采用。

我国随着经济的迅速发展，经济体制与社会体制的改革以势不可挡之势席卷了整个社会，使整个社会处于一种变革的氛围中，在这种社会变革的大背景下，司法领域的变革同样亦在所难免，况且旧有司法领域的弊端日益显露，如司法腐败、裁判不公、执行难等问题都要求在司法领域进行改革，我国的民事司法制度在很多方面已不能适应社会不断转型的要求，而且作为民事司法制度核心的民事诉讼制度现在已经滞后于民事纠纷解决的程序正义和实体正义的需要。② 由是，为适应社会发展的需求与国际化、现代化的需要我们对司法制度进行全面变革。变革包括了司法制度的方方面面，主要有实现民事诉讼体制的转型、审判理念的转换、民事诉讼原则的调整、审级制度的改革、立案制度的

---

① 阿德里安 A. S. 朱克曼：《危机中的司法/正义：民事程序的比较维度》，载［英］阿德里安 A. S. 朱克曼主编，傅玉林等译：《危机中的民事司法——民事诉讼程序的比较视角》，中国政法大学出版社 2005 年版，第 45 页。

② 参见张卫平等著：《司法改革：分析与展开》，法律出版社 2003 年版，第 172 页。

改革、建立和完善审前程序、庭审方式的改革、证据制度的改革、法院调解制度的改革、完善和解制度、民事裁决制度的改革、上诉制度的改革、再审制度的重构、低成本诉讼体制的建构、民事执行制度的改革、替代性纠纷解决方式等。[①] 可以说，我们的司法改革是全方位的改革，是向现代化法治迈进的改革，目前我国的司法改革实践集中于诉讼制度的变革，而尚未将视角转向整个司法制度乃至从纠纷解决机制的高度来勾画整个改革。虽然我国与西方国家的司法改革的目的与背景截然不同，但其成熟法治社会司法制度所面临的危机对我国而言俨然是一强劲预警，而且我国许多地区法院诉讼迟延、案件拥堵等现象已不足为奇，构建 ADR 乃至法院附设替代性纠纷解决机制来完善纠纷解决机制已是司法改革中的必然要求。

**（四）　构建法院附设替代性纠纷解决机制是构建和谐社会的需要**

相比充满对抗、情绪激烈对峙并奉行严格形式主义的诉讼程序而言，法院附设替代性纠纷解决机制则灵活与自由得多，其能够为当事人提供合意解决纠纷的空间，当事人能平和、平等地进行对话与交流，进而从容解决纠纷，而这正是和谐社会的内在构成要素。近年来，无论东方或西方，法律与诉讼已不再被视为寻求正义的唯一路径，和谐已不再被视为法制的对立物，而成为人类社会的共同追求。[②] 目前我国在特定的转型期的历史背景下，顺应经济及社会发展情势，提出了构建和谐社会的战略要求，即建立平等、互助、协调的和谐社会。而在任何的社会背景下，社会矛盾与纠纷是不可避免的，关键在于如何解决。我们所要构建

---

① 参见张卫平等著：《司法改革：分析与展开》，法律出版社 2003 年版，第 174—309 页。
② 范愉：《纠纷解决与社会和谐》，载徐昕主编：《纠纷解决与社会和谐》，法律出版社 2006 年版，第 56 页。

的和谐社会，并非指社会没有矛盾，而是要求出现矛盾后能够及时疏导解决，使得社会矛盾得以缓和乃至消弭。① 究竟何种纠纷解决机制最有利于对社会和谐的修复？以往我们总是迷信国家正式解决机制。但回顾古典中国，放眼西方世界，除了国家专门机构对纠纷的解决外，民间调解、ADR 等也不失为纠纷解决的重要和必要方式。② 因此，在构建和谐社会的过程中，司法界的贡献应是积极创新纠纷解决机制，力求实现纠纷的和平解决。法院附设替代性纠纷解决机制因其程序灵活、简便，充满交涉、协商与妥协精神等而理应成为构建和谐社会中的纠纷解决方式的重要选择。

　　而且，现在民事诉讼理念也在顺应时势发生着变化，当代民事诉讼理念的一个重大变革就是开始以和平方式解决纠纷、减少对抗被视为程序的基本价值和目标。③ 传统的诉讼程序已开始为减少对立与冲突而努力，其他诉讼外的纠纷解决方法已开始与强制性纠纷解决方法齐头并进，以至法院也开始纷纷引入 ADR 机制。就法院而言，已不再是充满斗争与火药味的单纯的竞技场，其更像是一个多元的纠纷解决中心，为当事人提供更多的平等交流与合作的空间，注重当事人自主解决纠纷，实现纠纷的更好解决。因此，转型中国尤其需要建构公力救济、社会救济、私力救济相互并存、衔接、配合和补充的多元化纠纷解决机制，提供多途径、多层次的权利救济渠道，赋予当事人充分的选择机会，以妥善解决纠纷，处理社会冲突，维护社会秩序，促进社会和谐目标的实现。④

---

① 仇鹏：《和谐社会与我国的民事调解立法》，载《江苏大学学报（社科版）》2006 年第 3 期。

② 谢晖：《纠纷处理与社会和谐》，载徐昕主编：《纠纷解决与社会和谐》，法律出版社 2006 年版，第 43 页。

③ 范愉：《浅谈当代"非诉讼纠纷解决"的发展及其趋势》，载《比较法研究》2003 年第 4 期。

④ 徐昕：《迈向社会和谐的纠纷解决》，载徐昕主编：《纠纷解决与社会和谐》，法律出版社 2006 年版，第 65 页。

## 二 理念建构

### (一) 确立合作主义的纠纷解决理念

随着自由主义的价值理念在如今高度工业化、高度组织化的信息社会中发生动摇，社会诉讼观念开始取代自由主义的诉讼观念，即诉讼就是以特定的结果为目标的多人之间的精神上的合作，[①] 诉讼变成了一个几乎是持续不断的对话，法官与诉讼参与人一起根据当事人的利益整理出法律上重要的案件事实并且就其行为的法律后果问题对当事人给予指示。[②] 而在社会的民事诉讼中，追求的是法官与当事人间进行的法律和事实方面的对话与合作，确切地说是在法官的指挥和照顾下进行诉讼上的合作，之前持有的法官应当消极、被动、漠然地扮演中立者的角色开始淡出视野。当然，合作主义的民事诉讼并不排斥当事人主义，也不会混淆辩论原则和法官的职权探知原则，法官在诉讼中的指挥不是专断的，而只能是合作式的，法官应当帮助当事人作出正确的决定，但不应当代替当事人作出决定。当事人在诉讼程序中也不能再如以前一样不承担任何责任地自由地进行力量的角逐，而在程序的进展中开始承担相应的义务。正确理解的合作主义中法官的角色应该具备如下的特征：法院在实施诉讼指挥时不得消极或者专断行为，而应当这样行为，以至于通过起重要作用的当事人活动的协助能够尽可能容易地、迅速地、完美地实现诉讼

---

① Franz Klein：《为了将来——对于奥地利民事诉讼改革的思考》（前注9），莱比锡和维也纳，1891，第198页。转引自鲁道夫·瓦瑟尔曼：《社会的民事诉讼——社会法治国家的民事诉讼理论与实践》，载米夏埃尔·施蒂尔纳编、赵秀举译：《德国民事诉讼法学文萃》，中国政法大学出版社2005年版，第92页。

② Claasen："判例中的诉讼形式主义"（第1章，脚注14），第131页。转引自鲁道夫·瓦瑟尔曼：《从辩论主义到合作主义》，载［德］米夏埃尔·施蒂尔纳编、赵秀举译：《德国民事诉讼法学文萃》，中国政法大学出版社2005年版，第373页。

目标。①

英国 1998 年新民事诉讼法第一部分将"法院与当事人必须共同合作以便实现公正、公平和节约的诉讼目标"规定为最高原则。德国的民事诉讼法中规定了相应的法官的诉讼指挥权、当事人的诉讼促进义务。美国法院新近的案件管理等潮流均反映出各国法院追求法官与当事人共同合作的倾向。就我国而言,民事诉讼的指导理念最初是超职权主义的,法院基本包揽了所有的程序活动,当事人完全是法院全权指挥下的一粒可以任意挪动的棋子,基本无自主处分的权利,更无选择。而在随后的诉讼改革中开始推行当事人主义的诉讼模式,强调当事人积极的处分权与辩论权,主张赋予当事人广泛的自主权,强调法官的被动中立。这种极端的模式转换还在适应阶段,而奉行标准的当事人主义的英美法系国家中诉讼程序的固有缺陷已然呈现,这又不得不使我们对我国诉讼程序中的路径选择作一反思和调整,或许选择当事人主义前提下并辅之以法官积极的程序控制和引导的合作主义是目前我国诉讼程序路径的较优选择。

扩而展之,在法院附设替代性纠纷解决机制等诉讼外纠纷解决程序中,法院与当事人之间,当事人相互之间良性互动的合作就更是必不可少。双方当事人间放弃对立、对抗的激烈情绪而转为采取协同合作的实际解决纷争的态度,问题的化解自然会容易许多。同样,在法院和当事人间,自从当事人进入法院的伊始,法院即对当事人进行积极地引导,为当事人提供除诉讼外的纠纷解决的多元选择,释明各种解决方式的优劣,推荐并帮助当事人选择最契合的纷争解决办法,同时在法官担任程序主持者的程序中,法官应摆脱被动中立的角色定位而应更多地扮演调停者的角色,积极地在当事人间进行平衡与斡旋,并在具体的程序运行中

① 赖因哈德·格雷格:《作为诉讼主义的合作》,载〔德〕米夏埃尔·施蒂尔纳编、赵秀举译:《德国民事诉讼法学文萃》,中国政法大学出版社 2005 年版,第 444 页。

与当事人一道为平和地解决最终的纷争而努力。

## （二）确立多元的纠纷解决理念

没有哪一种纠纷解决方式是最好的，只有最适合的方式。"纠纷者所欲求的正义，不见得一定要在法院、一定要通过诉讼程序才能购得，也不再有一种普世式正义程序能够满足多元化社会中纷繁多样异质纷呈的诉求。"[①]　随着社会的发展与进步，纠纷的种类与数量也随之疯长，而如所有的纷争均僵硬地给予诉讼救济，则是不现实亦是不可能的天真想法。一方面有可能与纠纷本身的所需不对应，因此不能很好地妥当地解决纷争，况且其他的纠纷解决方式可能较诉讼更适合，而且现实的纠纷都是带有自己个性的，但在诉讼时，由于以是否满足特定规则要件的形式被定型化处理，因此其个性就被抽象了，而在实质方面不依据规则的程序就可能避免这个缺陷。[②]　纠纷类型的多元化决定了在解决方式上不能一刀切，而应选择与案件类型相适应的解决方式。另一方面这也未必是当事人本意的选择，当事人只有在对多元的纠纷解决方式有所了解的情况下，才有可能做出正确的选择。更何况现有的司法资源早已与纷争数量形成巨大的缺口，司法资源的增长速度远远不及纠纷数量的迅猛增长。

对进入法院的纠纷而言，也并不意味着除诉讼这一途径之外别无他选。法院应该是一个多元的纠纷解决场所，是多元的纠纷处理中心，可以为不同种类的纠纷设置不同的解决路径并配置相应的程序，通过对进入法院的案件设置分流机制，使各类纠纷各得其所，同时亦为当事人提供相对多元的选择，进而让相当多的案件尽早实现化解。法院案件分流的目的是快速高效地解决纠

---

① 吴跃章：《多元化程序机制的解构主义论证》，载《政法学刊》2005 年第 5 期。

② 山本克己：《程序规则的探讨》，载［日］小岛武司、伊藤真编，丁婕译、向宇校：《诉讼外纠纷解决法》，中国政法大学出版社 2005 年版，第 54 页。

纷，为当事人节约解纷成本，同时亦能相应节省法院资源、优化法院资源，让有限的法院资源产生最大化的效益。由于法律本身的滞后性，许多新颖复杂并无现有法律可供遵循的纠纷如能引导当事人以其他方式成功解决，则还可为法律的发展积累相当多的经验。

### （三）确立法院附设替代性纠纷解决机制的程序性理念

作为一种纠纷解决的程序，法院附设替代性纠纷解决机制较诉讼程序来说具有灵活性、随意性、自如性、自主性等诸多特征，但却不能将这种自主性任意放大至不受任何制约，可以恣意妄为，否则即失去了程序的本质。法院附设替代性纠纷解决程序的运作是以不同意见和利害关系的人们在公正的程序下通过自主交涉和理性讨论进行行为调整的柔软功能为基轴的。① 而为保障自主交涉与对话的自由，避免由双方实力的不平衡导致内在的压迫与强制，一定的程序性规则无论如何是需要的。而如果缺乏交涉的程序性规则或没有对其作出保障的话，就会出现以下三种情况：第一，当事人间的交涉会以强者胜的方式来决定。第二，难以避免调解人的恣意性。第三，国家的支配力会以规范交涉以及说服和互让为媒介，一边运用实体性法律规范排除外力的干扰，一边长驱直入，干预调解的过程。② 在上述情况下，当事人间的真正的合意很难实现，同时也就失去了法院附设替代性纠纷解决

---

① 甲中成明：《诉讼制度与纠纷解决》，载［日］小岛武司、伊藤真编，丁婕译、向宇校：《诉讼外纠纷解决法》，中国政法大学出版社 2005 年版，第 227 页。

② 参见季卫东：《调解制度的法律发展机制——从中国法制化的矛盾情境谈起》，载强世功编：《调解、法制与现代性：中国调解制度研究》，中国法制出版社 2001 年版，第 57 页，第 45—47 页。季卫东先生将调解按调解机关的不同，分为三种类型：中介型、仲裁型和教谕型。中介型是调解机关主要作为沟通纠纷当事人间交涉、和解及达成协议的渠道而发挥作用；仲裁型是调解机关以自身的实质性裁断为核心，谋求合意的形成。教谕型是调解机关运用其影响力或操作技术，基于一定的规范来说服当事人，以达成共识（包括合意和虚假合意），在解决纠纷的同时也对动机进行教育。

机制存在的价值。而法院附设替代性纠纷解决机制的定位,即其是当事人自我决定或自律性回复的场合,通过纠正程序外当事人之间的力量不均衡,让当事人以对等的立场进行自我决定的过程。当事人之间的当面谈判在谈判过程中使当事人之间的力量对等化是有困难的,但在第三人参与的调停型程序中,就可能实际观察当事人间的谈判,使谈判朝平等进行的恰当方向发展。[①]

当然,对法院附设替代性纠纷解决机制程序性的要求显然不能比肩严格奉行形式主义的诉讼程序,其程序的内在要求即是要有一定的灵活性与自由度,很显然其间的度很难把握与掌控,但绝不能退化为没有任何约束与限制的自由操作。在构建法院附设替代性纠纷解决程序时,其基本的要求即是要保证中间交涉程序的运行,即确保当事人间能自由地交涉与对话,能够在彼此尽可能多的获取有意义信息的基础上达成合意,使自我决定变得更具实际意义。有关交涉进行方式的程序性合意依存于随着当事人之间的力量关系、纠纷解决必要性的程度、弄清事实必要性等的变化而时刻变化的双方当事人的纠纷解决需要(希望怎样的纠纷解决),它是短期的、阶段性合意的联合,可以说正因为其柔软性,进行交涉才有意义。[②] 正如有学者指出,如果作为过程的程序是充实的,能成为活的东西,那无论结果是以判决终结,还是以和解(合意)终结,都不是实质性的问题,本来两者之间也没有多大的差距。[③] 当然构建程序时还要注意保障结果的公正与效力。因而在程序的主持者的资格要求、程序的具体运作、和解协议的

---

① 参见山本克己:《程序规则的探讨》,载〔日〕小岛武司、伊藤真编,丁婕译、向宇校:《诉讼外纠纷解决法》,中国政法大学出版社2005年版,第54—55页。

② 山田文:《诉讼外纠纷解决与交涉》,载〔日〕小岛武司、伊藤真编,丁婕译、向宇校:《诉讼外纠纷解决法》,中国政法大学出版社2005年版,第174页。

③ 井上治典:《诉讼与诉讼外纠纷解决制度的关系——超越严格区别论》,载〔日〕小岛武司、伊藤真编,丁婕译、向宇校:《诉讼外纠纷解决法》,中国政法大学出版社2005年版,第215页。

效力等方面都是要重点考虑的问题。比如程序主持者的资格、人格、态度等各方面的因素均可能影响交涉的过程和方向，而且程序主持者的介入方式更会对当事人间的对话产生影响，即它是主持者不作出决定性判断而致力于当事人之间交流的复活与交涉顺利化的交涉促进方式，还是主持者按照个人一定的预见（案件的大概）判断、评价双方当事人的主张、迫使其互相让步的评价性方式，[①] 结果会大不相同。

## （四）确立纠纷合意解决的理念

西方社会在高度现代化、成熟运作的诉讼制度中发现了内在缺陷，开始在诉讼制度内外进行反思与改革，在改革现有诉讼制度，加快程序运转与程序管理、减少诉讼耗费与拖延的同时，也从更广范围的纠纷解决的高度入手，宏观上开始从外围转而求诸后现代的以当事人间对话合意为特征的非诉讼纠纷解决机制作为缓解与补充，于是近年法院附设的诉讼外纠纷解决机制迅猛增长。因而美国等国家司法改革的目标是，在已经法治化的基础上，通过改革民事诉讼制度和提供更多、更合理、多元化的纠纷解决机制，解决诉讼过于费时耗财、作为公共资源的法院跟不上社会和经济高速发展的需要的问题，为民众提供更好的救济。[②]历史、文化的不同注定了各国在解决纠纷时会有不同的路径选择，就我国而言，我们的发展道路与西方迥异，应该说我们仍是在努力构建现代化诉讼制度的路途之中，尚无健全完善的法治。当然，因目前司法体制及其运行中出现的问题，我们也在积极进行司法改革，但我们的司法改革某种意义上说是司法体制的重

---

① L. Riskin, Understanding Mediators' Orientations, Strategies, and Techniques: A Grid for the Perplexed, 1 HARV. NEG. L. REV. 7 [1996]. 转引自 [日] 小岛武司、伊藤真编，丁婕译、向宇校：《诉讼外纠纷解决法》，中国政法大学出版社 2005 年版，第 177 页。

② 郭玉军、孙敏洁：《美国诉讼和解与中国法院调解之比较研究》，载《法学评论》2006 年第 2 期。

构，我国的司法改革基本上是全方位的，是在"法的现代化"进程中进行的，其目标是建立社会主义法治国家，它不同于建立在高度法治基础之上的美国现行司法改革。① 尽管如此，但路径的不同、改革目标的不同并不意味着我们在解决纠纷时要专注诉讼一道而别无其他的考虑与选择，建构适合的法院附设替代性纠纷解决机制与建设法治国家并不存在根本的冲突，因其并不构成对法治国家的根本违反与背离，毕竟其是对诉讼的辅佐与补充，而不存在完全的替代。

在荡涤历史、建构现代化的司法制度时我们选择了"为权利而斗争"的理念，权利意识与观念渐入人心，进而会将充满了平等、对抗精神的诉讼作为权利实现的首选，而事实上简易的小额纠纷等如依然历经充满技巧化的烦琐的对峙与抗辩进而寻出权利的所在的话势必会造成资源的浪费与资源分配的不均，况且有些新型与复杂的纠纷现有法律并未有明确的规范，也就是说诉讼或许没有迂回灵活的替代性方式有更大的法律发展的空间。况且我们不能否认传统有时也会有化腐朽为神奇的力量，和为贵的传统延续了几千年，在我们的民族文化与性格里固存着和的因子，因此我们在取其精华的过程中要确立纠纷合意解决的理念，将历史为我所用，而且在构建和谐社会的今天，追求人与自然、人与人之间和谐是其内在本意，而人与人之间和谐的一个侧面即是在发生冲突与断裂之时能理性、平静地面对，将平等商讨、交涉对话的方式浸透在纠纷解决的方式选择中，力争自主合意解决纷争，进而维系彼此友好的关系，为未来的更多的合作奠定基础，甚或在交流中发现新的利益增长点，创造更大的价值。

---

① 郭玉军、孙敏洁：《美国诉讼和解与中国法院调解之比较研究》，载《法学评论》2006 年第 2 期。

# 三 制度建构

## （一）立法

要建构适合我国国情的法院附设替代性纠纷解决机制，首要的工作是制定一部完善的《法院附设替代性纠纷解决法》，用以规范和指引各地法院的 ADR 实践，真正将当事人间合意的纠纷解决理念贯穿于诉讼程序中，以期纠纷的快速、高质量地解决。法院附设替代性纠纷解决机制作为附设在法院的区别于诉讼程序的纠纷解决办法，一定的程序性规范是必不可少的。因法院附设替代性纠纷解决机制是一舶来的概念，我国没有对应的法律概念也没有相应的制度，而只能在 2004 年 9 月公布的《关于人民法院民事调解工作若干问题的规定》中找到些许影子，当然其规定相对于构建法院附设替代性纠纷解决机制来说是简单的、不完善的，显然不足以用来指导法院的实践。而在法院附设替代性纠纷解决机制较发达的国家，大多采用两种方式对此进行规范。一种是制定专门的法院附设替代性纠纷解决机制法案，如日本有《民事调停法》，美国有《ADR 法案》等，另一种方式是在诉讼法中设专章对此进行设置和规范，如《法国民事诉讼法》、《德国民事诉讼法》和我国台湾地区"民事诉讼法"中的处理。具体采取哪种方式进行立法似乎并不重要，重要的是有具体的法律程序规范指导实践的操作，为纷繁的实践找到坚实的注脚。

目前各地法院已开始 ADR 实践，这些实践是探索性的、开创性的、适用于局部地区的，当然也是散乱的，但可为即将建构的法院附设替代性纠纷解决机制积累实践经验。而作为一个纠纷解决程序，适度的程序规范已然不可或缺，在诉讼法改革的视角触及此之前，需要对多样的实践进行程序的引导与规范。各地法院也陆续颁布了一些细则，成都高新技术产业开发区人民法院制定了《法院附设替代性纠纷解决机制的工作规则（试行）》，南京市中院与南京市司法局联合出台了《关于进一步加强新时期人民调解工作的意见》，辽宁省高级人民法院出台了《关于依法大力加强诉讼调解工作的若干意见》，郑州中院制定了《关于加强诉讼调解工作的意见》等，各地试行的规则为一部统一的法院附设替代性纠纷解决机制法的制定奠定了相应的基础。

在建构具体的法院附设替代性纠纷解决法的过程中，要对法院附设替代性纠纷解决程序作出明确的界定，明确其是有别于诉讼程序的一种附设在法院的诉讼外的纠纷解决程序，在兼顾其司法性的同时要确保其灵活性、自主性、处分性等诸多特征，以期与其他 ADR 方式、与诉讼程序相区别。同时要规定我国制定法院附设替代性纠纷解决法的目的及依据，法院附设替代性纠纷解决机制的种类，明确其适用的案件范围，法院附设替代性纠纷解决程序应遵循的基本原则，程序主持者的资格、范围、责任及其职业道德规范，每种法院附设替代性纠纷解决机制具体的运作程序，费用、激励机制等。

## （二）种类

目前就各国的发展来看，因诉讼文化、法律传统及司法环境等的不同，所开发的法院附设替代性纠纷解决机制的种类各有不同。美国主要有法院附设调解、法院附设仲裁、简易陪审团审理、早期中立评估、诉讼和解等多种形式，日本则有民事调停、诉讼和解，法国有司法调解、诉讼和解，我国台湾地区有法院调解、诉讼和解等。就我国而言，因与英美具有不同的法律文化和法律传统，构建英美法系典型的简易陪审团审理等形式显然不具备条件，亦不适合我国国情。同时，我国目前虽有仲裁这一纠纷解决形式，但因其适用范围有限、仲裁机构的建设不尽如人意、当事人的素质及社会价值取向限制了仲裁的普遍适用①等因素的影响使仲裁的实际运用比较有限，而法院附设仲裁这一纠纷解决形式更多的是法院将一定数额以下的案件强制性地引入仲裁程序，并由仲裁员独立作出裁断，鉴于我国当事人对仲裁程序并无较高的认可，如果强行推行的话，当事人对裁决结局的认可度就会大大降低，反而起不到预先所追求的节约司法资源、迅速高效解决纠纷的效果。而在仲裁制度逐渐完善并被广泛运用的将来，建构法院附设仲裁制度亦无不可。

我们在构建我国的法院附设替代性纠纷解决机制时应发扬我们已有的良好的传统，并适时对现有制度进行改革和创新，以建构适合我国的相应制度。由此，在改革我国现有的法院调解、诉讼和解等制度的基础上，我国法院附设替代性纠纷解决机制的种类可以设置为三种，法院附设调解、中立评估程序和诉讼和解。

就法院附设调解而言，根据主持程序的中立者的身份的不同，可以划分为特邀调解员调解、法官助理调解、律师调解等。根据法官是否参与主持程序可以分为委托调解、协助调解。当然，根据调解所介入的时段还可分为审前调解和审理中调解。在具体的调解程序中，由于分类标准的不同，不同种类的调解程序也存在着交叉。

委托调解是指法院将案件委托给法院特邀的调解员或者是行业协会、专业机构等，由其独立在当事人间进行平衡与协调，促成当事人达成纠纷解决的合意，法官在此程序中不得无故中断或干涉其调解活动。协助调解则是指由法官和法院特邀的调解员一道共同作为调解程序的主持者，促成当事人合意解决纷争。特邀调解员调解是指由法院聘任相关的人员担任调解员，协助法官开

① 参见孙敏洁：《论美国法院附设替代性纠纷解决机制》，武汉大学硕士学位论文，2005年。赵明：《传统仲裁与法院附设强制仲裁——美国 ADR 两种仲裁形式介评》，载《湖南公安高等专科学校学报》2001 年第 4 期。

展调解工作或者接受委托独立开展调解工作，实现纠纷的提前解决。当然，特邀调解员可以是社区内威望高、品行好、富有解纷经验、阅历丰富的人民调解员，也可以是行业协会、特定领域的技术专家等。特邀调解员在其受托的范围内独立开展活动，并就相应的和解事项有决定权。特邀调解员调解多适用于广大的乡村及城乡接合处，也可适用于城市较发达地区。法官助理调解是指法院审判案件的辅助人员在当事人间居中协调，实现纠纷的尽早解决。法官助理调解的案件一般来说案件事实清楚、争议不大。律师和解是指所受理案件当事人双方均聘请了代理律师的，可以经当事人申请或由法官商请，由一方或双方律师担任主持人对案件努力进行和解。律师和解一般适用于当事人聘请了律师处理纠纷的案件，当然大部分发生于律师发挥作用较大的经济较发达地区。

中立评估程序是指对一些法律关系较复杂、专业性较强的争议较大的案件，由特定领域的技术专家、行业协会或知识渊博的执业律师等作为中立者，在听取双方的主张和理由等相关陈述的基础上，客观中立地评价、预测案件，分析双方当事人所处的优势与劣势，并向当事人提供案件可能结果的参考意见。当事人双方在中立者参考意见的基础上，有可能实现和解。中立评估程序主要通过律师参与以促进当事人理性交涉，通过医生、科学工作者等专家的参与以抑制无根据的主张，使当事人接受正当的主张。[1]

中立评估程序要得以公正、有效运行，至少应具备两个基本条件。具体而言，各当事人要掌握充分的资料，具备客观地进行自我评价的立场；各当事人坚持为达成妥当结论而进行协作的公

---

[1]　[日] 小岛武司：《民事审理中的公鉴定与私鉴定——第三种证明模式之提倡》，载陈刚主编，陈刚、林剑锋、段文波等译：《自律型社会与正义的综合体系——小岛武司先生七十华诞纪念文集》，中国法制出版社 2006 年版，第 315 页。

正态度。① 当然，在此程序中中立者的作用也不可低估。此程序的主旨在于评估和预测，一般在审前进行，其最终能否促成当事人和解的关键在于中立者所做评价的客观性及双方彼此想做出让步的愿望的大小。

诉讼和解程序，作为诉讼程序内当事人通过平等交涉合意解决纠纷的程序，其可以运行于诉讼程序的任何阶段，当然主要是指诉讼上和解。

### （三）适用范围与适用阶段

法院附设替代性纠纷解决机制一般来说适用范围较广，鉴于其根据当事人的合意来解决纠纷的本质，所以一般把纠纷限定在当事人可就权利义务关系任意处分的意思自治原则控制的范围内。当然一些涉及适用非诉程序及有关身份和关系的确认的案件是不适合法院附设替代性纠纷解决程序的，比如：适用特别程序、督促程序、公示催告程序、破产还债程序的案件；婚姻关系、身份关系确认案件以及其他依案件性质不能进行协商处理的民事案件等。在适用法院附设替代性纠纷解决程序时，主要会考虑案件的性质、涉案金额、系争事项的复杂程序及当事人的具体情况等因素，一般来说，以下几类案件会优先考虑适用此程序：（1）婚姻家庭纠纷；（2）相邻关系纠纷；（3）共有财产权属纠纷；（4）增加或减少不动产租金纠纷；（5）改变或解除抚养关系纠纷；（6）道路交通事故或医疗纠纷；（7）其他涉案金额在一定数额之下的民商事案件（具体数额可参考各省市的经济水平来决定）。实践中，已有一些法院规定特定种类的案件先行调解。如河南新乡市人民法院总结出宜于适用诉讼调解的案件范围，对以下六类案件必须进行调解：争议不大、当事人同时到场的案件；

---

① ［日］小岛武司：《民事审理中的公鉴定与私鉴定——第三种证明模式之提倡》，载陈刚主编，陈刚、林剑锋、段文波等译：《自律型社会与正义的综合体系——小岛武司先生七十华诞纪念文集》，中国法制出版社 2006 年版，第 314 页。

当事人要求调解的案件；虽然案件复杂、双方争议较大，但可以通过疏导工作消除对立情绪，促成和解的案件；有矛盾激化苗头的案件；有重大影响、涉及面广的案件；当事人有调解意向、暂时未达成实体协议的案件。① 郑州市两级法院对矛盾易激化的群体性案件，曲直难断、真伪难辨的案件，法律规定不明确的新类型案件，容易引起连环诉讼、不利于经济发展的案件，涉及婚姻家庭、继承、亲属间财产纠纷、邻里关系、合伙、合作、合资五大类案件定为调解首选结案方式。② 河北冀州市法院实行"八必调"：即争议不大，当事人愿意和解的必调；争议虽然较大但案情简单，可以促成和解的必调；有矛盾激化苗头的案件必调；有重大影响、涉及面广的案件必调；当事人有调解意向，未达成一致意见的案件必调；当事人之间矛盾不是太尖锐的案件必调；因琐事纠葛、邻里纠纷导致的轻微伤、轻伤赔偿案件能调必调；案情复杂、双方争议较大，但是通过疏导工作可以消除对立情绪的案件必调。③ 当然，对一些涉及多方当事人及关系较复杂的案件，如环境权纠纷等新型纠纷，适用诉讼程序并不能妥当地得到解决的，也可考虑适用法院附设替代性纠纷解决机制。

法院附设替代性纠纷解决程序可适用于一审、二审及再审程序中，为当事人提供尽可能多的机会实现和解，即便是在再审程序中，或许仍会有和解的可能，虽然这种几率相对较少。就其介入的起点来看，法院附设替代性纠纷解决程序可以在审前进行，也可以在审理程序中运行，当然实际运作中审前和解应为主流。理论界有不少学者主张借鉴美国法院的做法将法院附设替代性纠

---

① 孙莉环、王筱文：《市中级法院建立司法调解新机制》，载《新乡日报》2006 年 4 月 12 日，第 B1 版。

② 刘红建、安士勇、朱世鹏：《郑州法院大调解格局构筑和谐社会》，载《人民法院报》2005 年 9 月 18 日第 1 版。

③ 徐星：《冀州市人民法院司法调解工作见成效》，载《衡水日报》2006 年 12 月 15 日第 A01 版。

纷解决机制主要定位为审前程序，以此来隔离 ADR 程序和正式的审判，真正实现程序的分离。我国司法实践中也有不少地方法院在构建法院内的替代性纠纷解决程序时将其限定在开庭审理前进行，以促进庭前和解。当然也有国家将法院附设替代性纠纷解决程序不只运用于审前，也包括在审理程序中，如日本即如此。在案件审理的推进过程中，随着当事人间对案件展开的逐步深入及对对方了解的增多，争点及相关证据亦会逐渐明晰，因此也存在着相当多的和解的空间，当事人在此阶段采用 ADR 的形式解决纠纷，不失为一较优的选择。因此，在审理程序中运用 ADR 程序亦无不可，只是在程序构建上要注意避免法官的角色混同，避免影响后续诉讼程序。

## （四）中立者的任职资格与责任

在构建法院附设替代性纠纷解决程序中，中立者因主持程序的运行，并在当事人间充当沟通与交流的桥梁与媒介，适时提出案件评估意见，某种程度上亦可能主宰最终合意的达成，由此中立者的选择就显得尤为重要。正所谓所有支持 ADR 项目的法院的主要关注点必须在于以法院名义提供的服务中的程序公正，而程序公正的一个要求即是法院在解决项目设计的问题时应该尽可能使得中立人成为最高的角色，同时他们所提供的服务应该是质量最好的。① 从美国、日本等各国的实践来看，中立者有着不同的运作模式并且对中立者的要求也不尽相同。

日本的民事调停由调停委员会主持，调停委员会由一名法官与两名选任的民事调停委员构成，民事调停委员是法院中的非专职法院工作人员，享受法定的补助。美国的中立者模式大概有五种，职业中立人模式、法院与提供中立人的非营利组织签约的模

---

① 参见［美］斯蒂芬·B. 戈尔德堡、弗兰克 E. A. 桑德、南茜·H. 罗杰斯、塞拉·伦道夫·科尔著，蔡彦敏、曾宇、刘晶晶译：《纠纷解决——谈判、调解和其他机制》，中国政法大学出版社 2005 年版，第 422 页。

式、法院直接给提供中立人服务的个人或者公司付酬的模式、法院组织个人提供无偿中立人服务模式、法院将当事人转介至按照市场价格收费的私人中立人模式等，① 不同模式下法院对程序的监控程度、付费方式及程序服务的质量等方面均有不同，关键是法院及当事人作如何选择。就我国目前的实践来看，法院附设替代性纠纷解决机制项目中立者的模式各地也稍有不同，大部分地区采取的是调解员聘任制，由法院于社会中聘任调解员、公布调解员名单并相应付酬，也有地区法院并不构建调解员制度而是将案件临时委托人民调解委员会或者相关专业技术机构，进行和解。当然，由法院聘任中立者制应为较理想的选择，将从社会各行各业选聘的中立者置于法院的氛围中，由法院实行聘任，一方面明确了法院提供者的身份，增加了当事人基于对司法系统的尊敬进而对主持者的信任与尊重，另一方面也便于法院对主持者进行监督和管理，从而更好地控制程序的运行和质量。

对中立者的资质的要求同样是必不可少。一般来讲，热心纠纷解决事业、敬业、具有较高的威望、富有纠纷解决经验、程序技巧娴熟、行为端正、品行良好等是必备的要求，但也会因案件类型、程序期待等的不同而有不同的要求，如相当多的专业性、行业性强的纠纷需要主持者具备相关的专业技术知识，律师和解等还需主持者具有相应的法律知识的积累，当然在其他类型的ADR中，具备法律知识并不是必要条件，因很多纠纷是在常识化的空间内运作，不需对主持者有法律素养的要求。具体就我国而言，很多学者也曾指出，目前法院系统中部分人员来自部队转业，在转业干部之中，除了少数经过多年的职业培训和自身的努力可以满足现阶段社会对法官的要求外，大部分面临着"转岗"

---

① 参见［美］斯蒂芬·B.戈尔德堡、弗兰克E.A.桑德、南茜·H.罗杰斯、塞拉·伦道夫·科尔著，蔡彦敏、曾宇、刘晶晶译：《纠纷解决——谈判、调解和其他机制》，中国政法大学出版社2005年版，第423—424页。

的问题。然而，他们所拥有的丰富的社会经验、较高的政治素质、严格的纪律观念，又是大多数法学院培养的科班生所不具备的。由这部分人担任中立者，可以为法院部分转岗人员提供用武之地，有利于实现法院内部工作人员的人尽其用。① 当然这只是对法院内部提供中立者的一种选择，另外，律师、大学教授、退休法官，医生、房地产鉴定师、注册会计师等专家，民间威望较高的人士等均是中立者的选择人选。当然，要规范中立者队伍，保证 ADR 服务质量，制定相应的中立者选任规则和道德规范是必不可少的。

为规范和约束中立者，避免其恣意为之而损害当事人的合法权益，确立中立者承担相应的责任亦无不可。在程序运行中，如果当事人发现中立者有违反国家法律、法规，违背社会道德及相应的职责要求进而损害国家、社会及当事人合法权益的情况，当事人有权拒绝其继续主持程序。法官对程序的运行有监督和管理权，如发生中立者有违背职责要求及行为规范的情形以至程序没有必要继续进行时，法官有权作出终止和解的决定，同时经核实法院有权取消其中立者任职资格。

## （五）费用激励机制

为鼓励当事人积极运用法院附设替代性纠纷解决方式解决纠纷，单纯向当事人阐述 ADR 的好处及美好前景有时并不会真正引起重视，而如制定牵涉当事人切身利益的费用激励机则有可能会在当事人间产生重要影响，促使其将 ADR 方式作为一必要的选择。一般来说，基本的收费原则是当事人如最终是以 ADR 方式解决纠纷的，诉讼费用将减半收取。具体的适用情形如下，当事人如在立案时自始选择 ADR 方式并最终是以合意结案的，诉

---

① 参见章武生：《司法 ADR 之研究》，载《法学评论》2003 年第 2 期。

讼费用可以减半收取，当然如果最终未能通过合意方式结案的话，则要按照诉讼费用的相关规定足额补交。当事人如在立案时未申请 ADR 方式，但在诉讼程序运行中采取 ADR 方式解决纠纷，最终以调解等方式结案的，法院则可按照诉讼费用减半收取标准办理相应退费手续。

另外，为避免当事人不审慎考虑 ADR 方式，可以借鉴美国等国的做法，制定相应的惩罚机制，一般情形下，如果一方当事人不接受对方 ADR 方案而坚持诉讼的话，如果其在后续的诉讼中没有获得比该和解更好的结果，则要承担对方相应的诉讼费用及附加利息。如果当事人仅仅将其作为一种诉讼技巧，即滥用 ADR 方式以拖延时间阻碍正常诉讼程序的进行，法院有权作出终止和解的决定。

### （六）效力及与诉讼的联系

为真正实现法院附设替代性纠纷解决机制解决纠纷的目的，赋予最终的合意以相应的法律效力是必然的选择，由此来保障当事人的切实履行，并赋予相应的救济途径。双方当事人经 ADR 程序达成的和解协议，应该在协议上签名或盖章，法院应依法对和解协议进行形式上的审查，审查内容主要包括：是否侵害国家利益、社会公共利益及案外人的合法权益；是否违反法律、行政法规的禁止性规定；是否违背当事人的真实意思等。经审查，法院认为和解协议不违反上述规定的情形下，可以制作民事调解书向当事人送达，并赋予其与确定的判决具有相同的效果。在诉讼进行的过程中，调解的成立被视为当事人撤销诉讼。对已经成立的调解，如有无效或可撤销的原因，当事人可以就此争执向原调解所属法院起诉，请求继续审理。一般情形下，经调解达成的协议因之前的合意在先当事人往往会主动实际履行，而一旦发生一方当事人不履行和解协议的情形下，另一方有权直接向法院申请强制执行。而如果当事人间没有最终达成和解协议，则会开启诉讼程序或者继续进行诉讼。

### （七）　程序救济与程序时限

在法院附设替代性纠纷解决程序成立后，如有无效或得撤销的原因，当事人应先向原法院提起宣告调解（和解）无效或撤销调解（和解）之诉，同时就原案件合并起诉或提起反诉，法院经审理后宣告调解无效或撤销调解时，一并就原已调解（和解）的案件进行裁判，实现最终的司法救济。

作为一种简便快捷的纠纷解决程序，法院附设替代性纠纷解决机制应按照《最高人民法院关于人民法院民事调解工作若干问题的规定》第 6 条的规定，适用普通程序的案件在当事人申请并征得对方同意之日起 15 日内完成，适用简易程序的案件在当事人申请并征得对方同意之日起 7 日内完成。经各方当事人同意延长的期限，应当允许延长。原则上当事人申请延长期限不得超过两次。

### （八）　具体的程序设置

#### 1. 法院附设调解

在所有应建构的法院附设替代性纠纷解决程序中，法院附设调解应是重中之重。学者们对我国法院调解改革的路径和方向多有讨论，前文已有论述。笔者认为，我国以法院附设调解取代现行法院调解应是一较理想的选择，[①] 同时将现行法院调解制度的精华吸收进改革后的诉讼和解制度，以此来构建法院内的当事人间合意的纠纷解决机制。法院附设调解是指在诉前及诉讼程序运

---

① 近期也有学者持此观点，参见刘晶晶：《建构中国民事诉讼中司法性 ADR 的审视与思考》，载《法律适用》2006 年第 3 期；马俊、杨明霞：《司法 ADR 与我国法院调解制度的重构》，载《当代经理人》2006 年第 4 期。

行中，由法院委托第三人进行居中调解或者由法官与第三人协同居中调解，以达到当事人自主合意解决纠纷的目的。因此法院附设调解制度是与诉讼程序截然分离的一种纠纷解决程序，从程序的启动、程序的主持者到具体的运作乃至程序的终结都与诉讼程序有不同的运作机理，而不再如同法院调解一样是诉讼程序的一部分。我国的民事诉讼法将调解与判决两种性质上存在重大差异的解决纠纷方式共同作为人民法院行使审判权的方法，将它们一同规定在民事诉讼程序中，由此造成了两者关系的紧张与冲突。①为实现调解程序与审判程序真正分离，诸多学者主张应借鉴美国区分主持调解的法官与主持审判程序的法官，从人员的分离来彻底隔断调解与审判的关系，使先行的调解不会影响到随后的审判。并且认为如果主持调解的法官进而主持后续的审判的话，之前程序的进行间无形中形成的内心确信会影响到法官审判的判断，进而实现不了真正的公正。如法院资源条件允许这样做当然好，而如法院条件不具备的话，采取主持调解的法官进而主持后续的审判程序亦无不可，关键是要靠程序上的设置来阻断法官可能的偏见，即在调解程序中当事人的自认及相关主张均不能阻碍当事人在后续的审判程序中作出相反的陈述，当事人享有保密特权，以此也不难实现程序的分离。

　　具体而言，当事人在向法院提起相应的诉讼请求时，法院立案人员可以适时为当事人提供咨询和辅导，向当事人介绍各种诉讼外纠纷解决方式及其适用的案件类型，推荐当事人适用人民调解、行政调解等诉讼外和解程序，如果当事人在社会力量的协调下达成了和解，则赋予其合同效力。目前司法实践中冀州市法院就建立了民事纠纷劝导机制，即在当事人立案前，法院立案庭向当事人发放"调解纠纷劝导书"，告知当事人诉讼风险和选择人

① 李浩：《民事审判的调审分离》，载《法学研究》1996 年第 4 期。

民调解组织解决纠纷的好处，对当事人愿意选择人民调解的，法院开具人民调解委员会"联系跟踪单"和"纠纷反馈表"，由当事人持单到相关的人民调解委员会接受纠纷调处。[①] 石家庄市中级人民法院审判人员在办理适于调解的案件时，主动向当事人宣传人民调解的特点、优势，劝导当事人首选人民调解的方式解决纠纷，在当事人同意的情况下，制作"调解纠纷劝导书"，引导当事人就近或根据其意愿选择合适的人民调解组织进行调解。人民调解组织在接到法院的"调解纠纷劝导书"后，启动调解程序，并将案件调解结果按程序回馈法院。对调解未果、当事人要求诉讼的，人民调解组织主动引导当事人进入司法程序。[②]

法院附设调解的地点一般情况下应选择在法院，鉴于当事人对法院威信的心理认知，在法院达成的和解更易为当事人所接受、承认和执行。当然，为方便当事人考虑，应当事人要求也可以在纠纷发生地或其他处所主持调解。为促进当事人和解，有条件的法院可以设置专门的和解室或和解厅，和解室（厅）在布局上尽量以圆桌会议等方式营造平等、宽松、自如、和谐、温馨的氛围，与法庭的庄严肃穆形成鲜明对比，这样更能使当事人放松心情，心平气和地握手言和、解决纷争。目前成都、北京等地区的法院已设置了和解室。

法院附设调解程序的主持者可以是法官、法官助理，亦可以由当事人在法院选聘的调解员名单中选任。调解程序可以采取调解员独任制，即法院委托调解员独自调解，亦可以采取协助制，即由一名法官与双方当事人自调解员名单各选一名调解员组成调解机构，进行调解。法院附设调解的依据比较灵活，其不必拘泥

①　徐星：《冀州市人民法院司法调解工作见成效》，载《衡水日报》2006 年 12 月 15 日第A1 版。

②　李云萍：《人民调解 行政调解 司法调解"三位一体"调解体系把矛盾化解在基层》，载《石家庄日报》2006 年 4 月 2 日第 1 版。

于现行法律、法规，亦可是远离法律的地方习惯、风俗、情理等，尤其是在法律规范不充分、不明确的诸多领域及以法律解决纠纷效果较差的领域，多元化的规范依据为调解制度发挥作用提供了更大的空间，也利于纠纷的更好解决。正如季卫东教授所言："把互惠性秩序与权利体系结合在一起，意味着按照完全客观的判断标准来认定权利的法治主义理想的某种程度的相对化——不仅仅权利规定社会关系，社会关系反过来也在一定程度上影响权利；权利的认定不再是一种纯粹的零和游戏。在这里，所谓'法律洁身自好'式的整合性能否贯彻到底是可以存疑的。……以价值多元化的当代社会为前提，法律解释方法论很难把统一的道德规范体系作为整合的依据，也很难通过比较得出实质性的唯一正确解答。为什么？因为在许多情况下，不同的价值观之间是不可比较的，也达不成协调一致的共同结论。这时，尽管许多人都对'因事制宜'规范啧有烦言，在实体价值方面还是不得不有赖于妥协。"①

　　法院附设调解程序主要应是在审前程序中运行，当然在审理程序中也不禁止当事人选择此程序。调解程序的启动一般是法院在向当事人推荐的情况下由当事人自主选择，当然也不排除法院可以将一些案件（如婚姻家庭纠纷等）先行调解，排除当事人的选择权。调解程序运行中，为保证程序的公正与合意的真实性，以当事人亲历的原则为根本，应当事人请求也可以由当事人的法定代表人或委托代理人到庭调解。调解程序的主持者可以采取较灵活的方式在当事人间进行协调，一般采取当事人对席的方式，主持者与双方当事人在圆桌会议上充分沟通与交流，从而当事人可以了解彼此的观点与相关证据，了解彼此地位的优劣，在获得充分信息的基础上，能自主地进行利害调整和相关交涉，进而由

---

① 季卫东：《法律体系的多元与整合》，载许章润主编：《清华法学》（第 1 辑），清华大学出版社 2002 年版。

主持者或由当事人自行拟定和解方案，最终实现和解。当事人对席的方式在保证当事人自主自由的同时，也能够约束中立者的行为，使其保持中立的地位，避免强制调解、暗箱操作等不公正行为的发生。而在情绪对立较激烈的当事人间也可以采取轮流出席的方式，由主持者分别与当事人私下进行交谈，并转而将一方的主张向另一方转达，如此来回多次在当事人间进行劝说与沟通，最终寻求基本一致的和解。当然这种"背对背"的交替面谈方式容易造成中立者垄断交涉信息，进而诱导或强制当事人和解，有损中立者的公正与中立，因此当事人这种轮流出席的方式应严格限定其适用范围。而如果当事人在调解程序中没有达成最终的合意的话，案件则自动会转入诉讼程序。而且在调解程序中，当事人对案件证据、事实及和解方案的自认，不得作为其在开庭审理中相反陈述的限制，法官在开庭审理后对案件的裁判不受之前调解程序中主持者发表观点的限制和影响。

## 2. 诉讼和解

诉讼和解制度我们并不陌生，我国《民事诉讼法》第 51 条规定，双方当事人可以自行和解。但我国目前的民事诉讼法对和解程序的规定过于原则和简略，而对诉讼和解的条件、方式、运作及其效力等问题均未作具体规定，导致实践中诉讼和解应用相当有限，进而制度发挥作用的空间非常有限。而法院的案件压力、纠纷解决的实际需要等又需要诉讼和解制度发挥更大的能量，有更广泛的运作空间。学者们对诉讼和解制度的改革和完善提供了多元的思路，力求在现有基础上扩大对诉讼和解的利用。而在未来诉讼和解的改革路径上，笔者主张从纠纷解决的角度来建构诉讼和解制度，将其定位为法院附设替代性纠纷解决机制的一种类型，进而更能接近其本质，发挥其解纷作用。

在我们以往的观念及制度中，认为诉讼和解一般发生在当事人之间，由当事人进行交涉及妥协，法官不会主动介入此程序，而如有第三者法官介入的和解则会以法院调解来涵盖。而事实上，诉讼和解因其发生于诉讼程序之中，就不可避免地与法院发生了联系。诉讼和解制度并不排斥法院在促进当事人之间和解所发挥的积极作用，但法院的角色已经有所不同，已经不再是和解行为的主体而是促成当事人和解的辅助人。[①] 美国民事诉讼法规定，当事人可以在和解会议上达成和解协议，而和解会议是法官主持下进行和解的一种形式，是为了以和解解决纠纷由法官召开的双方当事人会议。[②] 日本法官在诉讼程序中可以试行和解，由此多数国家的诉讼和解往往允许法官以积极的姿态主动介入，进而在当事人间进行平衡与协调，促成当事人早日达成和解。而事实上，如果漠视当事人借助公权力彻底解决纠纷的愿望，对当事人合意过程放任自流或和解努力浅尝辄止，往往会错过解决纠纷的最佳时机；如果没有权威而中立的第三方从中斡旋，当事人即使有和解愿望也常常因碍于面子或意气用事达不成和解协议。[③] 由此，由法官居中协调的以当事人为主导的诉讼和解往往会有更好的效果，法官在诉讼和解中的作用主要体现在以下几个方面：为当事人提供沟通的契机；正确、公正地开示有关预测判决的信息；提示和解方案；确认和解的成果。[④] 由是，法官往往会从纠纷的实体性内容、纠纷继续的成本、诉讼当事人的关系及情绪等各方面对案件予以考察，提供给当事人作为参考并会向当事人表示自己预见的案件结论，以促成当事人达成和解。看来第三者法官的介入与否并不能成为区分和解与调解的界线，而我们之前对法院调解与诉讼和解的区分似乎过于表面化、技术化而不具有任

---

①　张卫平著：《转换的逻辑　民事诉讼体制转型分析》，法律出版社 2004 年版，第 313 页。

②　白绿铉著：《美国民事诉讼法》，经济日报出版社 1996 年版，第 111 页。

③　宋朝武、刘小飞：《从国际诉讼和解动向看我国法院调解改革》，载《河北法学》2001 年第 6 期。

④　参见熊跃敏：《诉讼上和解的比较研究》，载《比较法研究》2003 年第 2 期。

何实际意义，也有学者认为我国的法院调解就是西方的诉讼和解。①而事实上我们建构的诉讼和解应该是一种法院附设的诉讼外纠纷解决程序，一种区别于诉讼的纠纷解决程序。如此设置的目的在于能够克服判决程序与 ADR 程序的不足，同时又能兼具双方的优势。也有学者认为美国的诉讼和解是一个独立的程序，即"美国的诉讼和解不是一种审判方式，而是同审判相独立与分离的、独立运作于法院审判之外的一个程序"②。

诉讼和解的程序设计与法院附设调解的程序设计应该说有诸多的相同，如均强调当事人的处分主义，强调当事人间合意的达成，强调中立者的居中协调，而最突出的不同在于诉讼和解的主持者是法官，法院附设调解程序的主持者除了法官之外，还有特邀调解员等社会力量的参与，而且在委托调解中往往由非法官主持调解。因此，在程序运行中，诉讼和解程序中法官可能更倾向于在法的空间内对当事人进行劝说与说服，而法院附设调解因有通晓世风民俗人情的特邀调解员等的介入，调解方案的形成就更会有鲜活的色彩。而就发生阶段而言，法院附设调解更多地在审前程序中进行，而诉讼和解程序则可以发生在诉讼的任何阶段。

具体来讲，在诉讼程序的运行的任何阶段，当事人均可以申请和解，和解可以在当事人间进行，也可以由法官担任中立者来主持和解。一般情形下，和解往往在当事人间进行，彼此进行充分交流与沟通，进而相互作出妥协达成和解协议。当然当事人也会邀请法官作为中立者（法官往往也会主动向当事人提出和解建议，敦促和解），在当事人间作一缓冲与平衡，而如果是由法官来担任主持者的话，主持和解的法官已在某种程度上偏离了"法官"的特质，而更像是一名调解员，在当事人间居中协调、劝

①　参见熊跃敏：《诉讼上和解的比较研究》，载《比较法研究》2003 年第 2 期。
②　郭玉军、孙敏洁：《美国诉讼和解与中国法院调解之比较研究》，载《法学评论》2006 年第 2 期。

说，并可适时向当事人抛出和解方案，促进当事人和解。与法院附设调解程序一样，诉讼和解程序中法官往往也会以两种方式展开程序，一是双方当事人与法官对席的方式，即双方当事人与法官同时出席和解会议，法官在当事人间穿针引线，力求促成和解；另一种是当事人轮流出席的方式，即法官先与一方当事人进行私下沟通与交流，了解其对案件的看法及让步空间，之后法官再与另一方当事人进行私下磋商，此种方式避免了处于对立立场的当事人间见面的尴尬及对立情绪的蔓延，而缺点则是当事人彼此对与法官交谈的内容不了解。

为避免和解法官事先形成的内心确信影响到后续的审判，可规定当事人在和解程序中所做的任何自白均不能阻止其作出相反陈述，和解程序中提出的证据亦不得在其后的审判程序中援引，以此来实现和解程序与诉讼程序的分离。如果当事人达成和解协议的话，则在当事人签字盖章后由法院进行形式审查进而制作和解书，当事人可申请强制执行。双方当事人成立的和解，与确定判决具有相同的效力，诉讼程序当然终结。倘若和解发生于二审法院的上诉审程序中，一审裁判也因和解而当然失效。反之，如果当事人没有形成合意，则开始审判程序或继续进行诉讼。同时，当事人在诉讼过程中自行达成和解协议的，法院可以根据当事人的申请依法确认和解协议制作和解书。双方当事人申请庭外和解的期间，不计入审限。

当然，如果诉讼和解存有违反了法律法规的规定、和解内容违背了公序良俗、和解当事人无行为能力、由法定代理人或诉讼代理人代为和解时无代理权或代理权有欠缺等等无效或可撤销的情形，通过何种程序来认定，不同的国家做法也不尽相同，基本上可分为两种做法，第一种是继续原来的诉讼程序并在此程序中确认和解无效，另一种是另行起诉，提出新的诉讼程序解决此问题。上述两种途径各有利弊，日本有学者认为，在不同的案件中，主张和解无效的最适合途径也是有所不同的，究竟采用哪种主张方法（途径），将这种选择权赋予当事人行使可能会更加妥当。[①] 德国学者认为，如果因为和解无效双方当事人之间还未被裁判的争议继续存在，则必须继续实施旧程序。相反如果和解的有效性仅仅是关于其他的诉讼标的的裁判的先决问题，例如涉及因和解而产生的请求权之履行的问题，则必须在新的诉讼中对之审理。[②] 作为我国来讲，应赋予当事人程序选择权，如当事人请求继续审判，为便于前后衔接，一般是向原审法院提出请求，由原审法院继续进行审理。原审法院在审查后，如认为其请求不合法的，则应以裁定驳回，对此当事人可以提起上诉。如认为和解确有无效或可撤销的情形，则进行正式审理并在判决理由中加以说明，而经继续审理并经判决确定的和解确有无效或可撤销的情形的，和解溯及于和解成立时失去效力，而在失效前第三人因信赖其和解而善意取得的权利，应该不受影响。

## 四　配套的制度建构

### （一）建立案件管理制度

为将涌入法院的繁杂案件进行有序的分流，使各类案件各得其所，诉讼内外纠纷解决程序有序进行，我国法院可借鉴其他国

---

① ［日］高桥宏志著，林剑锋译：《民事诉讼法——制度与理论的深层分析》，法律出版社2003 年版，第 644 页。

② BGHZ28，171 = NJW1958，1970（关于无效和关于撤销）；BGH NJW1972，159（关于解除条件的产生）；BGH NJW1999，2903 = JZ2000，421 附随 Münzberg 的评论（在确认和解无效的情况产生的回偿请求权应在继续实施的旧程序中主张）；也参看 BGHZ86，184，187F. = NJW1983，996；BGHZ87，277 = NJW1983，2034，又见更多证明；Rosenberg/Schwab/Gottwald §131 IV 1b. BGHZ97，227；MünchKomm/Pecher（脚注 69）Rn. 90，各有更多证明。转引自［德］汉斯—约阿希姆·穆泽拉克著，周翠译：《德国民事诉讼法基础教程》，中国政法大学出版社 2005 年版，第 177 页。

家的经验建立案件管理制度，以进行有效的司法管理。事实上，司法干预的目的在于推动每一纠纷公正、迅速、经济地结案。而且适时的司法干预应该是无损于公正、正义的，正如有学者指出，要实现正义，一个有先见的、有准备的、能作出合理决定的法官似乎要比弗兰克尔法官提出的"无先见的、无准备的，最好是如同矗立在诉讼对抗中的一尊冷漠的雕像"的法官要可靠。[1]"僵化的、面对社区与社会需求视若无睹、毫无反应的司法，相对于过分积极地解决各种问题的司法，更容易让公众对法律制度丧失信心。"[2] 而且，如果法官司法管理角色能得到公正、博学、明智的发挥的话，将会大大有助于实现以下这些目标：（1）界定诉讼的主题，将审前活动限制在与主题有关的事项；（2）控制审前的证据开示与其他活动，避免不必要的花费与负担；（3）尽快达成纠纷的和解，或者努力找到尽可能迅速并经济地解决纠纷的方法；（4）保证案件在审前得到很好的准备，并将审判严格限定在通过其他途径不能解决的事项上。[3]

案件管理集中在审前进行，首先，建立案件甄选程序，即在立案窗口安排富有经验的法官或法官助理对即将立案的案件进行分析，初步确定哪种纠纷解决方式对问题的解决是最适当的，同时对当事人进行委托调解、协助调解、特邀调解员调解、法官助理调解、律师和解、诉讼和解等有关法院附设替代性纠纷解决机制知识的介绍，向当事人分析各种解决方式的利弊、风险，推荐当事人根据不同的纠纷选配不同的纠纷解决程序。如涉及邻人纠纷则可推荐当事人考虑特邀人民调解员进行调解，对由于房东服务不到位而引起的房屋租赁纠纷则可为当事人选配法官

① ［美］斯蒂文·N.苏本、马莎·L.米卢、马克·N.布诺丁、托马斯·O.梅茵著，傅郁林等译：《民事诉讼法——原理、实务与运作环境》，中国政法大学出版社2004年版，第539页。
② 同上书，第553页。
③ 同上书，第537—538页。

助理调解或律师调解，对简单的侵权纠纷则可考虑由专项委员会协助调解，而对会涉及新的法律解释或法律意义重大的案件，则极有可能推荐当事人适用诉讼程序，以为将来的类似案件确立指导。

同时，在法院受理案件的同时，可以向当事人发送一份关于适用法院附设替代性纠纷解决程序的征询意见书，由当事人进行审慎思考与选择。征询意见书中对法院附设替代性纠纷解决机制的种类、适用范围、效力等相关问题作一简要陈述，供当事人在限定的时间内进行考虑和选择。而且，在庭审前，法官亦可适时召开案件管理会议，由双方当事人在审前开示及交换证据，为正式的庭审作准备，同时考虑采用替代式纠纷解决方式的可能性。案件管理会议一方面可为双方当事人了解对方的证据，明确不必要的争点，为将来的审理节省时间；另一方面，基于对案情及相关证据的了解，案件的争点基本明确，双方的地位及优劣也较明显，加之法官的适当建议和推荐，很易在当事人间达成和解。"事实上，在案件的争点及证据明确之后，诉讼的胜负已大致可以预料，判决的脚步声已清晰可闻，当事人往往会斟酌实体利益与程序利益的大小轻重，权衡判决与和解的利弊得失，而选择合意的方式解决纠纷。"① 在美国实践中，有将近90%的案件最终是以和解结案的，而晚和解不如尽早和解，以避免不必要的成本消耗。

## （二）法律援助制度的扩展

在英国，法律援助是指为那些支付不起法律咨询、调解和代理费的人提供政府资金资助的一种制度。② 在我国，1997 年发布

---

① 赵晋山：《论审前准备程序》，载陈光中、江伟主编：《诉讼论丛》第 6 卷，法律出版社 2001 年版，第 494 页。

② 齐树洁主编：《英国民事司法改革》，北京大学出版社 2004 年版，第 502 页。

的《司法部关于开展法律援助工作的通知》中对援助对象有了初步界定，即"具备以下条件的中华人民共和国公民，可申请法律援助：①有充分理由证明为保障自己合法权益需要帮助；②确有经济困难，无能力或无完全能力支付法律服务费用（公民经济困难标准由各地参照当地政府部门的规定执行）"。

法律援助制度 1994 年起开始在我国进行试点，其发展还不够完善与成熟，目前我国的法律援助制度仅仅适用于诉讼当事人，即在当事人有正当合理的理由可以进行诉讼以保障自己的合法权益但却因经济困难成为其进入法院的障碍时，当事人可以申请相应的法律援助。那么，在当事人因经济因素制约其选择 ADR 方式时，是否也同样可以申请法律援助来实现救济？许多国家已有先例在法律援助制度上向 ADR 方式扩展，即当事人在申请适用 ADR 方式的同时可以申请法律援助，从而解决当事人的入门问题，使当事人不会因经费问题而被挡在制度之外。目前我国已有地方开始实践将法律援助制度扩展适用于 ADR 方式，鼓励民众采用多元方式解决纷争。南京市江宁区司法局于 2005 年 4 月制定了《非诉讼事务法律援助实施意见》，明确规定了非诉讼法律援助申请、审查和受理的程序及要求：公民对可通过非诉讼调解解决的事项，因经济困难没有委托代理人，而确实需要代理的非诉讼法律事务，可申请法律援助。①

## （三）建立律师和解制度

当代西方法治国家的律师对于调解的态度和行为都经历了一个从坚决反对到善于利用，直到积极参与（提供和解服务）的发

---

① 郑弋、江凝思：《江宁启动法律援助 ADR》，载《江苏法制报》2005 年 8 月 23 日第 3 版。

展过程。[1] 律师和解制度是一种新兴的纠纷解决方式，德国为减轻法院负担，促成法院外的纠纷解决，在 1990 年颁布的《司法简素化法》中新增了律师和解制度，并取得较好效果。我国台湾地区也在作相应研究，力求引入律师和解，拓展纠纷解决路径。[2] 所谓律师和解，是指双方当事人在律师的代理下达成解决纠纷的合意，并由法院经审查赋予执行许可，进而实现纠纷的妥善解决，是一种诉讼外的纠纷解决程序。德国律师和解程序的运行一般可分为五个阶段：①由双方律师在诉讼外作为当事人的代理人签名成立和解；②和解文书送达法院或公证人备查；③向法院或公证人申请执行许可裁定；④执行书的赋予；⑤执行程序开始。[3] 律师和解在制度设计上较其他诉讼外纠纷解决方式而言，最显著的效力区别在于当一方当事人不履行和解协议时，另一方可据简便的执行许可裁定程序取得执行名义，无需启动诉讼程序，即可申请法院的强制执行。在律师和解程序中，法院的执行许可裁定程序显得尤为重要，是和解协议发生效力的关键。一般在律师代理下达成没有争议的和解时，法院往往会简易迅速地作出执行许可的裁定；而在当事人对律师和解达成的协议存有争议时，即有和解无效或得撤销的事由时，此时法院从程序经济、集中的角度考虑，为使纠纷尽可能一次性解决，避免当事人另外启动诉讼程序，往往会允许当事人进行言词辩论，并于裁定中记载理由，允许当事人提起上诉。

设立律师和解制度，一方面可提示当事人，律师于纷争处理中可发挥之功能；另一方面，对于原本即求助于律师之当事人，更可提供其较为简便之处理途径，不必再外求于法院或其他各行

---

① 范愉：《调解的重构——以法院调角的改革为重点（上）》，载《法制与社会发展》2004年第 2 期。

② 沈冠伶：《律师之和解作为裁判外纷争处理制度——从德国经验论引进之可能性》，载《政大法学评论》1994 年 12 月第 88 期。

③ 同上。

政机关之裁判外纷争处理程序。[①] 而且律师和解可以发挥律师的法律专业优势，偏向于以法的理念与精神来促进当事人和解，为当事人分析最接近判决的结局，而且当事人对律师会有天然的信任与尊重，由律师担任中立者达成和解的可能性增大。同时律师和解也可能会存在一些问题，比如公正性的保证、律师的态度等。

设立律师和解制度，应综合权衡就律师的报酬给予明确规定，在确立报酬时一方面要考虑当事人有利用此制度的意愿，由此律师报酬不宜过高；另一方面也要考虑律师参与促成和解的意愿，因此律师报酬也不能过低，应视律师促成和解的协力程度来确定不同的酬金。

我国的诉讼制度未规定律师强制制度，但对有律师参与的案件来说，如由律师在当事人间促成和解，较之律师代理进行诉讼，其费用、时间的节省不言而喻，更为当事人提供了一种纠纷解决方式的新选择，当然也相应会减轻法院的案件负担。而在法院附设替代性纠纷解决程序中，律师主持和解更有广泛的运作空间。

除建立律师和解制度外，在其他类型的诉讼外纠纷解决机制中，也应鼓励律师极力参与，促进当事人和解，将其列为律师的职业规范，并应该建立相应的奖励机制。如果律师具有较强的促成和解的技能，让市民相信他能找到与事件相应的自主解决办法，那么市民就会以轻松的心情走进律师事务所，为了达到和解的合理化，律师发挥着极其重要的作用。[②] 在美国，某些司法辖区已明确规定律师有义务和他们的当事人讨论 ADR 选择，科罗

---

① 沈冠伶：《律师之和解作为裁判外纷争处理制度——从德国经验论引进之可能性》，载《政大法学评论》1994 年 12 月第 88 期。

② ［日］小岛武司：《接近正义与律师使命》，载陈刚主编，陈刚、林剑锋、段文波等译：《自律型社会与正义的综合体系——小岛武司先生七十华诞纪念文集》，中国法制出版社 2006 年版，第 72 页。

拉多州和夏威夷州均已经修改本州的职业行为示范规范，规定：在涉及，或者可能涉及诉讼的代理事项中，为了解决法律纠纷或者达到合法目的的需要，律师应该就可能的替代性纠纷解决途径向当事人提出建议。新泽西州的最高法院规则亦规定：律师应该熟知可供利用的 CDR（Complementary Dispute Resolution，补充性纠纷解决），并把这些信息告知其当事人。得克萨斯州最高法院已经采取了某个"律师信条"，其中规定：我将会告知我的当事人关于应用调解、仲裁以及其他纠纷解决途径的信息。① 德国在民事诉讼程序运行中，在当事人和解结案的情况下，代理律师可以获得一份额外的和解费，而至和解阶段发生的全部律师费另行计算。②

---

① 参见［美］斯蒂芬·B. 戈尔德堡、弗兰克 E. A. 桑德、南茜·H. 罗杰斯、塞拉·伦道夫·科尔著，蔡彦敏、曾宇、刘晶晶译：《纠纷解决——谈判、调解和其他机制》，中国政法大学出版社 2005 年版，第 331 页。

② Dagmar Coester - Waltjen and Adrian A. S. Zuckerman：《律师在德国民事诉讼中的角色》，载［德］米夏埃尔·施蒂尔纳编，赵秀举译：《德国民事诉讼法学文萃》，中国政法大学出版社 2005 年版，第 465 页。

# 主要参考文献

## 一　国外译著

1. ［日］小岛武司著，陈刚、林剑锋、段文波等译：《自律型社会与正义的综合体系——小岛武司先生七十华诞纪念文集》，中国法制出版社 2006 年版。

2. ［美］斯蒂芬·B. 戈尔德堡、弗兰克 E. A. 桑德、南茜·H. 罗杰斯、塞拉·伦道夫·科尔著，蔡彦敏、曾宇、刘晶晶译：《纠纷解决——谈判、调解和其他机制》，中国政法大学出版社 2005 年版。

3. ［日］小岛武司、伊藤真编，丁婕译、向宇校：《诉讼外纠纷解决法》，中国政法大学出版社 2005 年版。

4. ［英］阿德里安 A·S. 朱克曼主编，傅郁林等译：《危机中的民事司法——民事诉讼程序的比较视角》，中国政法大学出版社 2005 年版。

5. ［德］米夏埃尔·施蒂尔纳编，赵秀举译：《德国民事诉讼法学文萃》，中国政法大学出版社 2005 年版。

6. ［日］内田贵著，胡宝海译：《契约的再生》，中国法制出版社 2005 年版。

7. ［德］汉斯—约阿希姆·穆泽拉克著，周翠译：《德国民事诉讼法基础教程》，中国政法大学出版社 2005 年版。

8. ［英］丹尼斯·罗伊德著，张茂柏译：《法律的理念》，新星出版社 2005 年版。

9. ［意］莫诺·卡佩莱蒂著，徐昕、王奕译，高鸿钧校：《比较法视野中的司法程序》，清华大学出版社 2005 年版。

10. ［美］斯蒂文·N. 苏本、马莎·L. 米卢、马克·N. 布诺丁、托马斯·O. 梅茵著，傅郁林等译：《民事诉讼法——原理、实务与运作环境》，中国政法大学出版社 2004 年版。

11. ［美］米尔伊安·R. 达玛什卡著，郑戈译：《司法和国家权力的多种面孔——比较视野中的法律程序》，中国政法大学出版社 2004 年版。

12. ［英］詹妮·麦克埃文著，蔡巍译：《现代证据法与对抗式程序》，法律出版社 2004 年版。

13. ［美］迈尔文·艾隆·艾森伯格著，张曙光、张小平、张含光等译：《普通法的本质》，法律出版社 2004 年版。

14. ［美］约翰·亨利·梅利曼著，顾培东、禄正平译，李浩校：《大陆法系》，法律出版社 2004 年版。

15. ［日］大木雅夫著，华夏、战宪斌译：《东西方的法观念比较》，北京大学出版社 2004 年版。

16. ［日］染野义信著，林剑锋译：《转变时期的民事裁判制度》，中国政法大学出版社 2004 年版。

17. ［德］哈贝马斯著，童世骏译：《在事实与规范之间——关于法律和民主法治国的商谈理论》，生活·读书·新知三联书店 2003 年版。

18. ［德］奥特马·尧厄尼希著，周翠译：《民事诉讼法》，法律出版社 2003 年版。

19. ［日］高桥宏志著，林剑锋译：《民事诉讼法——制度与理论的深层分析》，法律出版社 2003 年版。

20. ［意］D. 奈尔肯编，高鸿钧、沈明等译：《比较法律文化论》，清华大学出版社 2003 年版。

21. ［澳］维拉曼特著，张智仁、周伟文译：《法律导引》，上海人民出版社 2003 年版。

22. ［美］H. W. 埃尔曼著，贺卫方、高鸿钧译：《比较法律文化》，清华大学出版社 2002 年版。

23. ［美］史蒂文·苏本，玛格瑞特（绮剑）·伍著，蔡彦敏，徐卉译：《美国民事诉讼的真谛》，法律出版社 2002 年版。

24. ［美］唐·布莱克著，郭星华等译，麦宜生审校：《社会学视野中的司法》，法律出版社 2002 年版。

25. ［法］勒内·达维著，潘华仿、高鸿钧、贺卫方译：《英国法与法国法：一种实质性比较》，清华大学出版社 2002 年版。

26. ［日］谷口安平著，王亚新、刘荣军译：《程序的正义与诉讼》（增补本），中国政法大学出版社 2002 年版。

27. ［爱尔兰］J. M. 凯利著，王笑红译、汪庆华校：《西方法律思想简史》，法律出版社 2002 年版。

28. ［法］让·文森、塞尔日·金沙尔著，罗结珍译：《法国民事诉讼法要义》，中国法制出版社 2001 年版。

29. ［日］小岛武司著，陈刚等译：《诉讼制度改革的法理与实证》，法律出版社 2001 年版。

30. ［日］中村英郎著，陈刚、林剑锋译，常怡校：《新民事诉讼讲义》，法律出版社 2001 年版。

31. ［日］小岛武司等著，汪祖兴译：《司法制度的历史与未来》，法律出版社 2000 年版。

32. ［意］莫诺·卡佩莱蒂编，刘俊祥等译：《福利国家与接近正义》，法律出版社 2000 年版。

33. ［意］莫诺·卡佩莱帝等著，徐昕译：《当事人基本程序保障与未来的民事诉讼》，法律出版社 2000 年版。

34. ［美］杰弗里·C. 哈泽德、米歇尔·塔鲁伊著，张茂译：《美国民事诉讼导论》，中国政法大学出版社 1999 年版。

35. ［日］大木雅夫著，范愉译，朱景文校：《比较法》，法律出版社 1999 年版。

36. ［德］拉德布鲁赫著，米健、宋林译：《法学导论》，中国大百科全书出版社 1997 年版。

37. ［法］托克维尔著，董果良译：《论美国的民主》，商务印书馆 1997 年版。

38. ［美］约翰·罗尔斯著，何怀宏、何包钢、廖申白译：《正义论》，中国社会科学出版社 1997 年版。

39. ［美］理查德·A. 波斯纳著，蒋兆康译、林毅夫校：《法律的经济分析（下）》，中国大百科全书出版社 1997 年版。

40. ［日］千叶正士著，强世功、王宇洁、范愉、董炯、彭冰、赵晓力译：《法律多元——从日本法律文化迈向一般理论》，中国政法大学出版社 1997 年版。

41. ［英］哈特著，张文显、郑成良、杜景义、宋金娜译：《法律的概念》，中国大百科全书出版社 1996 年版。

42. ［日］棚濑孝雄著，王亚新译：《纠纷的解决与审判制度》，中国政法大学出版社 1994 年版。

43. ［美］昂格尔著，吴玉章、周汉华译：《现代社会中的法律》，中国政法大学出版社 1994 年版。

44. ［美］诺内特、塞尔兹尼克著，张志铭译：《转变中的法律与社会》，中国政法大学出版社 1994 年版。

45. ［美］麦克尼尔著，雷喜宁、潘勤译：《新社会契约论》，中国政法大学出版社 1994 年版。

46. ［英］麦考密克、［奥］魏因贝格尔著，周叶谦译：《制度法论》，中国政法大学出版社 1994 年版。

47. ［日］川岛武宜著，王志安、渠涛、申政武、李旺译：《现代化与法》，中国政法大学出版社 1994 年版。

48. ［英］罗杰·科特威尔著，潘大松等译：《法律社会学导论》，华夏出版社 1989 年版。

二　中文著作

1. 徐昕编：《纠纷解决与社会和谐》，法律出版社 2006 年版。

2. 唐力：《民事诉讼构造研究——以当事人与法院作用分担为中心》，法律出版社 2006 年版。

3. 江伟主编：《民事诉讼法专论》，中国人民大学出版社 2005 年版。

4. 徐昕：《论私力救济》，中国政法大学出版社 2005 年版。

5. 范愉编著：《集团诉讼问题研究》，北京大学出版社 2005 年版。

6. 陈刚、廖永安主编，江伟顾问：《移植与创新：混合法制下的民事诉讼》，中国法制出版社 2005 年版。

7. 廖永安：《民事诉讼理论探索与程序整合》，中国法制出版社 2005 年版。

8. 毛玲：《英国民事诉讼的演进与发展》，中国政法大学出版社 2005 年版。

9. 冉井富：《当代中国民事诉讼率变迁研究——一个比较法社会学的视角》，中国人民大学出版社 2005 年版。

10. 李响、陆文婷：《美国集团诉讼制度与文化》，武汉大学出版社 2005 年版。

11. 王伯琦：《近代法律思潮与中国固有文化》，清华大学出版社 2005 年版。

12. 张卫平：《转换的逻辑　民事诉讼体制转型分析》，法律出版社 2004 年版。

13. 季卫东：《法律程序的意义——对中国法制建设的另一种思考》，中国法制出版社 2004 年版。

14. 顾培东：《社会冲突与诉讼机制》，法律出版社 2004 年版。

15. 田平安主编：《民事诉讼法原理》，厦门大学出版社 2004 年版。

16. 齐树洁主编：《英国民事司法改革》，北京大学出版社 2004 年版。

17. 邵明：《民事诉讼法理研究》，中国人民大学出版社 2004 年版。

18. 樊崇义主编：《诉讼原理》，法律出版社 2003 年版。

19. 张卫平等著：《司法改革：分析与展开》，法律出版社 2003 年版。

20. 强世功：《法制与治理——国家转型中的法律》，中国政法大学出版社 2003 年版。

21. 何兵：《现代社会的纠纷解决》，法律出版社 2003 年版。

22. 谭兵主编：《外国民事诉讼制度研究》，法律出版社 2003 年版。

23. 杨荣馨主编：《民事诉讼原理》，法律出版社 2003 年版。

24. 冷罗生：《日本现代审判制度》，中国政法大学出版社 2003 年版。

25. 马长山：《国家、市民社会与法治》，商务印书馆 2003 年版。

26. 张中秋：《比较视野中的法律文化》，法律出版社 2003 年版。

27. 常怡主编：《比较民事诉讼法》，中国政法大学出版社 2002 年版。

28. 沈达明编著：《比较民事诉讼法初论》，中国法制出版社 2002 年版。

29. 季卫东：《宪政新论——全球化时代的法与社会变迁》，北京大学出版社 2002 年版。

30. 王亚新：《对抗与判定——日本民事诉讼的基本结构》，

清华大学出版社 2002 年版。

31. 范愉主编：《ADR 原理与实务》，厦门大学出版社 2002 年版。

32. 徐昕：《英国民事诉讼与民事司法改革》，中国政法大学出版社 2002 年版。

33. 王福华：《民事诉讼基本结构》，中国检察出版社 2002 年版。

34. 最高人民法院司法改革小组编，韩苏琳编译：《美英德法四国司法制度概况》，人民法院出版社 2002 年版。

35. 王亚新：《社会变革中的民事诉讼》，中国法制出版社 2001 年版。

36. 汤维建：《美国民事司法制度与民事诉讼程序》，中国法制出版社 2001 年版。

37. 强世功编：《调解、法制与现代性：中国调解制度研究》，中国法制出版社 2001 年版。

38. 范愉：《非诉讼纠纷解决机制研究》，中国人民大学出版社 2000 年版。

39. 左卫民、周长军：《变迁与改革——法院制度现代化研究》，法律出版社 2000 年版。

40. 齐树洁主编：《民事司法改革研究》，厦门大学出版社 2000 年版。

41. 邓正来、[英] J. C. 亚历山大编：《国家与市民社会性——一种社会理论的研究路径》，中央编译出版社 1999 年版。

42. 黄宗智：《民事审判与民间调解：清代的表达与实践》，中国社会科学出版社 1998 年版。

43. 宋冰编：《读本：美国与德国的司法制度及司法程序》，中国政法大学出版社 1998 年版。

44. 宋冰编：《程序、正义与现代化——外国法学家在华演讲录》，中国政法大学出版社 1998 年版。

45. 汪晖、陈燕谷主编：《文化与公共性》，生活·读书·新知三联书店 1998 年版。

46. 瞿同祖：《瞿同祖法学论著集》，中国政法大学出版社 1998 年版。

47. 张卫平、陈刚编著：《法国民事诉讼法导论》，中国政法大学出版社 1997 年版。

48. 张文显：《二十世纪西方法哲学思潮研究》，法律出版社 1996 年版。

三　主要中文论文

1. 黄长营：《替代性纠纷解决机制效率研究》，载《河北法学》2007 年 1 月。

2. 范愉：《客观、全面地认识和对待调解》，载《河北学刊》2006 年第 6 期。

3. 周安平：《诉讼调解与法治理念的悖论》，载《河北学刊》2006 年第 6 期。

4. 姚志坚：《当前法院附设替代性纠纷解决机制的调查与思考》载《法律适用》，2006 年第 4 期。

5. 周永坤：《警惕调解的滥用和强制趋势》，载《河北学刊》2006 年 6 月。

6. 程波：《论和谐社会与多元化纠纷解决机制》，载《湖湘论坛》2006 年第 6 期。

7. 杜丹：《诉讼调解的经济分析——以法院为中心》，载《政法学刊》2006 年 5 月。

8. 闫庆霞：《中日诉讼外调解制度比较》，载《暨南学报（哲学社会科学版）》2006 年第 4 期。

9. 郭玉军、孙敏洁：《美国诉讼和解与中国法院调解之比较研究》，载《法学评论》2006 年第 2 期。

10. 刘晶晶：《建构中国民事诉讼中司法性 ADR 的审视与思考》，载《法律适用》2006 年 3 月。

11. 刘斌、李军：《由 ADR 制度谈我国诉讼调解制度的改革》，载《湖北汽车工业学院学报》2006 年 3 月。

12. 李大雪：《ADR 的正义诠释》，载《求索》2006 年 2 月。

13. 刘松山：《再论人民法院的"司法改革"之非》，载《法学》2006 年第 1 期。

14. 章水仙：《接近正义 寻求和谐——评范愉教授主编的〈ADR 原理与实务〉》，载《福建政法管理干部学院学报》2005 年第 6 期。

15. 万钧：《试论民事诉讼和解制度的完善》，载《许昌学院学报》2005 年第 4 期。

16. 范愉：《以多元化纠纷解决机制保证社会的可持续发展》，载《法律适用》2005 年第 2 期。

17. 王亚新：《非诉讼纠纷解决机制与民事审判的交织——以"涉法信访"的处理为中心》，载《法律适用》2005 年 2 月。

18. 宁杰：《ADR 热的冷思考》，载《法律适用》2005 年 2 月。

19. 邵军：《从 ADR 反思我国的民事调解现状》，载《华东政法学院学报》2005 年第 3 期。

20. 曲颖、胡建萍、何良彬、谌辉：《寻求正义和和谐之间的衡平——成都地区纠纷解决机制调查报告》，载《法律适用》2005 年 2 月。

21. 蒋惠岭：《法院附设替代性纠纷解决机制对我国司法制度的新发展》，载《人民法院报》2005 年 1 月 10 日。

22. 李章军：《替代性纠纷解决程序之研究》，载《河北法学》2004 年 12 月。

23. 念富强：《浅论司法改革与中国 ADR 的发展》，载《社科纵横》2004 年 12 月。

24. 孙建：《论司法 ADR》，载《山东行政学院山东省经济管理干部学院学报》2004 年 11 月。

25. 吴兆祥：《〈关于人民法院民事调解工作若干问题的规定〉的理解与适用》，载《人民司法》2004 年 10 月。

26. 邢志：《我国调解制度的法律困境与出路选择》，载《内蒙古社会科学》2004 年 9 月。

27. 程波：《ADR 存在的制度原理及借鉴意义分析》，载《求索》2004 年 9 月。

28. 张居盛：《ADR 与我国代替性纠纷解决机制的建立》，载《政法学刊》2004 年 8 月。

29. 谢巍：《法院调解制度改革检析》，载《广西政法管理干部学院学报》2004 年 7 月。

30. 张小罗：《论 ADR 的司法程序价值》，载《湖南经济管理干部学院学报》2004 年 7 月。

31. 范愉：《调解的重构——以法院调解的改革为重点》，载《法制与社会发展》2004 年第 3 期。

32. 刘敏：《论程序基本权保障与 ADR 的鼓励——英国民事司法改革的启示》，载《政治与法律》2004 年第 3 期。

33. 方晓阳、陈玉珍：《德国诉讼和解制度的改革对重构我国法院调解制度的意义》，载《华北电力大学学报（社会科学版）》2004 年第 3 期。

34. 张晴川：《替代性纠纷解决方式基础正当性及其制度构建》，载《江苏警官学院学报》2004 年 3 月。

35. 程波：《替代性纠纷解决方法（ADR）的理论与实践初探》，载《湖南商学院学报》2004 年 3 月。

36. 李春菲：《民事诉讼模式的转换和我国诉讼和解制度的构建》，载《广西政法管理干部学院学报》2004 年 3 月。

37. 孙亚轩、王东风：《我国法院附设替代性纠纷解决机制的必要性》，载《人民法院报》2004 年 2 月 3 日。

38. 洪彦：《对传统法院调解制度的现代思考》，载《黑龙江政法管理干部学院学报》2004 年第 2 期。

39. 郑小明、罗志坚：《我国法院调解制度的弊端、原因及完善》，载《南昌大学学报》2004 年 1 月。

40. 张敏、赵元勤：《对英美 ADR 实践的法哲学思考》，载《法治论丛》2003 年 11 月。

41. 马文艳：《刍议 ADR 机制在我国的建立》，载《律师世界》2003 年第 11 期。

42. 蔡从燕：《美国民事司法改革架构中的 ADR》，载《福建政法管理干部学院学报》2003 年 7 月。

43. 杜闻：《论 ADR 对重塑我国非诉讼纠纷解决体系的意义》，载《政法论坛》2003 年 6 月。

44. 范愉：《浅谈当代"非诉讼纠纷解决"的发展及其趋势》，载《比较法研究》2003 年第 4 期。

45. 李文善、金权：《法院附设替代性纠纷解决机制之探讨》，载《法治论丛》2003 年第 4 期。

46. 蔡从燕：《英国民事司法改革架构中的 ADR 及其借鉴意义》，载《福建政法管理干部学院学报》2003 年 4 月。

47. 刘庆富、谷国文：《ADR 运动与我国法院调解制度的促变与更新》，载《人民司法》2003 年第 3 期。

48. 章武生：《司法 ADR 研究》，载《法学评论》2003 年第 2 期。

49. 熊跃敏：《诉讼上和解的比较研究》，载《比较法研究》2003 年第 2 期。

50. 卢椰枫：《论法院调解的非讼化——司法 ADR 导入民事审前准备程序之思考》，载《福建政法管理干部学院学报》2002

年 10 月。

51. 李浩：《调解的比较优势与法院调解制度的改革》，载《南京师大学报》2002 年 7 月。

52. 杨严炎：《美国的司法 ADR》，载《政治与法律》2002 年第 6 期。

53. 齐树洁：《德国民事司法改革及其借鉴意义》，载《中国法学》2002 年第 3 期。

54. 靳建丽：《民事诉讼和解制度的比较研究》，载《中州学刊》2002 年 3 月。

55. 赵春雷：《ADR 制度对完善我国民商事争议解决方式的启示》，载《新疆警官高等专科学校学报》2002 年 1 月。

56. 乔欣、王克楠：《司法 ADR 与我国纠纷解决机制之完善》，载《法制日报》2001 年 6 月 10 日第 3 版。

57. 周群：《日本 ADR 现状及其对我国的启示》，载《广西政法管理干部学院学报》2001 年 6 月。

58. 宋朝武、刘小飞：《从国际诉讼和解动向看我国法院调解改革》，载《河北法学》2001 年第 6 期。

59. 徐昕：《当事人权利与法官权力的均衡分配——兼论民事诉讼的本质》，载《现代法学》2001 年第 4 期。

60. 刘敏：《论现代法院调解制度》，载《社会科学研究》2001 年第 5 期。

61. 赵明：《传统仲裁与法院附设强制仲裁——美国 ADR 中两种仲裁形式介评》，载《湖南公安高等专科学校学报》2001 年 4 月第 2 期。

62. 刘勇华：《美国 ADR 程序对我国的启示——兼对我国 ADR 程序的检讨与完善》，载《甘肃政法成人教育学院学报》2001 年 2 月。

63. 齐树洁：《台湾法院调解制度的最新发展》，载《台湾研究集刊》2001 年第 1 期。

64. 赵明：《美国 ADR 兴起的原因探析》，载《湘潭大学学报》2000 年 12 月。

65. 邓汉德：《诉讼和解制度初探》，载《河南社会科学》2000 年第 5 期。

66. 贾连杰、陈攀：《从美国的 ADR 看我国诉讼调解的困境与出路》，载《河南省政法管理干部学院学报》2000 年第 1 期。

67. 张晋红、易萍：《论民事诉讼和解制度的完善》，载《法律科学》1999 年第 5 期。

68. 王红岩：《试论民事诉讼中的调审分立》，载《法学评论》1999 年第 3 期。

69. 袁泉、郭玉军：《ADR——西方盛行的解决民商事争议的热门制度》，载《法学评论》1999 年第 1 期。

70. 左卫民、谢鸿飞：《论民事程序选择权》，载《法律科学》1998 年第 6 期。

71. 张晋红：《法院调解的立法价值探究——兼评法院调解的两种改良观点》，载《法学研究》1998 年第 5 期。

72. 覃兆平：《法院调解制度：审思、比较与完善对策》，载《河北法学》1998 年第 5 期。

73. 章武生、吴泽勇：《论诉讼和解》，载《法学研究》1998 年第 2 期。

74. 沈冠伶：《律师之和解作为裁判外纷争处理制度——从德国经验论引进我国之可能性》，载《政大法学评论》1994 年 12 月第 88 期。

## 四　外文资料

1. Jay Tidmarsh, Pound's Century, and Ours, Notre Dame Law Review, January, 2006.

2. Amy J. Cohen, Debating the Globalization of U. S. Mediation：

Politics, Power, and Practice in Nepal, Harvard Negotiation Law Review, Spring, 2006.

3. Trevor C. W. Farrow, Civil Justice and Civil Justice Reform: Article: Dispute Resolution, Access to Civil Justice and Legal Education, The Alberta Law Review, February, 2005.

4. Suzanne J. Schmitz, A Critique of the Illinois Circuit Rules Concerning Court - Ordered Mediation, Loyola University Chicago Law Journal, Spring, 2005.

5. The Honorable Dorothy W. Nelson, Which Way To True Justice? —Appropriate Dispute Resolution (ADR) and Adversarial Legalism, Nebraska Law Review, 2004.

6. Donna Shestowsky, Procedural Preferences in Alternative Dispute Resolution: A Closer, Modern Look at an Old Idea, Psychology, Public Policy and Law, September, 2004.

7. Andrew M. Walsh, South Carolina Court - Annexed ADR: Past, Present and Future, South Carolina Lawyer, January, 2004.

8. Louise Phipps Senft and Cynthia A. Savage: ADR in the Courts: Progress, Problems, and Possibilities, Penn State Law Review, Summer, 2003.

9. Deborah R. Hensler, Our Courts, Ourselves: How the Alternative Dispute Resolution Movement Is Re - Shaping Our Legal System, Penn State Law Review, Summer, 2003.

10. Valerie A. Sanchez, Back to the Future of ADR: Negotiating Justice and Human Needs, Ohio State Journal on Dispute Resolution, 2003.

11. Van A. Anderson, Alternative Dispute Resolution and Professional Responsibility in South Carolina: A Changing Landscape, South Carolina Law Review, Fall, 2003.

12. Charles Silver, Symposium: What We Know and Do not Know About the Impact of Civil Justice on the American Economy and Policy: Does Civil Justice Cost Too Much Texas Law Review, June, 2002.

13. Thomas J. Stipanowich, Contracts Symposium: Contract and Conflict Management, Wisconsin Law Review, 2001.

14. Judge Dorothy Wright Nelson , ADR in the Federal Courts – One Judge's Perspective: Issues and Challenges Facing Judges, Lawyers, Court Administrators, and the Public, Ohio State Journal on Dispute Resolution, 2001.

15. Dr. Loukas A. Mistelis, ADR in England and Wales, The American Review of International Arbitration, 2001.

16. Steven C. Bennett , Court – Ordered ADR: Promises And Pitfalls, Pennsylvania Bar Association, January, 2000.

17. Richard C. Reuben, Constitutional Gravity: A Unitary Theory of Alternative Dispute Resolution and Public Civil Justice, UCLA Law Review, April, 2000.

18. Developments in the Law—the Paths of Civil Litigation:? VI. ADR, the Judiciary, and Justice: Coming to Terms with the Alternatives, Harvard Law Review, May, 2000.

19. Jack M. Sabatino: ADR as "Litigation Lite": Procedural and Evidentiary Norms Embedded Within Alternative Dispute Resolution, Emory Law Journal, Fall, 1998.

20. Gary Smith, Unwilling Actors: Why Voluntary Mediation Works, Why Mandatory Mediation Might Not, Osgoode Hall Law Journal, Winter, 1998.

21. Barbara A. Phillips, Alternative Dispute Resolution Symposium Issue: Mediation: Did We Get it Wrong? Willamette Law Review,

Summer, 1997.

22. Patricia M. Wald, Twenty – Eighth Annual Administative Law Issue: Article: ADR and the Courts: an Update, Duke Law Journal, April, 1997.

23. Ann E. Woodley, Strengthening the Summary Jury Trial: A Proposal to Increase Its Effectiveness and Encourage Uniformity in Its Use, Ohio State Journal on Dispute Resolution, 1997.

24. Edward F. Sherman, The Impact on Litigation Strategy of Integrating Alternative Dispute Resolution into the Pretrial Process, The University of Texas at Austin School of Law Publication, Summer, 1996.

25. Jacqueline M. Nolan – Haley, Court Mediation and the Search for Justice Through Law, Washington University Law Quarterly, Spring, 1996.

26. Phillip S. Ferguson, Ethical Considerations Under the Amended Federal Rules of Civil Procedure, Utah Bar Journal, February, 1996.

27. Judith Resnik, Many Doors? Closing Doors? Alternative Dispute Resolution and Adjudication, Ohio State Journal on Dispute Resolution, 1995.

28. Michael E. Weinzierl, Wisconsin's New Court – Ordered ADR Law: Why It Is Needed and Its Potential for Success, Marquette Law Review, Spring, 1995.

29. Honorable Rodney S. Webb, Court – Annexed "ADR" – A Dissent, North Dakota Law Review, 1994.

30. Lauren Robel, Symposium on Civil Justice Reform: Fractured Procedure: The Civil Justice Reform Act of 1990, Stanford Law Review, July, 1994.

31. Lauren Robel, Symposium on Civil Justice Reform: Fractured Procedure: The Civil Justice Reform Act of 1990, Stanford Law Review, July, 1994.

32. Lisa Bernstein, Understanding the Limits of Court – Connected ADR: A Critique of Federal Court – Annexed Arbitration Programs, University of Pennsylvania Law Review, June, 1993.

33. Anne C. Morgan, Thwarting Judicial Power to Order Summary Jury Trials in Federal District Court: Strandell v. Jackson County, Case Western Reserve Law Review, 1990.

34. Mandatory Mediation and Summary Jury Trial: Guidelines for Ensuring Fair and Effective Processes, Harvard Law Review, March, 1990.

35. Irving R. Kaufman, Reform for a System in Crisis: Alternative Dispute Resolution in the Federal Courts, Fordham Law Review, October, 1990.

36. Anne C. Morgan, Thwarting Judicial Power to Order Summary Jury Trials in Federal District Court: Strandell v. Jackson County, Case Western Reserve University, 1990.

# 后 记

　　中国目前的社会特点决定了社会纠纷呈现出多样复杂的特点，但与之相对应的纠纷解决方式并未随之不断创设出来，特别是对法院而言，蜂拥而至的纠纷与其提供解纷方式的单一性形成了强烈对比，由此也注定了大量纠纷的迟延解决。我在读硕士及博士期间就对纠纷解决机制比较感兴趣，在读博士期间对法院的多元化纠纷解决机制更形成浓厚兴趣，随之对法院附设替代性纠纷解决机制进行了研究，并将之形成了博士论文，也就是目前这本书的主要内容。当然，限于才识，本书难免有粗浅之处，尚需日后不断斟酌与完善。

　　本书完成之时亦是我要感谢之时，而此时我才发现言语的贫乏与苍白无力，内心的谢意真的无法用语言来表达。不管怎样，在这里，我首先要感谢的是我的导师左卫民教授。先生自我读硕士时即开始指导我，近7年左右的时间里先生悉心指导、严格要求，并以其严谨的治学、博学的风范、高尚的品格深深感染和影响着我，使我终生受益。特别是在我博士论文写作期间先生多次组织论文写作汇报会分析研讨，从选题到具体写作的各个环节均给予了倾心指导，可以说本书的点滴成就均凝结着先生的心血与智慧。在此，我要深深感谢先生，谢谢您！

　　感谢重庆大学的陈刚教授、西南财经大学的冯亚东教授、西南政法大学的徐昕教授、四川大学的周伟教授、李浩教授等，在

我博士论文开题及写作过程中给予了宝贵意见，感谢各位教授的
指导和帮助。在我博士论文答辩过程中，田平安教授、徐静村教
授、黄松有教授、陈瑞华教授、杨遂全教授、陈永革教授和陈界
融教授对我的博士论文提出了宝贵的批评和改进建议，这些弥足
珍贵的意见使我认识到论文的缺陷和不足，并为我日后的修改和
完善指明了方向。感谢成都高新区法院的龚桂连法官为本书的实
证调查提供的方便与支持。

　　在这里我还要感谢诸多同门师兄弟（妹）们，在本书的写作
过程中，他们给我提供了无私的帮助与宝贵的修改意见，在此一
并致谢。他们是：马静华、张嘉军、谢进杰、王斌、康怀宇、石
静、刘晴辉、罗文禄、刘海蓉、何永军、谢小剑、龚桂连、胡建
萍……

　　感谢中国社会科学出版社的同志们为本书的顺利出版付出的
辛勤劳动，在此表示诚挚谢意！

　　最后我要感谢我的家人，在本书写作过程中，家人给予的深
切关爱使我可以远离生活的琐碎而心无旁骛地专心研究与写作，
家人的关心与支持使我心存感激。

辛国清

2007 年 12 月 10 日于大连